11 VERDADES CENTRALES PARA CONSTRUIR TU VIDA SOBRE

fundamentos

UN RECURSO DE DISCIPULADO DE IGLESIA CON PROPÓSITO

Guía del Maestro
Vol. 1

tom holladay y kay warren

Vida
DEDICADOS A LA EXCELENCIA

© 2005 Editorial Vida
Miami, Florida

Publicado en inglés bajo el título:
Foundations Teacher's Guide, Volume 1
por The Zondervan Corporation
© 2003 por Tom Holladay y Kay Warren

Traducción y Edición: *Translator Solutions, Inc.*
Diseño de cubierta: *Rob Monacelli*
Diseño interior: *Yolanda Bravo*
Reservados todos los derechos

ISBN: 0-8297- 3866-5

Categoría: Vida cristiana

Impreso en Estados Unidos de América
Printed in the United States of America

05 06 07 08 ❖ 8 7 6 5 4 3 2 1

Contenido

Volumen 2

Vivimos en un tiempo de ignorancia alarmante acerca de las doctrinas fundamentales y transformadoras de la fe cristiana. "Fundamentos" fue creado en respuesta a la necesidad creciente entre los creyentes de aprender, amar y vivir las verdades de las Sagradas Escrituras.

—DR. KENNETH BOA, PRESIDENTE DE REFLECTIONS MINISTRIES.

En una época en que la doctrina Bíblica se ha devaluado, Tom Holladay y Kay Warren han compuesto un trabajo seminal que ha llegado al reino para un tiempo como el nuestro. "Fundamentos", una herramienta bien concebida que tiene en mente niveles de aprendizaje realistas, equipará una nueva generación de creyentes informados. Una teología bíblica con relevancia práctica.

—HOWARD G. HENDRICKS, PROFESOR DISTINGUIDO Y PRESIDENTE DE DALLAS THEOLOGICAL SEMINARY.

¡Por fin! Una guía de estudios que arraigará los corazones y las mentes en la tierra sólida de la Palabra de Dios, de una manera que tenga sentido, en este mundo cambiante y complejo. El objetivo de estos estudios es adiestrar a profesores y líderes para que orienten a otros para tener un propósito, desarrollar sus potenciales y ser fructíferos. ¡Me entusiasma poder recomendarlo!

— DR. JOSEPH M. STOWELL, PRESIDENTE DE MOODY BIBLE INSTITUTE.

Este excelente plan de estudio pregona a todos los vientos que si la verdad es dividida en trozos pequeños para que todos la puedan leer, marcar y redargüir, será dulce como la miel; como fuego en los huesos de los que se comprometen a aprenderla. Nuestro mundo desquiciado necesita esta ayuda hoy, más que nunca.

—JILL BRISCOE, AUTORA

Tom Holladay y Kay Warren han diseñado una introducción a las creencias básicas de la fe cristiana, accesible y atractiva. Será un regalo para ambos, los que enseñen y los que aprendan.

—JOHN ORTBERG, PASTOR DE ENSEÑANZA DE MENLO PARK PRESBYTERIAN CHURCH.

¡Qué refrescante es encontrar un libro sobre doctrina (tema frecuentemente abandonado) atinado, fácil de captar, con buenas ilustraciones y toques de humor! Este es un libro que le da vida al estudio de la doctrina.

—JUNE HUNT, AUTORA.

Nunca me cansaré de enfatizar el valor de este tipo de recurso. El crecimiento sin profundidad y la edificación sin cimiento son dos métodos que te asegurarán la desilusión, el desengaño, el fracaso, y cuando no, la destrucción. Gracias a Dios por la providencia y el discernimiento que Tom Holladay y Kay Warren han mostrado al darnos estos "Fundamentos".

—JACK HAYFORD, AUTOR Y ORADOR DE RECONOCIMIENTO INTERNACIONAL

Tom Holladay y Kay Warren han hecho para nosotros y para nuestras iglesias lo que todos reconocemos que necesitamos hacer: empapar a la gente en las doctrinas centrales de la fe. Tan importante como es para el evangelismo tocar las necesidades de la gente, es para el discipulado, captar las verdades bíblicas de forma refrescante y aplicable . "Fundamentos" es el recurso sistemático, doctrinalmente acertado y con relevancia aplicable, que todos hemos estado esperando. ¡Buen trabajo, Tom y Kay! Lo recomiendo totalmente.

—CHIP INGRAM, PRESIDENTE Y DIRECTOR EJECUTIVO DE WALK THRU THE BIBLE

¡Gracias a Dios por Tom Holladay y Kay Warren! Su reciente obra, "Fundamentos", es un recurso poderoso para aquel que está deseoso de fortalecer su entendimiento con la doctrina básica cristiana y de edificar su vida sobre el cimiento de la verdad. Este estudio de teología sistemática de veinticuatro sesiones para el hombre común, ha sido completado por más de 3,000 miembros de la Iglesia Saddleback, al igual que por muchas otras iglesias, y promete cambiar vidas para siempre.

—JOSH D. MCDOWELL, AUTOR Y ORADOR

Tom Holladay y Kay Warren nos han entregado una herramienta probada para satisfacer una de las necesidades más vitales en el mundo de hoy—Fundamentos. Este estudio responde a la necesidad de cristianos que requieren estar unidos con el esqueleto de la verdad bíblica para poder apoyarse en ella. Dios te bendecirá a ti y a tu iglesia a través de este estudio práctico y personal de la palabra de Dios.

—AVERY WILLIS, VICE PRESIDENTE MAYOR DE OPERACIONES EXTRANJERAS, INTERNATIONAL MISSION BOARD

¡Por fin! Este manual suple el eslabón perdido de la teología, demostrando en cada página que la teología trata sobre la vida. Kay Warren y Tom Holladay nos han hecho a todos un favor al quitarle a la teología su clave secreta, haciéndola accesible, acogedora y discernible para cada cristiano y mostrándonos lo sensato y práctico que puede ser el conocer a Dios. Lo recomiendo enfáticamente.

— CAROLYN CUSTIS JAMES, CONFERENCISTA INTERNACIONAL Y AUTORA DE WHEN LIFE AND BELIEFS COLLIDE

Tom y Kay no se conforman con producir creyentes. Ellos están comprometidos a transformar "convertidos" en discípulos que se reproduzcan a través de verdades probadas, presentadas en un formato accesible.

—HANK HANEGRAAFF, ANFITRIÓN DE BIBLE ANSWER MAN

"Fundamentos" presenta un estudio exhaustivo sobre las verdades centrales de la fe cristiana. Hoy en día, cuando hay tanta confusión sobre las creencias reales de los cristianos, este currículo arraiga a los creyentes sólidamente en la verdad.

—STEPHEN ARTERBURN, FUNDADOR Y PRESIDENTE DE NEW LIFE MINISTRIES

Tom Holladay es pastor de enseñanza en la Iglesia Saddleback en Lake Forest, California. Junto con Kay Warren, desarrolló este manual para enseñar exhaustivamente la doctrina a una congregación que no suele frecuentar la iglesia. Además de su liderazgo pastoral y de sus deberes de enseñanza durante los fines de semana en Saddleback, Tom ayuda a Rick Warren a dar las conferencias de Iglesia con Propósito a líderes cristianos alrededor del mundo. Él y su esposa, Chaundel, tienen tres hijos.

Kay Warren es conferencista en los eventos Purpose-Driven y en otras conferencias alrededor del mundo. Ella y su esposo, Rick, empezaron la Iglesia de Saddleback en su hogar, con siete personas, en el año 1980. Desde entonces, la iglesia ha llegado a ser una de las más grandes en América y una de las más influyentes en el mundo. Madre de tres hijos, Kay es profesora de la Biblia y está involucrada activamente en la ayuda a mujeres y niños afectados por el HIV/SIDA.

Prólogo
Lo que *Fundamentos* hará por ti.

En una ocasión construí una cabaña en las sierras del norte de California. Después de diez semanas de trabajo agobiante, despejando tierra, lo único visible era un cimiento de concreto llano y cuadrado. Estaba desalentado, pero mi padre, quien había construído más de cien templos en su vida, me dijo, "¡Anímate hijo! Una vez que hayas asentado el cimiento, habrás completado la labor más importante. Desde entonces aprendí que este es un principio para la vida: nunca jamás podrás edificar *algo* más grande que lo que tu cimiento pueda sustentar.

El cimiento de cualquier edificio determina su tamaño y fortaleza, al igual que en nuestras vidas. Una vida edificada sobre un cimiento falso o defectuoso nunca alcanzará las alturas que Dios quiere que alcance. Si escatimas al poner tu cimiento, limitarás tu vida. Por ese motivo, este material es de importancia vital. *"Fundamentos"* es la base bíblica para vivir una vida con propósito. *Debes* entender estas verdades transformadoras para gozar del propósito de Dios para tu vida. Este plan de estudio ha sido enseñado, probado y refinado a través de diez años con miles de personas en la Iglesia Saddleback. Incluso muchas veces he dicho que "Fundamentos" es la clase más importante en nuestra iglesia.

¿Por qué necesitas un cimiento bíblico en la vida?

- *Es la fuente del crecimiento y la estabilidad:* Muchos de nuestros problemas en la vida vienen a causa de razonamientos errados. Es por eso que Jesús dijo "la verdad los hará libres" y Colosenses 2:7 dice "Siembra tus raíces en Cristo y permítele ser el cimiento en tu vida".

- *Es el sustento de una familia saludable:* Proverbios 24:3 dice, "Con sabiduría se edifica una casa, y con prudencia se afianza". En un mundo constantemente cambiante, las familias fuertes se basan en la verdad inmutable de Dios.

- *Es el punto de partida del liderazgo:* Nunca podrás llevar a la gente mas allá de lo que tú mismo hayas recorrido. Proverbios 16:12 dice, "todo buen reinado depende de que se practique la justicia" (BLS).

- *Es la base de tu premio eterno en el cielo.* Dijo Pablo, "la obra de cada uno se hará manifiesta, porque el día la pondrá al descubierto, pues por el fuego será revelada... Si permanece la obra de alguno que sobreedificó, él recibirá recompensa. (1 Cor. 3:12-14 RVR1995).

- *La verdad de Dios será el único cimiento que permanecerá.* La Biblia nos dice "... sanas palabras, las de nuestro Señor Jesucristo, ... doctrina que es conforme a la piedad" (1 Tim.6:3 LBLA) y "el sólido fundamento de Dios permanece firme" (2 Tim. 2:19 LBLA).

Jesús concluyó su Sermón del Monte ilustrando esta verdad importante. Dos casas fueron construidas sobre distintos cimientos. La casa construida sobre la arena fue derrumbada por las lluvias; los ríos crecientes y el viento la azotaron. Mas la casa cimentada sobre la roca permaneció firme. Y concluyó, "Por tanto, todo el que me oye estas palabras y las pone en práctica es como un hombre prudente que construyó su casa sobre la roca" (Mat. 7:24).

Una paráfrasis de este versículo demuestra su importancia:

"Estas palabras que te hablo no son adiciones incidentales para tu vida...Son palabras fundamentales, palabras sobre las cuales se edifica la vida."

Nunca me cansaré de recomendar este plan de estudio. Ha cambiado nuestra iglesia, nuestro personal y miles de vidas. Por demasiado tiempo, demasiada gente ha visto a la teología como algo no relacionado con la vida cotidiana, pero *"Fundamentos"* quiebra ese molde. Este estudio aclara que el cimiento de lo que hacemos y decimos a diario es lo que creemos. Me entusiasma que este plan de estudio exhaustivo y transformador esté disponible para el uso de todos.

—RICK WARREN, AUTOR DE *UNA VIDA CON PROPÓSITO*.

Reconocimientos

Fundamentos es el resultado de diez años del ministerio fiel de cientos de personas de la Iglesia Saddleback en Lake Forest, California. Estamos profundamente agradecidos a aquellos que han participado en los estudios y han impartido la enseñanza de la verdad. A pesar de que sería imposible mencionarlos a todos por nombre, quisiéramos hacer mención de la maravillosa contribución a este material por parte de Linda Jonson, Kerri Jonson, Tom Ulrico, Ron Rhodes, Elizabeth Styffe, Todd Wendorff, Rob DeKlotz, y Chaundel Holladay. Sus ministerios han dejado huellas en el material que posees en tus manos y aun más en las vidas de aquellos a quienes han enseñado y ministrado. También quisiéramos reconocer a un grupo de siervos de Dios que a menudo pasan desapercibidos. Agradecemos a Dios por los teólogos de la iglesia. Por miles de años, su ministerio ha ayudado al pueblo de Dios a mantenerse de pie en el lecho de roca de la verdad de Dios. No hemos citado extractos teológicos largos en este material, sino que elegimos usar citas de pastores y escritores que ayudarían a ilustrar la verdad. Pero no te equivoques, cada cita y cada página de este material se apoyan en la obra fiel de los teólogos.

— Tom Holladay y Kay Warren

¡Avívalo!

Prepárate para una declaración radical, algo que seguramente te hará pensar que habrás perdido el sentido de la realidad.

¡No hay nada más apasionante que la doctrina!

Síguenos la pista por un momento. La doctrina es el estudio de lo que Dios tiene para decir. Lo que Dios tiene para decir siempre es la verdad. La verdad me da la perspectiva justa sobre mí mismo y el mundo que me rodea. Una perspectiva justa da como resultado decisiones de fe y experiencias de gozo. *¡Eso* es emocionante!

El objetivo de "Fundamentos" es presentarte las verdades básicas de la fe cristiana de forma sencilla, sistemática y transformadora. En otras palabras, de enseñar doctrina. La pregunta es, ¿Por qué? En un mundo en el cual las vidas están llenas de necesidades desesperantes, ¿Por qué enseñar la doctrina? ¡Porque la doctrina bíblica tiene la respuesta a muchas de esas necesidades desesperantes! Ruego que no veas esto como un conflicto entre una enseñanza orientada hacia la necesidad y otra orientada hacia la doctrina. La verdad es que necesitamos ambas. Todos necesitamos aprender a enfrentar la preocupación en nuestras vidas. Una de las claves para enfrentar la preocupación reside en entender la doctrina bíblica de la esperanza celestial. Las parejas necesitan saber lo que la Biblia dice para hacer que tengamos un matrimonio mejor. También necesitan entender más a fondo la doctrina de la paternidad de Dios que provee confianza en el amor de Dios, sobre el cual se edifican las relaciones saludables. Los padres necesitan entender el discernimiento práctico que la Biblia enseña para criar a los hijos. También necesitan un entendimiento de la soberanía de Dios, la certeza del hecho consistente de que Dios está en control, ya que esto los sostendrá al atravesar los altibajos que conlleva el ser padres. La verdad doctrinal satisface nuestras necesidades más profundas.

Sugerencias para avivar la doctrina.

Enseñar las verdades profundas de la fe se puede convertir en un asunto de fórmulas y bosquejos complicados. Pero no es necesario que así sea. Hemos preparado algunas sugerencias para enseñar la doctrina de forma que avive la verdad. Si ya eres un profesor con experiencia, esperamos que encuentres un par de ideas nuevas. Si recién estás empezando a enseñar, considera lo que se describe en estas páginas como tu andarivel principal, por el cual empezar a compartir el mensaje más emocionante del mundo: la verdad sobre Dios.

1. Hazlo algo personal.

- Habla sobre tus dudas
- Sé vulnerable
- Cuenta las historias de tu vida
- Piensa en el impacto que estas enseñazas tendrán mañana.

2. No intentes convertir lo misterioso en sencillo ni lo sencillo en misterioso.

Hay verdades que trascienden nuestro entendimiento (la eternidad y la trinidad de Dios, por ejemplo). No intentes simplificar una verdad a la cual la Iglesia se ha aferrado por más de mil años; si lo haces, inevitablemente terminarás omitiendo una parte de esa verdad, tratando de "esclarecerla". Siéntete cómodo con el hecho de que la Biblia contiene verdades grandes. La doctrina, a veces es como una ecuación matemática, fácilmente solucionable. Pero más a menudo es como una bella sinfonía; mientras más escuchas, más te maravillas por su complejidad y simplicidad.

Cuídate de lo opuesto también: la tentación de hacer todo muy complejo. Un error común en la enseñaza de la doctrina es usar una figura compleja para ilustrar una verdad sencilla. Mira a Jesús. Él sabía usar las cosas sencillas de la vida cotidiana para mostrar las verdades profundas de Dios. Jesús usó a las aves para mostrar el amor de Dios (Mat. 6:26), a las flores para mostrar las bendiciones de Dios (Mat. 6:28-32), y a las semillas para mostrar la palabra de Dios (Mat. 13:4–9). ¡Te das cuenta! Mantén las cosas lo más sencillas posibles.

3. Enseña que el conocer la verdad liberará a la gente. Al prepararte para cada sesión y justo antes de empezarla, debes decirte a ti mismo, "¡Alguien será liberado de una forma que nunca conoceré, pero que tendrá impacto eterno!" Jesús prometió que esto sucedería cuando dijo: "... y conoceréis la verdad, y la verdad os hará libres" (Juan 8:32). La verdad de Cristo tiene el poder de romper las mentiras que nos encadenan.

4. Enseña con pasión en tu voz. Habiendo liderado a un gran número de personas en la enseñanza de este material, te podemos decir que el enseñar con pasión implica una lucha espiritual. Lo que estás enseñando es de tal importancia que Satanás te tentará para que dudes de la efectividad de lo que estas diciendo y tratará de influir hasta en la forma que lo dices. Tendrás la sensación atemorizante de que nadie le estará sacando provecho al estudio. Cree en la promesa de Dios, que las verdades que estás enseñando cambiarán vidas y tus oyentes escucharán una gran pasión en tu voz.

5. Conéctate con las personas a las que estás enseñando. Cada vez que hablas por teléfono, estás "conectado" con la persona en el otro lado de la línea. Pero si de pronto se pierde la conexión, la comunicación se termina. Lo mismo se aplica cuando estás enseñando. A través de este Manual para el Maestro, encontrarás cantidad de consejos prácticos para mantenerte "conectado" a aquellos a quienes estás enseñando. Los dos mejores son: personaliza el estudio y enseña con pasión en tu voz; ambos, previamente mencionados.

Al cerrar esta sección de motivación personal para ti como maestro, es nuestra oración que las palabras de Eclesiastés 12:10 (LBA) sean verdaderas para cada uno de nosotros. "El Predicador trató de encontrar palabras agradables, y de escribir correctamente palabras de verdad." Rogamos que Dios te use para enseñar la verdad de forma que sea clara para las mentes de la gente y que capture su corazón. Oramos para que tu relación con Dios sea renovada mientras compartes con otros estas verdades que nunca nos fallan.

— Tom Holladay y Kay Warren

Cómo usar este manual

Atributos de esta Guía

A través de este manual del instructor encontrarás recursos diseñados para ayudarte en la comunicación. Nuestro deseo es que éstos scan invaluables para aquellos de ustedes que recién empiezan a enseñar, y un repaso para los que ya llevan tiempo enseñando.

Lo siguiente es un resumen de las ventajas y recursos de este manual.

1. Material de enseñanza. Hemos diseñado este material para hacerte la vida lo más fácil posible como maestro. En cada estudio encontrarás notas de enseñanza exhaustivas que te guiarán a través de lo que has de decir. Claro que podrás agregar tus propias ideas y reflejar tu propia personalidad, pero estos materiales están diseñados para ser enseñados inmediatamente. Te hemos preparado una serie de bosquejos doctrinales, con buenas ilustraciones de esa doctrina, e incluso te hemos ayudado a idear aplicaciones de esa doctrina a tu vida cotidiana. Estos materiales te darán una gran ventaja al enseñar estas verdades doctrinales.

Algunas cosas que debes saber sobre el formato:
- El material de enseñanza sigue el bosquejo que se encuentra al principio de cada estudio.
- Para ayudarte a seguir el contenido del manual del estudiante sin tener que mantener ambos manuales abiertos, todo material común al manual del estudiante y al del instructor, se encuentra en el manual del instructor en letra de tipo negrita. El material que aparece exclusivamente en el manual del instructor está escrito en letra normal.

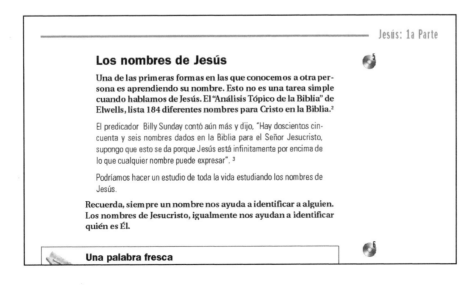

Jesús: 1a Parte

Los nombres de Jesús

Una de las primeras formas en las que conocemos a otra persona es aprendiendo su nombre. Esto no es una tarea simple cuando hablamos de Jesús. El "Análisis Tópico de la Biblia" de Elwells, lista 184 diferentes nombres para Cristo en la Biblia.[2]

El predicador Billy Sunday contó aún más y dijo, "Hay doscientos cincuenta y seis nombres dados en la Biblia para el Señor Jesucristo, supongo que esto se da porque Jesús está infinitamente por encima de lo que cualquier nombre puede expresar". [3]

Podríamos hacer un estudio de toda la vida estudiando los nombres de Jesús.

Recuerda, siempre un nombre nos ayuda a identificar a alguien. Los nombres de Jesucristo, igualmente nos ayudan a identificar quién es Él.

Una palabra fresca

- Para evitar que te pierdas las respuestas donde el estudiante tiene espacios para llenar, el manual del maestro contiene las repuestas subrayadas en letra negrita mayúscula. Usamos bosquejos con espacios para rellenar por dos razones. Primeramente, porque queremos que la gente se acuerde de lo que se está enseñando. Hay estudios que muestran que nos olvidamos del 95 por ciento de lo que hemos escuchado después de setenta y dos horas. Esa es una estadística deprimente para un maestro. Sin embargo, nos olvidamos únicamente de un 30 por ciento de lo que escuchamos y apuntamos después del mismo período de tiempo. La segunda razón por la cual usamos bosquejos con espacios para rellenar es para que a los estudiantes les quede una referencia. Esta referencia se hace aún más personal cuando está escrita con su propio puño y letra. Te recomendamos que uses las transparencias PowerPoint que se encuentran en el disco compacto, que no sólo proveen el bosquejo sino también las respuestas que van en los espacios en blanco.

- Nuestra meta con el manual del instructor es ayudarte a aclarar la verdad. Con eso en mente, hemos usado material de diversas fuentes: ilustraciones clásicas, citas textuales de líderes de iglesia, figuras sencillas y aplicaciones personales. Nuestro deseo es que aunque algunos recursos no sean de tu estilo, otros sí te sirvan de ayuda significativa. Te animamos a que corras riesgos, intentando hacer cosas nuevas como maestro. Es la única manera de crecer.

2. Secciones de realce. A través de este estudio encontrarás cuatro tipos de notas de recuadro, diseñadas para ayudar al estudiante a conectarse con las verdades que Dios nos muestra sobre Él, sobre nosotros y sobre este mundo.

- *Una palabra fresca:* Un aspecto de la enseñanza de la doctrina que pone a la gente nerviosa, es el uso de "palabras grandilocuentes". A través de este estudio, le daremos un nuevo vistazo a palabras como *omnipotente* y *soberano*.

- *Una observación más detallada:* Tomaremos el tiempo para ampliar una verdad y mirarla desde una perspectiva diferente.

- *Perspectivas personales claves:* La verdad de la doctrina siempre tiene un impacto profundo en nuestras vidas. En estas secciones nos enfocaremos en ese impacto personal.

- *Actuando en la verdad:* Santiago 1:22 dice, "Sed hacedores de la palabra y no solamente oidores que se engañan a sí mismos" (LBA).

3. Consejos prácticos de enseñanza. Hemos diseminado más de sesenta consejos prácticos a través de este manual para fortalecer tu técnica como comunicador. Estos "consejos prácticos de enseñanza" te ayudarán a mantener la atención de la gente en la verdad que estés enseñando, al igual que tu atención en Dios mientras la impartes.

4. Preguntas de discusión. Encontrarás preguntas de discusión al final de cada estudio. Hemos descubierto que los maestros tienen dos opiniones distintas sobre cómo usarlas. A algunos les gusta usar las preguntas a través del estudio, intercalando discusiones durante sus enseñanzas. Otros prefieren terminar la enseñanza, para entonces darle oportunidad a la gente de discutir. No hay una forma correcta o incorrecta; es asunto de preferencias individuales, tomando en cuenta las necesidades del grupo. Aquellos que prefieren intercalar las discusiones con la enseñanza, encontrarán, dispersas a lo largo del estudio, sugerencias acerca de dónde poder interrumpir la enseñanza para discutir preguntas específicas.

5. Plan de sesión dividida. En cada uno de los estudios numerados hemos incluido un lugar donde puedes dividir el estudio en dos sesiones. Cada estudio completo está diseñado para durar 45 minutos por cada segmento de enseñanza, con un tiempo adecuado para hacer preguntas. El plan de sesión dividida te permitirá enseñar el estudio en mitades de 20 a 25 minutos, con un tiempo al final para hacer preguntas. Encontrarás una historia de cierre o un desafío antes de cada punto de división, y para ayudarte a poner en marcha la siguiente sesión, te ofrecemos una introducción, que esperamos te resulte interesante.

6. Material agregado en el apéndice. Algunos estudios contienen material adicional en el apéndice, al final de los mismos. En algunos casos, hacemos referencia a este material durante el estudio. En la mayoría de los casos, el apéndice contiene respuestas a preguntas que surgen del estudio. No han sido puestos para ser enseñados, sino como un recurso para los que deseen saber más.

7. Tarjetas de memorización. Hay una tarjeta para memorizar cada una de las once verdades en el estudio. Cada una señala la esencia de esa doctrina de un lado, con un versículo clave referente a esa doctrina del otro lado.

8. Material adicional incluido en el disco compacto:
- *Presentaciones en PowerPoint:* El disco compacto contiene presentaciones en PowerPoint para cada una de las sesiones. Estas transparencias aluden a los puntos del bosquejo y proveen las respuestas para los espacios en blanco en el manual del estudiante, que ellos rellenarán a medida que tú enseñas. Cada transparencia está numerada con un ícono que tiene su número correspondiente (como el que se muestra aquí) situado al margen derecho del Manual del Maestro en el lugar donde se debe mostrar la transparencia.
- *Folletos adicionales: Como bono, hemos incluido algunos recursos que no cabían en los manuales. Encontrarás folletos de una a dos páginas sobre temas como los nombres de*

Dios, Cómo pasar el tiempo conociendo mejor a Jesús, y El descenso del Espíritu Santo. Los puedes imprimir y fotocopiar para usar como cuadernillo adicional en los estudios apropiados.

- *Recursos para programar:* Para ayudarte a promover y establecer tu estudio de "Fundamentos", hemos proporcionado ideas para reclutar profesores, ideas para edificar grupos y ejemplos de cartas para reclutar, organizar y promover "Fundamentos". Hay hasta un "examen final" si lo deseas usar. Estos materiales están diseñados para darte una buena ventaja en tu planificación.

Formatos Sugeridos

Este material se enseña mejor en grupos grandes, pero después puede ser discutido en grupos pequeños. Los siguientes son tres formatos en que este material se ha usado.

Servicios entre semana o domingos por la noche.

Empieza con quince minutos de cantos, seguidos por cuarenta minutos de enseñanza, que culminarán mejor, si se toman quince minutos finales para la discusión en grupos pequeños. O destina sesenta minutos para la enseñanza, con preguntas de discusión intercaladas.

Programa de estudio bíblico "Fundamentos".

"Fundamentos" le puede proporcionar un plan de estudio bíblico grupal suficiente para el transcurso de un año (varios miles de miembros de nuestra iglesia, Iglesia Saddleback en el Sur de California, han pasado por "Fundamentos" en este formato).

En lugar de sentar a la gente en fila, haz que se sienten en mesas redondas de ocho a doce personas. Las mesas redondas funcionan mejor. Al principio del plan, asigna cada persona a un grupo donde permanecerán durante el transcurso del estudio. Esto agrega un elemento importante al estudio de la doctrina ya que los estudiantes escucharán las enseñanzas y discutirán las preguntas con la misma gente durante todo el año. Recluta y asigna un líder principal y un líder aprendiz por grupo, para guiar el tiempo de discusión y cuidar de los miembros. Lo siguiente es un horario sugerido para un programa de estudio bíblico semanal de dos horas. En el disco compacto hemos incluido varios recursos para la programación de este plan.

1. 10–15 minutos de música
2. 5–10 minutos para anuncios/repaso de la memorización.
3. 45–50 minutos para enseñanza.
4. 20–30 minutos para discusiones en grupos.
5. 10–15 minutos para oraciones en grupos.

Estudio Introductorio

Metas Transformadoras

- Confiar en el poder de la verdad de Dios para cambiar tu vida.
- Anticipar por fe los cambios que el aprender la doctrina producirán en ti.

Resumen del Bosquejo de Enseñanza

Desarrollando una "Visión cristiana del mundo"

¿Por qué aprender doctrina?
   Porque conocer la verdad de Dios me ayuda a conocer mejor a Dios.
   Porque el conocimiento es una base esencial.
   Porque la doctrina nutre mi alma.
   Porque conocer la verdad me permite servir a otros.
   Porque conocer la verdad protege del error.
   Porque mi forma de pensar determina mi comportamiento.

Porque se me manda a:
   1. Estudiar la verdad
   2. Vivir la verdad
   3. Defender la verdad

Advertencia: ¡El conocimiento por sí solo puede ser peligroso!

Desarrollando una visión cristiana del mundo

Bienvenidos a "Fundamentos". En esta serie de estudios, vamos a hablar sobre uno de los aspectos más importantes en la vida de todos, que está en el centro de nuestra manera de vivir. Este aspecto determina las decisiones que tomamos, como tratamos a nuestros seres amados, las emociones que sentimos a través del día y nuestro impacto eterno. Estoy hablando de nuestra "visión del mundo", las creencias que forman los anteojos a través los cuales miramos al mundo. Hay cuatro preguntas clásicas en relación con nuestra visión del mundo:

1. ¿Quién soy yo?
2. ¿Dónde estoy?
3. ¿Qué está mal?
4. ¿Cuál es el remedio?

Encontraremos respuestas claras a estas preguntas en esta serie de estudio. Para dar inicio, empecemos con un ejemplo sencillo— el color rojo— y divirtámonos un poco. Los voy a dividir en cuatro grupos, cada uno con un distinto punto de vista sobre el color rojo. El punto de vista de los que están a mi izquierda hacia adelante es que *odian* el color rojo. El punto de vista de los que están a mi derecha hacia adelante es su *amor* al rojo. Los que están a mi izquierda hacia atrás, creen que no existe tal cosa como el color rojo. Y los que están a mi derecha hacia atrás, sostienen que todos debemos de llevarnos bien a pesar de lo que nos parece el color rojo.

Ahora, tomando en cuenta estos puntos de vista, permítanme hacerles una pregunta. ¿Les gustaría tener una manzana roja? ¡Rápidamente! ¡Exclamen sus repuestas!

¿Pueden sentir la energía creada por cada diferente visión del mundo? Si les hubiera hecho la pregunta antes de delinearles sus distintos puntos de vista, hubieran respondido de acuerdo al hambre que tenían o a su gusto por las manzanas. Pero ahora estamos enfocados en el color de la manzana. Aunque lo reconozcas o no, lo que esta en el centro de tu visión del mundo se convierte en la base de tu opinión sobre cualquier tema y la base de las decisiones que tomas.

Consejos Prácticos de Enseñanza.

(Obviamente esta ilustración será aún más efectiva si tienes una manzana roja que mostrar).

Por eso, una de las cosas más importantes de ti mismo es tu visión del mundo. Y aún así, la mayoría componemos nuestra visión del mundo de modo fortuito. Cosas que aprendimos mientras crecimos, opiniones que escuchamos, verdades de la Biblia que nos han sido enseñadas — todas se juntan en un estofado que compone nuestro punto de vista del mundo. Frecuentemente, el resultado es una visión del mundo más nuestro que de Dios. La buena noticia es Dios no quiere que esto se quede así; Él no desea dejarnos en la ignorancia. Dios desea darnos su conocimiento, su perspicacia. Logramos ver esto claramente en el hecho de que Él envió a su Hijo y nos dio su Palabra. Dios quiere que lo conozcamos. Lean en Filipenses 1:9–10 (LBA):

Y esto pido en oración: que vuestro amor abunde aun más y más en conocimiento verdadero y en todo discernimiento, a fin de que escojáis lo mejor... — Filipenses 1:9–10

Resalten las palabras "conocimiento verdadero" y "en todo discernimiento." A fin de cuentas, nuestro amor y capacidad de elegir lo mejor no es asunto de sentimientos o experiencias. Surgen del conocimiento y discernimiento que tenemos de la vida, nuestra visión del mundo.

Charles Colson dice:

> La expresión "visión del mundo" puede sonar abstracta o filosófica, un tema discutido por profesores fumando de pipas, vestidos con chaquetas de paño de lana, en un medio académico. Pero en realidad la visión del mundo de uno es intensamente práctica. Es simplemente la suma de nuestras creencias sobre el mundo, el punto de vista que dirige nuestras decisiones y acciones diariamente.

Miren en Judas 1:20:

> **Ustedes, en cambio, queridos hermanos, manténganse en el amor de Dios, edificándose sobre la base de su santísima fe,"**
> — Judas 1:20 (NVI)

Este es el versículo del tema de este estudio. Resalten las palabras "base" y "fe". Tu punto de vista del mundo se determina según la base sobre la cual eliges edificar tu vida. Edifica tu vida sobre ganar dinero y tendrás un punto de vista del mundo. Edifícala sobre ser popular y tendrás un punto de vista completamente distinto de lo que ocurre a tu alrededor. La base sobre la cual Dios quiere que edifiquemos nuestras vidas es la fe en Él.

Otro término para la expresión "visión del mundo" es "doctrina". No se pierdan. No permitan que sus mentes tomen el camino equivocado cuando escuchen la palabra "doctrina". Muchos de nosotros no podríamos imaginarnos alguna cosa más aburrida. Nos imaginamos un pastor dando una larga predicación, en voz monótona, mientras que la mayoría de los estudiantes duermen.

Una palabra renovada:

¿Qué es la doctrina cristiana?

- **La doctrina cristiana es un <u>RESUMEN ORGANIZADO</u> de lo que la <u>BIBLIA</u> Enseña sobre los temas más importantes de la vida.**

O poniéndolo de otra forma, doctrina es el estudio de lo que Dios quiere decir sobre preguntas como:

¿Cómo distingo el bien del mal?

¿Qué me sucederá cuando muera?

¿Por qué a la gente buena le suceden cosas malas?

¿Por qué la gente se comporta de la forma en que lo hace?

¿Adónde encuentro la vida que anhelo?

¡En definitiva, no hay nada aburrido en esto!

Charles Swindoll dice lo siguiente sobre la doctrina:

> Las doctrinas son para el cristiano lo que las raíces son para los árboles. De ellas tomamos nuestra estabilidad emocional y nuestro alimento mental para crecer, al igual que nuestra energía espiritual y nuestra perspectiva sobre la vida. Al regresar a nuestras raíces, determinamos precisamente dónde estamos parados. Nos equipamos para vivir, viendo lo que Dios diseñó para que viviéramos.2
>
> Otra palabra que escucharán a menudo en esta serie de estudio es *teología*.
>
> - **Una definición activa de la palabra teología es: FE BUSCANDO ENTENDIMIENTO**

La palabra teología significa literalmente "el estudio de Dios". El estudio es una parte importante de la teología; no puedes tener teología sin estudio, sin buscar entendimiento.

¡El cristianismo es una fe pensante! Si no estás haciendo preguntas, no estás creciendo en fe. ¡De hecho, mi deseo es que este estudio incite algunas preguntas! Sin embargo, las preguntas por sí solas no son suficientes; también debemos buscar respuestas. Este es un estudio que te hará pensar, y eso no siempre es fácil. Alguien dijo en una ocasión: "Quien dé a la gente la ilusión de estar pensando será amado por ella, mientras que el que en realidad la impulse a pensar será odiado."[3] Pensar en la verdad es como el ejercicio; tenemos la tendencia a resistirlo al principio, pero después gozamos de sus beneficios.

La pregunta de discusión 1 (en la pagina 38 al final de esta sección de estudio) se puede usar aquí.

Puedes haber llegado a esta serie de estudio por diversas razones.

Puede ser que tengas preguntas. No únicamente preguntas sobre dónde encontrar versículos en la Biblia, sino preguntas profundas sobre la vida. ¿Quieres reconciliar tu fe con las preguntas que surgen del caos de la vida cotidiana?

Puede ser que tengas dudas. Hasta puede ser que no estés seguro de tu creencia en Dios.

Me alegra que todos estén aquí y los invito a escarbar en las verdades de Dios. Puede ser que hayan escuchado decir en referencia a la Biblia, "No pienses en ella, simplemente acéptala". Quiero que sepan que no vamos a hacer eso aquí. Las verdades de Dios pueden soportar el escrutinio. No necesitas examinarte el cerebro en la puerta de la iglesia. Después de todo, Dios hizo nuestros cerebros.

Cualquiera sea el motivo de tu venida, no serás la misma persona cuando hayas completado la serie. Digo esto no porque creo ser buen profesor. Lo cierto es que al igual que tu, soy una persona luchando para aprender y aplicar la verdad de Dios en mi vida. La promesa de la transformación no se encuentra en el maestro sino en el tema que discutiremos. La verdad de Dios tiene el poder de cambiar todo—a veces instantáneamente y más a menudo lentamente, pero sin lugar a duda produce cambios.

Ahora quiero agudizar tu apetito por lo que Dios va a hacer en tu vida, compartiendo siete motivos por los que debemos aprender la doctrina.

¿Por qué aprender doctrina?

Porque el conocer la verdad de Dios me ayuda a <u>*CONOCER MEJOR A DIOS.*</u>

J. I. Packer dijo:

> **"Somos crueles con nosotros mismos al intentar vivir en este mundo sin conocer a Dios, a quien pertenece este mundo y quien lo dirige. El mundo se convierte en un lugar extraño, loco, y doloroso para aquellos que no conocen de Dios.**
> — **J. I. Packer**

Vivir en este mundo sin conocer a Dios es como conducir un auto con las ventanas obscurecidas. No importa cuanto aceleres ni la dirección que lleves, seguirás atropellando cosas y nunca llegarás a ninguna parte.

Todos tenemos un deseo profundo de conocer a Dios. Hasta lo escuchas en las expresiones "¡ay Dios!" y "¡Dios mío!" cuando la gente está sorprendida. ¡La buena noticia es que Dios quiere que lo conozcamos a Él! Es por eso que Él nos ha enviado a su Hijo y nos ha entregado su Palabra.

Pongamos esto en perspectiva. Conocer verdades de Dios no es suficiente para darte una relación con Él. Todos conocemos personas que saben las verdades de la Biblia y de Dios, sin conocerlo a Él de forma personal. Aún así, para llegar a conocer a Dios mejor, tu y yo debemos aprender más y más sobre la verdad de Él. Tu deseo de leer la Palabra de Dios y aprender sobre Él es una señal de tu amor por Dios. Imagínate un estudiante de universidad diciéndole a su enamorada a la distancia: "Recibí las treinta y tres cartas de amor que me escribiste y pienso leerlas pronto, cuando las cosas se tranquilicen un poco aquí. ¡Pero te quiero de verdad!"

Si pretendes llegar a conocer a Dios, tienes que conocer la verdad sobre Él. No puedes desarrollar una relación con Dios basada en tus suposiciones y anhelos de cómo Él es. Las relaciones se edifican sobre la verdad, no puedes conocer a una persona si estas creyendo una mentira sobre ella.

Proverbios 2:2-5 dice:

"Presta oído a la sabiduría; entrega tu mente a la inteligencia. Pide con todas tus fuerzas inteligencia y buen juicio; entrégate por completo a buscarlos, cual si buscaras plata o un tesoro escondido. Entonces sabrás lo que es honrar al Señor; ¡descubrirás lo que es conocer a Dios!"
—**Proverbios 2:2-5 (DHH)**

Dios nos hizo con un propósito, pero a veces se nos pasa por alto el propósito más importante para el que fuimos creados. No fuiste creado principalmente para tener

> una carrera profesional exitosa,
>
> producir hijos maravilosos,
>
> escribir grandes libros,
>
> parar la injusticia del mundo,
>
> exhibir tu rosal en la revista *Mejores casas y jardines*,
>
> o ganar mucho dinero.

Fuiste creado principalmente para conocer a Dios.

Conocer a Dios te hará sabio
Conocer a Dios te abrirá los ojos
Conocer a Dios te dará esperanza
Conocer a Dios te ayudará a luchar
—**Kay Warren**

Hay una segunda razón por la que vale la pena aprender la verdad de Dios:

porque el conocimiento es una <u>**BASE ESENCIAL**</u>

Miren en Hebreos 6:1-2.

"Por eso, dejando a un lado las enseñanzas elementales acerca de Cristo, avancemos hacia la madurez. No volvamos a poner los fundamentos, tales como el arrepentimiento de las obras que conducen a la muerte, la fe en Dios [doctrina] la instrucción sobre bautismos, la imposición de manos, la resurrección de los muertos y el juicio eterno".
—**Hebreos 6:1-2 (NVI)**

Todos edificamos nuestras vidas sobre un cimiento que guía las decisiones y direcciones que tomamos.

A veces intentamos construir nuestro cimiento en las opiniones de otros. Pero recibimos muchas opiniones diversas...

A veces intentamos poner nuestro cimiento sobre nuestros sentimientos, "¿Se me antoja hacerlo?" ¡Esta es una forma muy común! ¡A veces se me antoja hacer lo que no es bueno! A veces simplemente no se me antoja hacer lo correcto. ¿No habrá alguien más así?

A veces intentamos construir nuestro cimiento en las tradiciones. Si ha resultado con otros, deberá resultar conmigo.

Pero el único cimiento lo suficientemente fuerte es el conocimiento de Dios. Así como debes saber el abecedario para poder leer, así mismo debes saber la verdad de DIOS para vivir como Él manda.

Hay un dicho viejo en inglés que dice "La ignorancia es felicidad". ¡No es cierto! ¡Si voy conduciendo a 160 kilómetros por hora cuando me para un oficial y me pregunta si acaso no vi el letrero que indicaba un limite de velocidad de 110 kilómetros por hora, mi ignorancia no será felicidad! Si viera en mi despensa un frasco que dice "estricnina" y decido que tal vez eso le dará buen sabor a mi torta de chocolate, mi ignorancia me costaría la vida.

La ignorancia nos puede poner en riesgo. Y la ignorancia sobre la verdad de Dios es increíblemente peligrosa. Están en riesgo nuestras familias y está en riesgo nuestro lugar en la eternidad.

El edificar un buen cimiento para la vida toma mucho tiempo. Y para serte honesto, es un trabajo arduo. Para construir un cimiento debes agacharte y cavar. Te rindo homenaje por estar aquí. Al participar en esta serie de estudios, estas diciendo, "Estoy dispuesto a cavar. Estoy dispuesto a hacer el trabajo arduo. Quiero que Dios construya un cimiento duradero para mi vida".

Todos necesitamos respuestas a preguntas como:

¿Cómo puedo crecer como cristiano?

¿Cómo puedo estar seguro de mi salvación?

¿Cómo enfrento el hecho de que hay maldad en el mundo?

Sólo la Biblia tiene las respuestas.

Mira los dos versículos siguientes. Uno se encuentra en Efesios y el otro en Mateo. Uno habla de la vida sin base; el otro habla del valor de tener una base.

La vida sin fundamento.

"... hasta que todos lleguemos a la unidad de la fe y del conocimiento del Hijo de Dios, al hombre perfecto, a la medida de la estatura de la plenitud de Cristo. Así ya no seremos niños fluctuantes, llevados por doquiera de todo viento de doctrina, por estratagema de hombres que para engañar emplean con astucia las artimañas del error"
—-Efesios 4:13-14 (RVR1995)

Consejos prácticos de enseñanza.

En la enseñanza de la doctrina, una de las técnicas más importantes para desarrollar es la técnica de leer versículos de la Biblia en voz alta. Recuerda que nunca cuentas la verdad de forma más pura que cuando lees directamente de la Biblia. Pero es fácil caer en la trampa de leer un pasaje rápidamente para llegar a lo que quieres decir. Igual de perturbador es el leer de forma tan dramática que pareces actor en un drama de Shakespeare. Recuerda:

- Lee lentamente (pero no demasiado lento).
- Lee de forma natural (Deja resplandecer tu personalidad.)
- Lee claramente.
- Enfatiza las palabras clave.
- Lee apasionadamente, (Cuando hablas con convicción, tus oyentes lo detectan)
- Convierte la lectura de ese pasaje en una expresión de tu amor por el Señor.

Este pasaje en Efesios presenta dos cuadros claros de la vida sin el cimiento de la verdad de Dios.

1. **"llevados por doquiera de todo viento…**
" Sin la verdad, soy vulnerable a las <u>CIRCUNSTANCIAS</u>.

¿Han visto la película Tormenta Perfecta? Es la historia de un bote pesquero desprotegido en un mar enfurecido. Así es la vida en este mundo sin el ancla de la verdad de Dios.

2. **"llevados por doquiera de todo viento de doctrina…"**
Sin la verdad, soy víctima de las falsas enseñanzas.

¿Han visto la película Twister? ¿Qué tal Lo que el viento se llevó? Eso somos tú y yo sin la verdad de Dios.

La vida con fundamento.

"Por tanto, todo el que me oye estas palabras y las pone en práctica es como un hombre prudente que construye su casa sobre la roca"
(Mat. 7:24 NVI) Llovió, los ríos crecieron, los vientos la azotaron; mas la casa cimentada sobre la roca permaneció firme. —Mateo 7:24-25 (NVI)

Tracen un círculo alrededor de las palabras "sobre la roca".

¿Notaron las dos cosas sobre las que se construye un fundamento de acuerdo a Jesús? Se construye con el *oír*, "me oye estas palabras…" ¿Pero, con qué más se construye? Sí, con el *hacer*. "y las pone en práctica…"¡Se requieren ambas! Por lo tanto, durante este estudio no estaremos únicamente escuchando la verdad sino también nos vamos a desafiar a ponerla en práctica. Es demasiado fácil tener una fe como la de los tres cerditos de la historia. Construimos nuestras vidas con la paja o los palos de nuestras propias ideas y emociones. Es más fácil y más rápido de esa forma. Pero entonces los problemas de la vida inevitablemente se aproximan soplando y derribando nuestra fe. ¡No digo que debemos tomar nuestra teología de los cuentos de hadas, pero en este caso te animo a ser como el cerdito que construyó con ladrillos! Hay una tercera razón para estudiar la doctrina y es porque la doctrina nutre el alma. ¿Alguna vez has hecho una de esas dietas de líquidos? ¿Qué sucede? ¡En sólo pocos días estás dispuesto a vender tu primogenitura por una zanahoria o cualquier alimento crocante! Tienes ansias de alimentos sólidos. Esa es una señal de madurez pues necesitas alimento sólido para sustentarte.

Porque la doctrina nutre mi alma

 9

¡La iba a llamar "comida del alma" pero sabía que se quejarían! Miren el aliento de Pablo para Timoteo:

"Enseña estas cosas a los hermanos, y serás un buen servidor de Cristo Jesús, un servidor alimentado con las palabras de la fe y de la buena enseñanza que has seguido". —1 Timoteo 4:6 (DHH)

¡La alimentación de nuestra alma no es automática! Ha Hay que decidir comer alimentos sólidos. Durante un tiempo, hay que masticar algunas verdades bíblicas para llegar a entenderlas. El libro de Hebreos nos advierte claramente que si no nos capacitamos en la Palabra de Dios, quedamos estancados como bebés cristianos. Los bebés cristianos son creyentes que parecen tener tantas necesidades que nunca logran ayudar en las necesidades de otros.

"Debiendo ser ya maestros después de tanto tiempo, tenéis necesidad de que se os vuelva a enseñar cuáles son los primeros rudimentos de las palabras de Dios; y habéis llegado a ser tales, que tenéis necesidad de leche y no de alimento sólido. Y todo aquel que participa de la leche es inexperto en la palabra de justicia, porque es niño. El alimento sólido es para los que han alcanzado madurez". —Hebreos 5:12-14 (RVR1995)

En este pasaje, resalten las palabras "tenéis necesidad de que se os vuelva" y "habéis llegado a ser tales, que tenéis necesidad". Los nuevos cristianos a quienes se dirigía esta carta habían retrocedido. Requieres de alimentos sólidos no únicamente para continuar creciendo en fe, sino para sustentar la vida espiritual que ya tienes. Si dejaras de alimentarte de la Palabra de Dios, no pienses que te vas a quedar donde estás. Sin la Palabra de Dios, tu vida espiritual se debilitará.

Es a través de la alimentación continua de la Palabra de Dios, que somos edificados.

En este pasaje, resalten las palabras "tenéis necesidad de que se os vuelva" y "habéis llegado a ser tales, que tenéis necesidad". Los nuevos cristianos a quienes se dirigía esta carta habían retrocedido. Requieres de alimentos sólidos no únicamente para continuar creciendo en fe, sino para sustentar la vida espiritual que ya tienes. Si dejaras de alimentarte de la Palabra de Dios, no pienses que te vas a quedar donde estás. Sin la Palabra de Dios, tu vida espiritual se debilitará.

Es a través de la alimentación continua con la Palabra de Dios, que somos edificados.

"Ahora los encomiendo a Dios y al mensaje de su gracia, mensaje que tiene poder para edificarlos…"
—Hechos 20:32 (NVI)

Las preguntas de discusión 2 y 3 se pueden usar aquí.

Porque el conocer la verdad me permite servir a otros.

Noten el orden en 1 Timoteo 4:6:

"Si enseñas estas cosas a los hermanos, serás un buen servidor de Cristo Jesús, nutrido con las verdades de la fe y de la buena enseñanza que paso a paso has seguido".
—1 Timoteo 4:6 (NVI)

Primeramente te nutres tú mismo, entonces sirves a otros compartiendo lo que has aprendido.

¿Te gustaría animar a otros? Miren en Tito 1:9:

"Debe apegarse a la palabra fiel, según la enseñanza que recibió, de modo que también pueda exhortar a otros con la sana doctrina y refutar a los que se opongan".
—Tito 1:9 (NVI)

Una de las claves para poder realmente animar a otros está en el conocimiento de la verdad de Dios. Sin la verdad de Dios, tu exhortación consiste solamente en tus palabras — y eso es un aliento pobre.

Supongamos que un amigo de pronto aparece en tu puerta, desanimado al enfrentar una situación difícil en su trabajo – o tal vez este amigo ha perdido el trabajo. ¿Cómo vas a ofrecerle consuelo y ánimo? Lo invitarías a ver una película en tu casa? ¿A tomar un helado? ¿Le darías palmaditas en la espalda diciéndole, "Todo saldrá bien"? A lo cual probablemente respondería, "¿Cómo sabes tú que todo saldrá bien?" Y esa pregunta señala exactamente la diferencia entre nuestro decir "todo saldrá bien" y lo que Dios promete. Es completamente distinto recordarle a un amigo que Dios dice que nunca nos dejará ni nos desamparará. Esto es un aliento en el cual tu amigo puede confiar. ¡Entonces sí puedes servirle el helado!

Porque el conocer la verdad protege del error.

"Por eso, de la manera que recibieron a Cristo Jesús como Señor, vivan ahora en Él, arraigados y edificados en Él, confirmados en la fe como se les enseñó, y llenos de gratitud. Cuídense de que nadie los cautive con la vana y engañosa filosofía que sigue tradiciones humanas, la que va de acuerdo con los principios de este mundo y no conforme a Cristo".
—Colosenses 2:6-8 (NVI)

Una vez que estés arraigado en la Palabra de Dios, será difícil despistarte con una falsa doctrina.

Por ejemplo, para conducir un auto, no es necesario que conozcas de motores de combustión interna. Simplemente aprietas el acelerador y el auto marcha. Igualmente, no necesitas saber todas las verdades que estudiaremos para hacerte un cristiano. Lo único que necesitas saber y creer es que Jesús te ama, murió por tus pecados, y resucitó para darte una vida nueva.

Pero regresemos a tu auto. Supongamos que vas conduciendo por la calle y de pronto tu auto comienza hacer ruidos atroces. Piensas que el ruido proviene del motor pero no estás seguro. Al ver un taller de autos, te acercas y le pides al mecánico que diagnostique el problema. El mecánico te contesta, "Llena el tanque de gasolina con agua. Eso arreglará todo". En ese momento, un mínimo de conocimiento de mecánica te serviría de mucho.

La mejor forma de protegerte contra errores de cualquier índole es tener conocimiento de la verdad. Los agentes de la Oficina de Grabado e Impresión de los Estados Unidos aprenden a distinguir billetes falsos, no por observar billetes falsificados, sino observando billetes nuevos ocho horas al día en busca de defectos. Una vez que conozcas la verdad, siempre podrás reconocer una falsificación de la misma.

Miren en Hebreos 5:14

"El alimento sólido es propio de las personas adultas, que por su experiencia y por el entrenamiento de sus sentidos están ya en condiciones de distinguir entre el bien y el mal".
—Hebreos 5:14 (CTS-IBS)

Resalten la palabra "entrenamiento". ¡Una vez entrenado, estás listo para entrenar a otros!

¿Cómo podemos equiparnos para la supervivencia, nosotros y nuestros hijos, en una cultura en desintegración? Creyendo firmemente en la <u>VERDAD</u>, enseñada con claridad y vivida con consistencia.

Porque mi forma de pensar determina mi COMPORTAMIENTO

"porque cuales son sus pensamientos íntimos, tal es él".
—Proverbios 23:7 (RVR1995)

Las creencias determinan el comportamiento. Los pensamientos resultan en acciones.

Si les dijera que puse un billete de cien dólares debajo de una silla en este cuarto, todos revisarían sus sillas. Por lo menos, lo harían si creyeran en mí.

Permítanme expandir esta ilustración. Vivimos en un mundo que nos dice, "Aquí es donde se encuentra el billete de cien dólares". Así se nos pasa la vida, en búsqueda de la realización profesional o de satisfacción en las vacaciones, y a la postre lo único que encontramos es chicle masticado. Lo sorprendente es que volvemos a buscar debajo de la silla una y otra vez. Tal vez podríamos haber pensado que después de la primera vez aprenderíamos, pero nuestras creencias siguen determinando nuestras acciones.

No puedes cambiar tu forma de obrar sin cambiar tu forma de creer.

La verdad de Dios cambia nuestra forma de obrar. Cambiará tu manera de criar a tus hijos. Cambiará tu manera de trabajar y la manera de manejar tus asuntos. Cambiará tu manera de ver el futuro y el pasado. le cambiará a *ti.*

Porque se me manda a:

1. ESTUDIAR LA VERDAD

"Esfuérzate por presentarte a Dios aprobado, como obrero que no tiene de qué avergonzarse y que interpreta rectamente la palabra de verdad".
—2 Timoteo 2:15 (NVI)

El conocimiento de la verdad te permite emplear mejor la verdad.

Segunda Timoteo 2:15 no es sólo para pastores; todos tenemos que aprender a interpretar la Palabra de Dios con rectitud. La Biblia no ordena a todos que sean maestros; eso es un talento que algunos tienen y otros no. Pero la Biblia nos dice que todos somos responsables de obtener conocimiento de la verdad. No debemos atenernos a lo que los demás nos cuentan. Tenemos que estudiar la verdad para nosotros mismos.

2. VIVIR LA VERDAD

La oración del Salmo 25 la puedes hacer todos los días de tu vida.

"Encamíname en tu verdad, ¡enséñame! Tú eres mi Dios y Salvador! ¡En ti pongo mi esperanza todo el día!".   **—Salmos 25:5 (NVI)**

Escuchen lo que dice Tito 1:1:

"Pablo, siervo de Dios y apóstol de Jesucristo, llamado para que, mediante la fe, los elegidos de Dios lleguen a conocer la verdadera religión".
—Tito 1:1 (NVI)

Hay dos hechos importantes en este versículo. Primero, para vivir en la verdad, debes conocer la verdad. Segundo, para conocer la verdad, debes aprender la verdad. No esperes tomar una trompeta y saber tocarla; necesitas aprender. Es igual con la verdad de Dios. Tú y yo no podemos cumplir con el mandamiento de Dios de vivir la verdad, a menos que dediquemos el tiempo para aprenderla. Si no entregamos nuestros corazones a la enseñanza de la verdad, llegaremos a ser como Sheila. Al ser entrevistada sobre su fe, reveló la actitud egocéntrica con la que muchos batallan. Ella dijo, "Creo en Dios pero no recuerdo la última vez que fui a la iglesia. Mi fe me ha llevado lejos. Eso es "Shei-lismo". Sólo mi vocecita. [5] Esa llamada "fe" la puede llevar lejos, pero ella no tiene la menor idea de la dirección hacia donde va. El depender de tus instintos espirituales no es suficiente, si todavía no te has tomado el tiempo de aprender la verdad.

3. <u>DEFIENDE LA VERDAD</u>

La Biblia exige que todos estemos listos y preparados para defender la verdad sobre la Palabra de Dios:

"Santificad a Dios el Señor en vuestros corazones, y estad siempre preparados para presentar defensa con mansedumbre y reverencia a todo el que os demande razón de la esperanza que hay en vosotros".

—1 Pedro 3:15 (RVR 1995)

Noten que la Biblia nos indica hasta la actitud que debemos tomar al defender la verdad. Mucha gente "¡defiende la verdad!" en letras mayúsculas y ruidosas, y con una actitud de prepotencia y enfado. La Biblia nos pide reverencia hacia Dios y mansedumbre hacia los demás al defender la verdad. Descubrirás que las personas seguras de la verdad, con un buen fundamento, son capaces de defender la verdad con espíritu de mansedumbre y reverencia serena. Son los inseguros quienes recurren a los gritos.

Antes de cerrar esta charla sobre el valor de la verdad de Dios, quiero hacerte una advertencia.

Advertencia: ¡El conocimiento por sí solo puede ser muy peligroso!

El conocimiento es el fundamento, pero es sólo el principio. Muchos creyentes caen un una trampa sutil. Consciente de las cosas magníficas que Dios puede construir en nuestras vidas en el fundamento del conocimiento, Satanás nos prepara una emboscada. Él nos tienta, diciéndonos: "Realmente tienes *mucho* conocimiento. En realidad sabes mucho más que el que está sentado a tu lado en la banca de la iglesia. ¡Puede ser que hasta tengas más conocimiento que el pastor!" Deberías sentirte orgulloso de tu conocimiento". Satanás está intentando truncar tu conocimiento. Pero ¿de qué sirve un fundamento si nunca edificas nada sobre el mismo?

¿Cómo te aseguras de no caer en esta trampa?

- **El conocimiento debe equilibrarse con el <u>DISCERNIMIENTO.</u>**

  "Y esto pido en oración: que vuestro amor abunde aún más y más en conocimiento verdadero y en todo discernimiento, a fin de que escojáis lo mejor...".
  —Filipenses 1:9–10 (NVI)

  El discernimiento es la capacidad de ver cómo el conocimiento se aplica a tu vida. Todos hemos conocido a alguien con gran conocimieno pero que no logra implementarlo en su vida. El médico que fuma sin parar o el profesor de psicología de la universidad que ha tenido cinco divorcios.

  Síntomas de "conocimiento sin discernimiento": El conocimiento es sólo teórico; una persona o grupo se convierten en la fuente exclusiva del conocimiento para alguien.

  Aquellos sin discernimiento caen presa de la personalidad de falsos maestros.

- **El conocimiento debe ser equilibrado con la <u>GRACIA.</u>**

  " Más bien, crezcan en la gracia y en el conocimiento de nuestro Señor y Salvador Jesucristo".
  —2 Pedro 3:18 (NVI)

  Debes crecer en gracia y conocimiento. El conocimiento de algunas personas parece haberlos despojado de la gracia.

  Síntomas de conocimiento sin gracia: El aprender más de Dios sin acercarte a Él es: Legalismo.

  El legalismo, como muchos saben, es el resultado de pensar que puedes acercarte a Dios al respetar reglas o imponerlas en otros. Las reglas nunca producen crecimiento. ¡Nunca! El Cristianismo no es una religión de reglas; es una relación con Dios.

- **El conocimiento debe equilibrarse con el <u>AMOR. </u>**

  Leamos 1ra de Corintios 13:2

  "Si...entiendo todos los misterios y poseo todo conocimiento,...pero me falta el amor, no soy nada".
  —1 Corintios 13:2 (NVI)

  ¡Nada, "Nothing," "Zilch," cero—eso está claro! No precisas ser un experto en matemáticas para sumarlo.

  Primera Corintios 8:1 nos dice por qué el conocimiento sin amor es peligroso:

  "el conocimiento nos ensancha, pero el amor nos edifica".
  —1 Corintios 8:1 (NVI)

El conocimiento no es el problema; el problema se encuentra en la falta de amor. Permítanme contarles una historia. En los tiempos de Jesús, era obligación cuidar de los padres aunque fuera una carga económica. Un grupo de hombres religiosos llamados los Fariseos, encontraron un modo de eludirla. Ellos nombraban una porción de sus ingresos o fortunas como "dedicada a Dios". Siendo Dios más importante que sus padres, no tendrían que gastar esa porción en sus familias. Claro, como estos fariseos servían a Dios, se justificaban al gastar ese dinero en ellos mismos. ¿Cómo los hace sentir esta historia real? Puede que pienses, "¡Yo nunca obraría de esa forma!" Acuérdate que el conocimiento te ensancha. Pero si en lugar de esto, piensas: "Señor muéstrame cómo mi conocimiento se convierte en una excusa para no amar", estás en camino a la actitud que Jesús desea que tengas. ¿Por qué piensas que el Nuevo Testamento está lleno de historias sobre los fariseos críticos? ¡No es para que nos sintamos moralmente superiores a ellos! Dios puso esas historias ahí porque todos tenemos la tendencia a obrar como los fariseos.

Síntomas de conocimiento sin amor: El conocimiento nos convierte en personas intolerantes con los demás; el crecer en conocimiento nos lleva a crecer también en orgullo.

La pregunta de discusión 4 se puede usar aquí.

Hemos visto siete convicciones y una advertencia con respecto a invertir nuestros corazones y tiempo en el conocimiento de la verdad de Dios. Es una inversión que paga dividendos eternos.

Ahora miremos la tabla titulada "Edificando un fundamento duradero", que delinea lo que estudiaremos en esta serie. Estas áreas de doctrina son el fundamento de una visión cristiana del mundo. Vivimos en un tiempo cuando muchas personas—hasta muchos cristianos—edifican su visión del mundo sobre un fundamento débil. Pero el hacer esto es frustrante porque tu punto de vista te defrauda continuamente. No es preciso que vivas con esa frustración; Dios quiere que aprendas, ames y vivas su verdad, edificando sobre el único fundamento duradero—la verdad de Dios.

Miren los títulos a través de la tabla; apréndanlos, ámenlos, vívanlos. El hecho ineludible es que si no estás dispuesto a vivir la verdad que aprenderás, todo tu estudio será una pérdida de tiempo. ¡Aprendemos la verdad para poder vivir! Permítanme leer los temas que examinaremos y les dejaré el resto de la tabla para que la observen más detalladamente en casa.

Consejos Prácticos de Enseñanza.

El primer estudio concluye con un llamamiento a comprometerse. Hay que tomar en cuenta tres cosas al pedirle a la gente que se comprometa.

1. Habla con confianza... No estás intentando vender una póliza de seguro mala; estás invitando a un compromiso que cambiará sus vidas para mejor por siempre. Tu confianza se fortalece cuando tú te ves como un representante de Dios.

2. Habla con claridad... La gente necesita saber a qué se están comprometiendo. Cuídate de no pedir dos o tres compromisos distintos a la vez; eso siempre causa confusión.

3. Habla con compasión... Ama con todo tu corazón a los que te estás dirigiendo al pedirles una decisión de obedecer a Dios.

Mientras leo cada tema, te invito a afirmar en tu corazón el deseo de aprender esta doctrina para que la ames y la vivas.

Tomará trabajo. No será facil. Pero el esfuerzo valdrá la pena. Nunca te arrepentirás.

No puedes abandonar a su suerte el conocimiento y la convicción de estas verdades; empieza con un compromiso. Este compromiso no es conmigo como maestro o con este estudio; este compromiso es con Dios, el autor de la verdad.

¿Estás dispuesto a aceptar este compromiso ahora?

La Biblia: La Biblia es el manual perfecto de Dios para vivir.

Dios: Dios es más grande, mejor y está mas cerca de lo que me imagino.

Jesús: Jesús es Dios mostrándose a nosotros.

El Espíritu Santo: Dios vive en mí y a través de mí ahora.

La creación: Nada es "incidental". Dios lo creo todo.

La salvación: La única forma de tener una relación con Dios es a través de la gracia.

La santificación: La única forma de crecer como creyente es a través de la fe.

El bien y el mal: Dios ha permitido el mal para ofrecernos la elección. Dios es capaz de extraer el bien hasta de acontecimientos malos. Dios promete victoria sobre el mal a los que eligen creer en Él.

El más allá: La gloria y el infierno son lugares ciertos. La muerte es el principio, no el final.

La Iglesia: La única "superpotencia mundial" es la Iglesia.

La segunda venida: Jesús regresa a juzgar al mundo y a recoger a los hijos de Dios.

Oremos.

Padre, gracias por enviar a tu Hijo y darme tu Palabra para que yo pueda conocer la verdad sobre ti y tu mundo. Quiero amar tu verdad. Deseo ser alguien que sabe vivir tu verdad. Por esto me comprometo a entregar mi corazón y mi tiempo a aprender tu verdad. En el nombre de Jesús, amén.

Consejos Prácticos de Enseñanza.

En este punto, ofrece tarjetas de decisión a los estudiantes para que las firmen. Estas dirán por ejemplo: "Quiero aprender, amar y vivir la verdad de Dios. Por la gracia de Dios me comprometo a estar en cada estudio de *Fundamentos*, memorizar las once verdades centrales con los versículos, y discutir las mismas con otras personas en grupo".

Te animo a que traigas a un amigo la próxima semana, porque todos necesitamos la verdad de Dios en nuestras vidas.

CONSTRUYENDO UN FUNDAMENTO DURADERO.

Tres niveles de verdad.

Este es un panorama sintético de lo que estudiaremos juntos. Esta tabla te ayuda a ver los diferentes niveles de aprendizaje que relacionan con nuestro grado de conocimiento de la verdad. Ser capaz de citar de memoria una verdad bíblica no es necesariamente una señal de haberla aprendido.

Para profundizar en una doctrina ...	Aprenderla (conocer la verdad)	Amarla (cambiar de perspectiva)	Vivirla (aplicarla a mi vida)
La Biblia	La Biblia es la guía perfecta de Dios para vivir	Puedo tomar la decisión.	Consultaré la Biblia para buscar guía en mis decisiones respecto a _____.
Dios	Dios es más grande, mejor y más cercano de lo que imaginas.	Lo más importante de mí es lo que creo de Dios.	Ver lo grande que es Dios, hace que _____ se vea tan pequeño.
Jesús	Jesús es Dios mostrándose a sí mismo.	Dios desea que lo conozca mejor.	Conoceré mejor a Jesús teniendo tiempos de quietud con Él.
El Espíritu Santo	Dios vive en mí y a través de mí ahora.	Soy un templo del Espíritu Santo de Dios.	Trataré mi cuerpo como el templo que es haciendo_____.
La Creación	Nada "solo se dio." Dios lo creó todo.	Tengo un propósito en este. mundo	La razón por la que existo es _____.
La Salvación	La gracia es la única forma de tener una relación con Dios.	Soy un objeto de la gracia de Dios.	Dejaré de ver _____ como una manera de ganar mi. salvación. Solo las haré como forma de apreciar la gracia de Dios.
La Santificación	La fe es la única forma de crecer como creyente	Crezco cuando puedo verme de otra manera.	Pasaré más tiempo escuchando lo que la Palabra de Dios dice de mí y menos escuchando lo que el mundo dice de mí.
El Bien y el Mal	Dios ha permitido el mal para darnos a escoger. Dios puede traer bien aún del mal. Dios promete victoria sobre el mal a aquellos que lo escogen.	Todo obra para bien.	Estoy peleando contra el mal cuando enfrento _____,. venceré el mal con el bien cuando _____.
La Vida después de la muerte	El cielo y el infierno son lugares reales. La muerte es inicio, no el final.	Puedo enfrentar la muerte. confiadamente.	Tendré una actitud más esperan-- zadora contra_____.
La Iglesia	El único super-poder en el mundo es la iglesia.	El mejor lugar para invertir mi vida es la iglesia.	Necesito hacer un compromiso más profundo hacia la iglesia _____.
La Segunda Venida	Jesús regresa para juzgar este mundo y reunir a los hijos de Dios.	Quiero vivir alerta, esperando su regreso.	Puedo animar a_____ con la esperanza de la segunda venida.

Preguntas de Discusión.

1. Siendo ésta la primera vez que se reúnen en grupo, tomen un momento para conocerse. Compartan su nombre, lugar de nacimiento y un motivo por el cual decidieron participar en este estudio.

2. ¿En qué momento, el entender la verdad sobre la Biblia, adquirió importancia en tu vida? Compartan acerca de alguna ocasión en que conocer la verdad los sacó de apuros.

- ¿De qué forma la verdad sobre Dios y la fe te ayudaron a profundizar tu relación con Dios?

- ¿Te evitaron cometer un grave error?

- ¿Te hicieron más capaz de servir a Dios y a otros?

- ¿Te motivaron en un momento difícil o de tentación?

- Te dieron un nuevo sentimiento de libertad en tu vida?

3. Siendo la doctrina tan importante, ¿por qué será que muchos parecen tener una actitud negativa hacia la enseñanza de la misma? ¿Por qué, con frecuencia, la gente ve la doctrina como un asunto seco y aburrido, o altisonante y dogmático?

4. Discutan sobre cosas que pueden hacer para evitar que el conocimiento pierda equilibrio. No se limiten a lo que otros deben hacer, hablen sobre lo que ustedes pueden hacer. Hagan una lista de dos o tres cosas específicas que les ayuden a mantener en equilibrio el conocimiento y el amor, la gracia y el discernimiento.

La Biblia

1ª Parte

Metas Transformadoras.

Profundizar (o formar) tu convicción de que en la Biblia, siendo ésta la Palabra de Dios, se puede confiar más que en tus propios sentimientos, valores, opiniones y cultura.

Resumen del Bosquejo de Enseñanza.

Tres palabras importantes, sus definiciones y sus implicaciones.

Revelación.

Inspiración.

Iluminación.

¿Cómo sabemos que la Biblia proviene de Dios?

Primero: La evidencia externa indica que la Biblia es un libro histórico.

Segundo: La evidencia interna indica que la Biblia es un libro único.

Tercero: La evidencia personal indica que la Biblia es un libro poderoso.

Cuarto: Jesús dijo que la Biblia proviene de Dios.

¿Cómo sabemos que tenemos el libro correcto?

El testimonio de la Biblia.

La historia de la iglesia.

El poder de Dios.

¿Que significa cuando decimos que la Biblia es inspirada?

Inspiración significa que Dios escribió la Biblia a través de personas.

Inspiración significa que El Espíritu Santo es el autor.

Inspiración significa que la Palabra de Dios es nuestra máxima autoridad.

Las preguntas de discusión 1 y 2 se pueden usar aquí.

Observen el libro que sujeto en mi mano—la Biblia. También lo llamamos las Escrituras, la Palabra de Dios, la carta de amor de Dios. A veces, unos se refieren a la Biblia como "el Buen Libro". Si bien es cierto que la Biblia es un buen libro, yo prefiero describirlo como un manual. Algunas veces nos referimos al libro *"La Guerra y la Paz"*, como un clásico que se ve bien en nuestra biblioteca. ¡Podrás impresionar a tus amistades al tener una ejemplar del mismo!

La Biblia no esta supuesta a quedarse en tu estante. Es más parecida al mapa que llevas en tu automóvil. Tiene la hojas gastadas por el uso". Lo usas como referencia con frecuencia. Te indica como llegar de donde estas a donde quieres estar. La Biblia, llena de la verdad de Dios, es nuestro manual de vida.

Consejos prácticos de enseñanza.

Trae una copia del libro *La Guerra y la Paz*, y una *Guía* de mapas (de las que cargas en el auto), y una Biblia para mostrarlos en esta introducción. Aunque estamos en la época del video y las presentaciones de PowerPoint, el impacto de algo tangible es sorprendente.

Suponte que a tu lado está un amigo que nunca ha ido a la iglesia. Camino a casa paran a tomar un café y empiezan a hablar de la Biblia como un libro único que contiene la verdad de Dios.

Tu amigo te dice, "Estoy seguro que la Biblia es un gran libro, y me alegro de que te ayude". ¿Pero cómo se distingue de cualquier otro gran libro?

"Me molesta el que a veces los cristianos actúen como si la Biblia fuera el único libro santo, como si ellos fueran los dueños de la verdad. Quisiera tener tu confianza en la Biblia, pero es difícil, puesto que sabemos que personas como tú y como yo la escribieron y que ha cambiado mucho a través de los años. De cualquier manera, la Biblia es difícil de entender".

Tu amigo tiene tres puntos importantes. Estos se pueden abordar examinando tres palabras. Para ver la Biblia tal como es en realidad, debemos entender estas tres palabras.

A la pregunta: ¿cómo se distingue la Biblia de todos los otros libros religiosos?, se responde con la verdad que hay detrás de la palabra *revelación*.

A la pregunta: ¿no fue la Biblia escrita por personas como tú y yo?, se responde con la verdad que hay detrás de la palabra *"inspiración"*.

A la objeción: "es tan difícil de entender", se responde con la verdad detrás de la palabra *"iluminación"*.

Examinaremos estas tres palabras teológicas en las próximas semanas.

El entenderlas no sólo te ayudará a responderle a tu amigo, sino que también edificará tu confianza en la Biblia para guiar tu vida.

Permítanme darles una definición breve de estas tres palabras.

Consejos Prácticos de Enseñanza.

En este estudio y el próximo, nos enfocaremos en estas tres palabras. Al presentar estas verdades, hazlo de una manera que despierte una gran expectativa en los estudiantes. Una técnica clave que debería desarrollar cualquier maestro es la del crear anticipación. Puedes decir algo tan sencillo como: "En unos minutos vamos a hablar sobre…" o "Al final del estudio de hoy, vamos a mirar…"

Tres palabras importantes, sus definiciones, y sus implicaciones.

Revelación.

Revelación significa que Dios ha elegido revelarnos su naturaleza y su voluntad a través de la Biblia. La Biblia fue escrita para que Dios nos mostrara como es El y como El espera que seamos. El entendimiento acerca de la persona de Dios, llega sólo a través de Su decisión de revelarse a nosotros.

> "De esta manera mostraré mi grandeza y mi santidad, y me daré a conocer ante muchas naciones. Entonces sabrán que yo soy el Señor".
> —Ezequiel 38:23 (NVI)

¿Cómo respondes a alguien que te dice que la Biblia no se distingue de cualquier otro libro? En este estudio examinaremos cuatro formas clásicas de saber que la Biblia proviene de Dios y tres razones que nos comprueban que tenemos en nuestras manos el libro correcto.

Inspiración.

Inspiración es el proceso por el cual Dios nos entregó la Biblia. Dios obró en el corazón de ciertos escritores humanos, inspirándolos para que escribieran Sus palabras. Las palabras de Dios escritas a través de estas personas son perfectas, infalibles y confiables.

"Toda la Escritura es inspirada por Dios y útil para enseñar, para reprender, para corregir y para instruir en la justicia".

—2 Timoteo 3:16 (NVI

Si lo que leo en la Biblia son sólo ideas de hombres, las puedo tomar o dejar. Pero una vez que estoy convencido de que Dios dijo esas palabras, tomo lo que leo como algo que tiene un tono de autoridad. Hacia el final del estudio, examinaremos como el entender la palabra inspiración multiplica nuestra confianza en la Biblia.

Iluminación

Iluminación es la obra del Espíritu Santo alumbrando las palabras de la Biblia al leerlas. Iluminación es el medio por el cual llegamos a entender la Biblia.

"Entonces les abrió el entendimiento para que comprendieran las Escrituras".

—Lucas 24:45 (NVI)

En el próximo estudio miraremos cuatro formas de "encender la luz" en nuestro estudio personal de la Biblia. Lucas 24:45 nos cuenta que cuando los discípulos se encontraron con Jesús resucitado, El "…les abrió el entendimiento para que comprendieran las Escrituras".

Escuchen este deseo expresado por Chuck Swindoll:

> Si se me concediera un deseo para el pueblo de Dios, este seria que todos regresáramos a la Palabra de Dios, que comprendiéramos que Su Libro contiene las respuestas. La Biblia es la autoridad, el último lugar de descanso para nuestras preocupaciones, penas, tragedias, amarguras, y sorpresas. Es la respuesta final a nuestras preguntas, nuestra búsqueda.1

Esa es la meta de este estudio y de los próximos que vendrán. No únicamente que lleguemos a amar y a comprometernos con las repuestas de la Biblia para nuestras vidas, sino que también compartamos ese amor hacia la Palabra de Dios con otros.

En el próximo estudio nos enfocaremos en la iluminación. Ahora veremos tres preguntas importantes sobre la revelación y la inspiración.

1. ¿Cómo sabemos que la Biblia proviene de Dios?

2. ¿Cómo sabemos que tenemos el libro correcto?

3. ¿Qué significa cuando decimos, "la Biblia es inspirada"?

¿Cómo sabemos que la Biblia proviene de Dios?

Puede ser que te estés preguntando: - si la Biblia nos demuestra cómo es Dios en realidad, ¿cómo se que puede confiar en ella y qué la hace mas confiable que otros libros? ¿Existe evidencia objetiva que indique que la Biblia es un libro único?

¡SI! Cada cristiano debe entender las cuatro pruebas clásicas de la fiabilidad de la Biblia. Estas pruebas responden a las preguntas que escuchamos de otros y que hasta tú mismo te estarás preguntando. ¿Por qué habría de confiar en la Biblia más que en cualquier otro libro? ¿Qué hace a la Biblia tan especial?

Primero: La evidencia externa indica que la Biblia es un libro histórico.

Evidencia externa significa simplemente que hay pruebas sobre la fiabilidad de la Biblia se encuentras afuera de las paginas de la Biblia. Por ejemplo:

- **La cantidad de copias de manuscritos y el poco tiempo entre el manuscrito original y nuestras primeras copias del Nuevo Testamento.**

Norman Geisler escribe:

"La evidencia para el Nuevo Testamento es arrolladora. Existen más de 5,366 manuscritos para comparar y tomar información, y algunos están fechados en el segundo o el tercer siglo. ¡Para poner esto en perspectiva, existen solo 643 copias de la Iliada de Homero, y ese es el libro más famoso de la antigua Grecia! Nadie duda de la existencia de la compilación las Guerras que libró Julio César en las Galias, y el libro solo tiene unas 10 copias y la primera de ellas se hizo 1,000 años después de ser escrita. La abundancia de copias del Nuevo Testamento fechadas menos de 70 años después de sus redacciones originales, es asombrosa.[2]
—Norman Geisler.

¿Por qué Dios no nos permitió tener el original en lugar de un número de copias? Una posibilidad: hubiéramos adorado un documento antiguo en lugar de leerlo y obedecerlo como a una Palabra de vida.

Por cierto, es importante entender que la Biblia fue traducida de estas copias originales que fueron escritas en hebreo, arameo, y griego. Muchos piensan que la Biblia se ha pasado de un lenguaje a otro a través de los siglos, y que por eso pudo llegar a ser alterada múltiples veces. No es cierto. Al concluir la traducción de una Biblia, el traductor regresa a los manuscritos en el lenguaje original.

- **El cuidado extremo con el cual se copiaron las Escrituras.**

  Los primeros escribas judíos seguían normas estrictas para asegurar la exactitud de sus copias. Las siguientes son algunas de las reglas que seguían meticulosamente.

  1. Cada pergamino debe contener un número específico de columnas, todas parejas a través del libro.

  2. El largo de cada columna no puede tener menos de cuarenta y ocho líneas ni más de sesenta líneas.

  3. La anchura de cada columna tiene que ser de exactamente treinta letras.

  4. El copista debe usar un tipo de tinta preparada en negro.

  5. El copista no pude copiar de memoria.

  6. El espacio entre cada consonante debe ser de la talla de un hilo.

  7. El copista debe sentarse completamente vestido con el vestuario judío.

  8. El copista debe usar una pluma nueva para escribir el sagrado nombre de Dios. (El copista tenía tal reverencia hacia las Escrituras y al nombre de Dios, que hasta rehusaba reconocer la presencia de un rey mientras escribía el nombre que guardaban tan sagradamente)

  Después, los escribas añadieron estos otros requisitos:

  1. Sólo podrían copiar letra por letra en lugar de palabra por palabra.

  2. Contaban la cantidad de veces que cada letra de su alfabeto aparecía en el libro. Y si este estaba equivocado, echaban el pergamino a la basura.

  3. Conocían la letra que iba a la mitad del Pentateuco (los primeros cinco libros del Antiguo Testamento) y la letra en la mitad del Antiguo Testamento entero. Después de copiar un pergamino, contaban hacia adelante y hacia atrás desde el medio. Si el número de letras no coincidía con lo que ellos sabían era justo, destruían el pergamino y empezaban de nuevo.

- **Confirmación arqueológica de lugares y fechas.**

  La confirmación a través de los encuentros arqueológicos de lugares y fechas ayuda a muchos ver la fiabilidad de la Biblia.

  Los Pergaminos del Mar Muerto son uno de los descubrimientos arqueológicos más famosos. ¿Por qué son tan importantes? Cada libro del Antiguo Testamento se encuentra en estos pergaminos. Antes de su descubrimiento, los manuscritos mas antiguos de los libros del Antiguo Testamento se fechaban en el 900 AD. — casi mil años después de la generación de estas escrituras. Asombrosamente, al comparar los Pergaminos del Mar Muerto con los manuscritos posteriores, prácticamente no se encontraron diferencias. (Las diferencias, de aproximadamente un 5 por ciento, son en su mayoría en la ortografía) ¡En un transcurso de 1,000 años eso es casi nada!

La exactitud histórica de la Biblia ha sido cuestionada repetidamente a través de los años, sin embargo, la arqueología ha comprobado la veracidad de Biblia y el error del crítico. Erwin Lutzer escribe en *Siete razones por las que podemos confiar en la Biblia:*

> Aquí hay algunos ejemplos por los cuales los críticos han debido cambiar de opinión sobre la veracidad de la Biblia.
>
> - Por años, los críticos insistieron que la historia del rescate de Lot por Abram en Génesis 14 no era históricamente acertada. Decían (1) que los nombres de los reyes eran ficticios ya que no se confirmaban con historias seculares; (2) la idea de que el rey de Babilonia sirviera al rey de Elam era históricamente imposible…Pero la arqueología habría de desacreditar a éstos críticos. Los nombres de algunos de los reyes han sido identificados. Y existe evidencia que el rey de Babilonia sirvió al rey de Elam en ese tiempo.
>
> - Por décadas se dijo que los escritores del Antiguo Testamento habían inventado a la tribu de los hititas ya que su existencia no se podía confirmar independientemente. Sin embargo, en 1911-12 el Professor Hugo Wnchkler de Berlín desubrió una diez mil tablas de barro en Bogazkoy, sitio de la capital de los hititas. Hoy, la existencia del imperio de los hititas está ampliamente comprobada y documentada.
>
> - En un tiempo se cuestionaba le existencia del reino de Salomón y sus miles caballos. Pero en Meguido, donde estuvo una de las cinco caballerizas de este rey, excavaciones han revelado las ruinas de miles de establos para caballos y carros de combate.[3]

La arqueología confirma que los lugares y los pueblos mencionados en la Biblia son históricamente acertados. Esto es cierto no únicamente en el Antiguo Testamento sino también en la historia más reciente del Nuevo Testamento. La arqueología ha descubierto muchos de los lugares en donde ocurrieron eventos del Nuevo Testamento. Algunos ejemplos: porciones del templo de Herodes, el Areópago, donde Pablo habló en Atenas; el teatro en Efeso, donde Hechos 19 nos cuenta que ocurrieron disturbios, el estanque de Siloé donde un hombre fue sanado de su ceguera en Juan 9. El libro de Hechos es un modelo de exactitud histórica. "En total, Lucas nombra treinta y dos países, cincuenta y cuatro ciudades y nueve islas, sin fallar".[4]

William Albright concuerda con nosotros:

"Descubrimiento tras descubrimiento ha establecido la veracidad de innumerables detalles, y ha aumentado el reconocimiento al valor de la Biblia como un recurso de historia".

—William F. Albright

La pregunta de discusión 3 se puede usar aquí.

Segundo: La evidencia interna indica que la Biblia es un libro único.

La evidencia interna es la evidencia que se encuentra dentro de la misma Biblia. Si nunca hubieras estudiado arqueología o historia, todavía podrías ver la veracidad de la Biblia al leerla. Miremos dos de las formas en las que la Biblia nos muestra que es fiable y única.

- **La mayoría de los hechos descriptos en la Biblia, provienen de la narración de testigos presenciales.**

Todos conocemos el valor de un testigo presencial. Cuando el fiscal recurre a alguien que presenció un suceso, la fiscalía tiene mucha mas posibilidad de ganar el caso.

Una pieza de evidencia que los historiadores observan al determinar la veracidad de cualquier documento es la cantidad de generaciones que han pasado antes de que una historia fuera escrita. En otras palabras, ¿viene la información de primera o segunda mano? ¡Los eventos de la Biblia fueron registrados por la misma generación en la cual ocurrieron y por aquellos que los vivieron".

La Biblia está llena de narraciones de testigos presenciales. Moisés estuvo presente cuando el Mar Rojo se abrió. Josué vio con sus ojos, derrumbarse los muros de Jericó. En conjunto, los discípulos estuvieron con Jesús en el Aposento Alto y luego vieron y escucharon al Señor Jesús resucitado.

- **Lo asombroso es el acuerdo y la consistencia a través de la Biblia.**

Josh McDowell escribe:

"La Biblia fue escrita a través de un periodo de unos 1,500 años en varios lugares, desde Babilonia hasta Roma. Los autores humanos incluían más de cuarenta personas en distintas etapas de la vida: reyes, campesinos, poetas, pastores de ovejas, pescadores, científicos, hacendados, sacerdotes, tenderos y gobernadores. Fue escrita en los montes, en un calabozo, dentro de palacios y prisiones, en islas solitarias y en batallas. Aun así, habla con coherencia y fiabilidad sobre cientos de temas controversiales. Además, cuenta una historia de principio a fin: el plan de salvación de Dios para el hombre a través de Jesucristo. ¡NINGUNA PERSONA pudo haber concebido y escrito una obra semejante![6]
—Josh McDowell

Una observación más detallada.

¿Cuál es la diferencia?

La Biblia ha sido traducida de 24,000 copias, solamente del Nuevo Testamento las cuales han sido vistas por millones de . personas y traducidas por miles de eruditos.	**El libro del Mormón:** está traducido de un único supuesto original, que fue presuntamente visto y traducido por un hombre: José Smith, (quien no era un experto en lenguajes) Ese original desapareció y no hay ninguna copia disponible del mismo.
La Biblia: fue escrita por más de 40 autores diferentes, abarcando más de 50 generaciones y 3 continentes. A pesar de esto, habla con consistencia sobre todas las materias de fe y doctrina.	**El Corán**, son los escritos y registros de un hombre: Mahoma, realizados en un solo lugar y momento históricos. En muchos puntos, difiere con la historia registrada en el Antiguo y el Nuevo Testamentos.
La Biblia: provee una solución específica al problema del pecado del hombre y se enfoca en la obra verificable de Dios en la historia.	**Las escrituras hindúes:** enseñan que todos los caminos llevan a un mismo lugar, enfocándose en historias de cosas que suceden en las esferas celestiales.

Consejos prácticos de enseñanza.

Puede ser que no tengas suficiente tiempo para cubrir todo el material de estudio, pero en las secciones designadas como: "Una Observación Mas Detallada", podrás decirles a los participantes: "Puede ser que te hayas preguntado cual es la diferencia entre la Biblia y otros libros supuestamente sagrados. A pesar de que no tengamos el tiempo para cubrir el tema a fondo, aquí hay información para orientarte.

Tercero: La evidencia personal indica que la Biblia es un libro poderoso.

La Biblia es el libro más vendido en el mundo. La mayoría de la gente sabe que fue el primer libro grande en ser impreso con máquina impresora (la Biblia Gutenberg). La Biblia, en parte o en su totalidad, ha sido traducida en más de 1,300 idiomas.

Millones de vidas han sido transformadas a través de la verdad en la Biblia.

La verdad de la Biblia ha transformado mi vida. No puedo numerar las veces en las cuales las palabras justas en el momento justo, me dieron la orientación de Dios en una disyuntiva.

Consejos prácticos de enseñanza.

Encontrarás que través de este estudio, hemos incluido historias personales sobre como la doctrina a impactado nuestras vidas. Nosotros creemos que para avivar la verdad, debemos compartir la forma en la cual nos ha transformado. Al tratar con estas historias, tienes dos opciones:

1.   Lee la historia como ejemplo de la experiencia de alguien. Puedes decir algo como, "Tom Holladay, uno de los escritores de este estudio, cuenta esta experiencia de cómo la verdad de la Palabra de Dios impactó su vida de forma personal.

2.   La segunda opción es que compartas una historia de tu propia vida. Esperamos que eso sea lo que elijas hacer la mayoría de las veces. Permite que la siguiente historia te haga acordar de una experiencia personal tuya con el poder de la Palabra de Dios. La forma más personal de contar la verdad es la forma más poderosa de contarla. Para avivar la doctrina, los oyentes deben ver el poder que la verdad de Dios tiene en tu vida.

Yo, (Tom Holladay), me acuerdo de la lucha que enfrenté cuando mi madre atravesaba las últimas etapas del cáncer. Ella vivía a unas dos horas de camino del pueblo en donde yo estaba viviendo. Una vez por semana conducía a través del valle y por las curvas de la carretera para pasar unas horas con ella. A pesar de que su espíritu tenaz no lo admitiera, todos sabíamos que no le quedaba mucho tiempo de vida. Ella era creyente en Jesucristo, y yo tenía una fe firme de que ella se dirigía a una eternidad llena de gozo en la gloria. Sin embargo, no estaba preparado para las olas de emociones que me golpearían al verla irse: su cuerpo debilitándose y su mente volviéndose confusa. La realidad de su enfermedad me sobrepasaba. ¡Ay!, quería que ella estuviera con el Señor, pero no tan pronto ni de esa forma. Todo dentro de mí deseaba hacer algo para detener el proceso. Y así fue que me embarqué en una actividad frenética y extenuante, a fin de hallar formas de detener lo que le sucedía a mi madre. Aún si no tuviera nada que ver con mi mamá, me encontraba constantemente activo para apaciguar mi dolor. (No me malinterpreten, no estoy diciendo que no deberíamos hacer todo lo posible por una persona amada. Mas bien, quiero decir que en mi caso particular, mis actividades eran ejercicios sin sentido)

Una noche al conducir de regreso a casa, el agotamiento me venció. Al tomar una curva obscura tras otra, me vino a la mente un pensamiento.¿Cómo podría ser capaz de ayudar a mi madre cuando ni siquiera tenía la fuerza para enfrentar el hecho de que se estaba muriendo? En ese momento, las palabras de Jesús en Mateo 11:28 atravesaron mi alma: "Vengan a mi todos ustedes que están cansados y agobiados, y yo les daré descanso".

"¡Yo les daré descanso!" La experiencia de estas palabras en mi mente fue tan poderosa y personal. Percibía la presencia de Jesús a mi lado en el auto. En la sincronización perfecta del tiempo de Dios, tomé la ultima curva y vi de frente la expansión y las luces del valle. Y una idea vino a mi mente: Dios quiere anchar mi perspectiva, para ayudarme a estar conciente del hecho de que Él siempre esta obrando, aún cuando yo no puedo. "Yo te daré descanso". Debo haber repetido estas palabras en mi mente cientos de veces durante las semanas anteriores a la muerte de mi madre. El dolor fue real, pero las promesas de Dios hicieron que Su presencia y Su fuerza fueran igualmente reales. Su promesa me dió la perspectiva que necesitaba para enfrentar la muerte de mi madre.

Recuerda que el testimonio personal es una de las cuatro pruebas de que la Biblia es el libro de Dios.

¡La gente habla de la forma en que el libro del Mormón ha cambiado sus vidas, o como el Corán a hecho una diferencia, y hasta describen el impactó de una frase de la ultima película de Star Wars! Esto también es testimonio personal pero es subjetivo; es sólo el relato de la experiencia de una persona, sin evidencia objetiva.

La buena noticia es que la Biblia ha mostrado ser fiable a través de pruebas objetivas y experiencias subjetivas. Puedes ver en los hechos de la arqueología y la historia de que la Biblia es un libro confiable. Y puedes ver en las experiencias personales de billones de personas que la Biblia es un libro que transforma las vidas.

Las preguntas de discusión 4 y 5 se pueden usar aquí.

Cuarto: _JESÚS_ dijo que la Biblia proviene de Dios.

¿Alguna vez has oído decir, "Yo confío en lo que Jesús dice, pero no en el resto de la Biblia"? Jesús mismo habló con certeza sobre la Biblia. Si confiamos en lo que dijo Jesús, tenemos que confiar en la Biblia entera.

1. Jesús reconoció al Espíritu como el autor.

"—Entonces, pregunto Jesús, ¿cómo es que David, hablando por el Espíritu, lo llamó "Señor"? Dijo David: "El Señor dijo a mi Señor: "Siéntate a mi derecha hasta que ponga a tus enemigos debajo de tus pies".
—Mateo 22:43-44 (NVI)

Jesús, aludiendo a lo que David escribió en los Salmos, reconoce que el Espíritu inspiró las palabras de David.

2. Jesús refirió a la Biblia como AUTORITATIVA.

En Mateo 22:29 Jesús dijo a los Saduceos que, por no conocer las Escrituras y el poder de Dios, ellos vivían en un error.

"Jesús les contestó: Ustedes andan equivocados porque desconocen las Escrituras y el poder de Dios".
—Mateo 22:29 (NVI)

En Lucas 11, Jesús nos dice claramente que la Palabra de Dios no es únicamente historia o poesía, sino algo que debe obedecerse.

"—Dichoso más bien —contestó Jesús —los que oyen la palabra de Dios y la obedecen."

—Lucas 11:28 (NVI)

3. Jesús proclamó su singularidad.

Jesús nos recordó que la Biblia esta sobre todo otro libro y toda otra escritura. De hecho, nos dijo que este libro esta sobre todo lo que vemos en el universo físico.

Leamos lo que dijo en Mateo 5:18 y Juan 10:35:

"Les aseguro que mientras existan el cielo y la tierra, ni una letra ni una tilde de la ley desaparecerá hasta que todo se haya cumplido".

—Mateo 5:18 (NVI)

"Y ella (la Escritura) siempre dice la verdad"

—Juan 10:35 (bls)

4. Jesús la llamó: la "Palabra de Dios."

"Así, por la tradición que se trasmiten entre ustedes, anulan la palabra de Dios. Y hacen muchas cosas parecidas".

—Marcos 7:13 (NVI)

A pesar de que Jesús no poseía las escrituras originales de la Biblia, esritas por Moisés, David, etc., no obstante considero las copias de manuscrito usadas en su tiempo como "la Palabra de Dios". Esta es una expresión poderosa y personal para nosotros de la verdad de que Dios obra para preservar la integridad y exactitud de la Biblia generación tras generación.

5. Jesús afirmó la existencia de las personas y los lugares de la Biblia.

- **El afirmó la existencia de los profetas. (Mat. 22:40; 24:15).**

- **El afirmó la existencia de NOÉ. (Lucas 17:25)**

- **El afirmó la existencia de ADÁN Y EVA. (Mat. 19:4).**

- **El afirmó la existencia de SODOMA y GOMORRA. (Mat. 10:15)**

- **El afirmó la existencia de JONAS. (Mat. 12:40)**

Es interesante ver como éstos últimos, (Noe, Adán y Eva, Sodoma y Gomorra, y Jonás) se encuentran en las porciones de la Biblia más atacadas como fábulas o buenos cuentos, por los que dudan de su veracidad histórica. Precisamente las partes de la Biblia puestas en tela de duda hoy, son aquellas que han sido expresamente afirmadas por las palabras de Jesús mismo.

Josh MacArthur escribe:

> "La Biblia es el único recurso enteramente confiable para conocimiento sobre Dios El hombre no puede aprender todo lo que debe saber a través del razonamiento humano, la filosofía o hasta la experiencia. Sólo Dios es la fuente de conocimiento acerca de Él mismo, y Él ha elegido revelarse en la Biblia y en ningún otro libro".[7]
>
> —John MacArthur Jr.

Quiero asegurarme que mientras tratemos la veracidad histórica de la Biblia, mantengamos en mente su impacto en nuestras vidas.

A pesar de que la Biblia es un registro de cómo Dios se ha revelado a hombres y mujeres a través de la historia, el nos ha entregado este libro para revelarnos personalmente su forma de ser. Nos ha dado este libro para transformar nuestras vidas.

Antes de continuar, quisiera que respondieran en silencio dos preguntas intensamente personales e increíblemente importantes sobre este libro.

Primero, ¿qué cambios ha obrado la Palabra de Dios en tu vida, o qué transformaciones en tu vida te gustarían ver por medio de la Palabra de Dios? Tóma un momento para pensarlo.

Segundo, ¿de qué forma te ha mostrado este libro, la Biblia, cómo es Dios en realidad, o de qué forma necesitas que Dios se te revele a través de este libro.

Nuevamente, toma un momento.

Plan de sesión dividida. Si estás enseñando este estudio a lo largo de dos sesiones, concluye la primera aquí. Con pequeñas alteraciones, podrás usar el material justamente antes de esta nota para cerrar la primera sesión, y el material que sigue a esta nota, como introducción para la próxima sesión

Ahora, continuemos con nuestra observación de la veracidad del libro de Dios.

El más reciente y más publicado ataque a la Biblia, procede de un grupo de setenta y cuatro eruditos que se han nombrado a sí mismos: "The Jesús Seminar" (El Seminario de Jesús). Éstas autoproclamadas "autoridades", se reúnen dos veces al año para determinar cuales de las frases de Jesus son auténticas y cuales no. Presentan composiciones, discuten textos bíblicos, y luego de forma dramática, votan sobre la forma que debemos tomar las palabras de Jesús.

Al votar, no elevan las manos ni apuntan sus votos en una hojita de papel sino votan con lentejuelas de colores.

- La lentejuela roja significa: "No cabe duda de que Jesús dijo esto o algo muy parecido".

- La lentejuela rosada significa: "Probablemente Jesús dijo algo parecido".

- La lentejuela gris significa: "Jesús no dijo eso, pero las ideas se parecen a las de él".

- La lentejuela negra significa "Jesús no dijo eso, estas palabras provienen de un tiempo posterior".

Después de votar con lentejuelas durante seis años, el Seminario de Jesús publicó lo que consideraban era la última Biblia de letras rojas, que titularon The Five Gospels, (los Cinco Evangelios), con el subtítulo What Did Jesús Really Say? (¿Qué dijo Jesús en realidad?)¿Que concluyeron? Que Jesús nunca dijo el 82 por ciento de lo que los Evangelios afirman, y que es dudable si dijo el 18 por ciento restante.

Como este grupo es muy astuto entre los medios de comunicación, es probable que hayas leído sus ideas en algún periódico o en una revista como Time o Newsweek. La verdad es que mucha de su presunta erudición está basada en estándares subjetivos. La mayoría de nosotros no sabemos como combatir ideas como éstas. De hecho, puede ser que hasta te hayas preguntado si lo que lees en la Biblia es en realidad toda la Palabra de Dios.

Al continuar este estudio, creo que tendrás más confianza en que la Biblia es la Palabra de Dios— no en parte sino en su totalidad. También, podrás explicar mejor a un amigo o a tus hijos, el fundamento sobre el cual esta edificada esa creencia.

Hemos visto cuatro pruebas o evidencias de la veracidad de la Biblia. A través de cada una de estas pruebas — externas, internas, personales, y bíblicas — las palabras de la Biblia claramente muestran ser la revelación de Dios a la gente de toda generación. Sin embargo, queda una pregunta fastidiosa que continua molestando a algunos, sobre la veracidad de la Biblia.

¿Cómo sabemos que tenemos el libro correcto?

16

Una mala y común interpretación, es que a pesar de que Dios pudo haber escrito la Biblia, los libros incluidos fueron elegidos por un comité de hombres que fácilmente pudieron haber dejado fuera algunos libros. Aclaremos eso y miremos la verdad. El punto básico es que si Dios escribió el libro, indudablemente Él tiene el poder para haber incluido esos libros en su Palabra. Aquí hay tres razones que nos comprueban que tenemos el libro correcto.

El testimonio de la __BIBLIA__

- **Jesús reconoció el canon del Antiguo Testamento. La palabra "canon" se refiere a la lista de libros aceptados como Escrituras.**

Jesús dijo:

"—Cuando todavía estaba yo con ustedes, les decía que tenía que cumplirse todo lo que está escrito acerca de mi en la ley de Moisés, en los profetas y en los salmos".

—**Lucas 24:44 (NVI)**

Al mencionar la Ley, los Profetas y los Salmos, en Lucas 24, Jesús esta afirmando las tres divisiones mayores del Antiguo Testamento.

- **Pedro reconoció parte del canon del Nuevo Testamento.**

Pedro escribió:

"En cada una de sus cartas, él," (Pablo), les ha hablado de esto, aunque hay en ellas puntos difíciles de entender, que los ignorantes y los débiles en la fe tuercen, como tuercen las demás Escrituras, para su propia condenación".

—**2 Pedro 3:16 (DHH)**

Resalten las palabras "las demás Escrituras". Estas cartas estaban recién escritas por Pablo, y ya se reconocían como Escrituras por la iglesia.

- **Pablo reconoció la inspiración pareja del Antiguo y el Nuevo Testamento en un versículo.**

-Pues la Escritura dice: "No le pongas bozal al buey que trilla", y "El trabajador merece que se le pague su salario".

—**1 Timoteo 5:18 (NVI)**

Este es un versículo sorprendente. En él, Pablo cita Deuteronomio 25:4, en el Antiguo Testamento y Lucas 10:7, en el Nuevo Testamento, ¡y los llama a ambos Escrituras!

Estudiantes de historia Bíblica creen que el evangelio de Lucas fue escrito en el año 60 D.C. y que el libro de Primera Timoteo fue escrito en el año 63 D.C. Esto significa que el evangelio de Lucas ya se reconocía como Sagrada Escritura a los tres años de su escritura.

La historia de la Iglesia.

Al ver la forma en que los libros fueron incluidos en la Biblia, nos damos cuenta de que no fue resultado del voto de una junta.

Los libros fueron incluidos en el Nuevo Testamento en base a tres cosas:

1. La autoridad de un __APÓSTOL__.

El Nuevo Testamento se para sobre el fundamento de los apóstoles, hombres quienes conocieron a Jesús intimamente. Dios decidió usar aquellos mas cercanos a Jesús para contar la historia de su vida y enseñarnos a vivir como vivió Jesús.

El Nuevo Testamento tiene la autoridad de testigos presenciales. Por ejemplo, tomemos los escritores del Evangelio. Mateo fue un apóstol, Marcos escribió los pensamientos de Pedro, Lucas era amigo de Pablo, y Juan fue un apóstol.

2. **La enseñanza de la verdad.**

Los primeros en leer los libros del Nuevo Testamento vieron la luz de la verdad de Dios por sí mismos. El timbre claro de la verdad en las palabras, provocó que vieran estos libros como algo completamente distinto a las escrituras de otras religiones de esos dias.

La lectura de estos libros por un número creciente de personas dió como resultado una tercera afirmación.

3. **La confirmación de la iglesia.**

Muchos piensan que los libros del Nuevo Testamento fueron elegidos por un concilio de pocas personas. Eso no es cierto. Un concilio reconoció los libros del Nuevo Testamento, por el año 400 D.C., pero eso sucedió después de que la iglesia hubo usado estos libros por 300 años. El concilio reconoció los libros formalmente, en respuesta a falsos maestros que intentaban agregarle libros a la Biblia.

La mala interpretación está en pensar que lo que le concede a los libros autoridad es el hecho de que fueron "admitidos por votos". Lo contrario es lo cierto. Lo que les concedió a estos libros reconocimiento como Palabra de Dios es el hecho de que estos libros tenían como respaldo la autoridad de Dios.

El poder de Dios.

"La hierba se seca y la flor se marchita, pero la palabra de nuestro Dios permanece para siempre".

—Isaías 40:8 (NVI)

Nuestra convicción de que tenemos los libros correctos es cuestión de fe. Dios no hubiera permitido que cualquier parte elegida por Él para perdurar, fuera excluida.

Puedes borrar de tu mente la idea de que algún día encontrarás en una cueva un libro de la Biblia que debió haber sido incluido — un libro "perdido" de la Biblia. ¿Piensas que Dios lo hubiera permitido? ¡Claro que no!

¿Que significa cuando decimos que la Biblia es Inspirada?

Cada día somos bombardeados con palabras respaldadas por distintos grados de autoridad. Vamos a suponer que vas conduciendo por la carretera cuando ves un letrero que dice, "Salga en la próxima salida y estaciónese". Puede ser que te salgas o que lo ignores y sigas. ¡Pero si ves luces relampagueando por tu retrovisor y escuchas una voz de un patrullero detrás de ti diciendo, "Salga en la próxima salida" reaccionarías de otra manera! Entre todas las voces que nos llaman cada día, ninguna habla con más autoridad que la Biblia. Por el hecho de que se trata de lo que Dios dice, y porque Él conoce y controla todo, cada palabra en la Biblia es respaldada por una autoridad incalculable. La doctrina de la inspiración trata acerca de esta autoridad de la Palabra de Dios. Miremos esta definición.

Una palabra fresca

Inspiración

"La inspiración no significa que el escritor de pronto se sintió entusiasmado, como Handel al componer "El Mesías". Ni tampoco significa que las escrituras sean necesariamente inspiradoras, como un poema estimulante. Como proceso, se refiere a que tanto los escritores como las escrituras han sido controlados por Dios. Como producto, se refiere a las escrituras como documentos que son el mensaje de Dios".[9]
—Norman Geisler.

¿Que significa cuando decimos que la Biblia es "inspirada"?

Inspiración significa que Dios escribió la Biblia a través de PERSONAS.

"Porque la profecía no ha tenido su origen en la voluntad humana, sino que los profetas hablaron de parte de Dios, impulsados por el Espíritu Santo".
—2 Pedro 1:21 (NIV)

Los detalles sobre cómo Dios inspiró la Biblia son motivo de gran debate y conjetura. Una cosa es obvia al leer la Biblia: Él no usó personas como robots. Se ven claramente las personalidades y pasiones de las personas en lo que escribieron. Dios creó una Biblia perfecta a través de personas reales. Los movió internamente para crear Palabras que duraran por la eternidad.

Para aquellos de ustedes que dudan de que Dios pudo haber creado algo perfecto a través de un ser humano falible, les recuerdo que Jesús nació en este mundo a través de una mujer llena de fe, pero imperfecta, llamada María. Y Jesús fue perfecto. Inspiración significa que El Espíritu Santo es el autor.

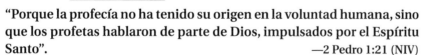

"Inspiración" significa que el Espíritu Santo es la AUTORIDAD.

Miremos estos versículos:

"...tenía que cumplirse la Escritura que, por boca de David, había predicho el Espíritu Santo..."
—Hechos 1:16 (NVI)

"Con razón, el Espíritu Santo les habló a sus antepasados por medio del profeta Isaías diciendo:..."
—Hechos 28:25 (NVI)

"El Espíritu del Señor vino sobre mí y me ordenó proclamar:..."
—Ezequiel 11:5 (NVI)

¿Quien escribió la Biblia? ¡Dios lo hizo! El obró a través de personas, pero a fin de cuentas, El es el autor. El hecho de que Dios haya creado un libro perfecto a través de muchas personas imperfectas, es uno de Sus milagros mas grandes.¡El abrir el Mar Rojo no es nada comparado con esto!

Claro, debemos tener cuidado en ver que la autoridad está en la Palabra de Dios y no en nuestra opinión sobre su Palabra. Dios tiene una manera de humillarnos cuando cuando pretendemos hablar por el en lugar de permitirle hablar por él mismo. Hace un siglo, un obispo declaró desde su púlpito y en el la publicación que él mismo editaba, que el vuelo de un objeto más denso que el aire era imposible y contrario a la voluntad de Dios. Su nombre era Obispo Wright...

Como ya han de haber adivinado, ¡sus dos hijos se llamaban Orville y Wilbur!

Dos palabras importantes para entender:

Verbal: **Dios inspiró, no únicamente las ideas, sino también las PALABRAS. (Mat. 5:18, 22:43-44 — Jesús basó sus argumentos en la palabra singular "Señor"**

Plena: **Dios la inspiró toda, no solo parte (2 Tim. 3:16)**

"El camino de Dios es perfecto; la palabra del Señor es intachable. Escudo es Dios a los que en él se refugian". —Salmos 18:30 (NVI)

De modo que cuando escuchen a alguien decir, que cree en la "plena y verbal inspiración de la Palabra de Dios", ahora sabrán lo que significa.

Encontrarás algunos libros y algunas prociones de la Biblia más inspiradores que otros, pero eso no cambia el hecho de que toda la Biblia es inspirada.

Agustín nos dio una advertencia clara del peligro que hay en el decidir que partes de la Biblia son inspiradas y que partes no lo son:

"Si crees en lo que te agrada del Evangelio, y rechazas lo que no te agrada, no es en el Evangelio que crees, sino en ti mismo".
—Agustín.

"Inspiración", significa que la Palabra de Dios es nuestra __MÁXIMA__ __AUTORIDAD__.

"¿Cómo puede el joven guardar puro su camino? Guardando tu palabra".

—Salmos 119:9 (LBLA)

"La palabra del Señor es justa; fieles son todas sus obras".

—Salmos 33:4(NVI)

- El comprender la inspiración aumenta mi confianza en la Biblia.

- La verdad tras la inspiración, es que puedo confiar en Su Palabra más allá de mis emociones, valores, opiniones y mi cultura.

J.I.Packer define "autoridad" como el "tratar sus palabras con poder decisivo en tu vida".[10] Esto significa:

Siempre que haya conflicto entre lo que dice la Biblia y lo que siento, lo que me ha sido enseñado, las opiniones de otros, o con lo que me parezca razonable; cuando tenga una diferencia de opinión con la Biblia, ésta última siempre estará en lo cierto.

Las preguntas de discusión 6 y 7 se pueden usar aquí.

A veces escucharás decir que el aceptar la Biblia como verdad autoritativa es tener una mente cerrada. El creer en la autoridad de la Biblia no es tener una mente cerrada; es ser racional. No es tener una mente cerrada, cuando decimos que en una brújula hay sólo un verdadero norte, o que en un mapa hay sólo un punto geográfico para tu destino. Si Dios inspiró la Biblia, no es tener una mente cerrada si escogemos que la misma tenga la última palabra en nuestras vidas.

Consejos Prácticos de Enseñanza.

Este sería un buen momento para hablar sobre como estan aprendiendo a confiar en la Biblia más y más cada día. Es bueno el que la gente vea que el aprender a confiar es un proceso que toma tiempo. También es bueno que vean que es un proceso efectivo, que confiar en la Biblia no siempre es fácil, pero al final, siempre nos alegrará el haberlo hecho.

Veamos lo que C. H, Spurgeon dijo en una ocasión:

Yo recomendaría que creyeran en Dios por completo o no creyeran en El para nada. Crean en cada letra de este libro de Dios o recházenlo enteramente. No hay ninguna posición logica entre las dos. No te satisfagas con nada menos que con una fe que nada en las profundidades de la revelación divina; una fe que bordea las orillas del agua no es más que una fe pobre. Es un poquito mejor que una fe de tierras secas, y casi buena para nada".11   —C.H. Spurgeon

Oremos.

Padre, reafirmamos nuestra fe en tu Palabra. Queremos una fe que se sumerja en las profundidades de tu verdad. Te pedimos que nos permitas, no únicamente hablar de la autoridad de tu Palabra, sino tambien vivir esta verdad. Ayúdanos a ver qué cosas tu Palabra nos estás llamando a hacer y a cambiar. Te pedimos la fe para aceptar tu Palabra. Ayúdanos a obrar con fe al tomar esa decisión que tu Palabra nos está pidiendo que tomemos. En el nombre de Jesús, amén.

Obrando en la verdad

¿Cómo podemos responder?

La Biblia nos muestra a Dios. ¿Cómo debemos responder a este libro?

- **Con reverencia (Sal 119:120)**
- **Con regocigo (Sal 1:2)**
- **Con aprecio (Sal 119:72)**
- **Con alabanza (Sal 119:62)**
- **Con gozo (Sal 119:111)**
- **Con amor (Sal 119:47, 97)**
- **Con obediencia (Dt. 5:32; Santiago 1:22; Juan 14:15)**

Usa los versículos listados arriba para tu tiempo devocional antes de la siguiente sesión. Toma unos momentos, no sólo para leer el versículo, sino además para hacer lo que el mismo dice. Es sorprendente cómo crece nuestra fe en la Palabra de Dios a través de este simple paso de decirle a Dios lo valiosa que es su Palabra.

Empieza a trabajar con la nota recordatoria número 1 de Fundamentos. "La verdad sobre la Biblia."

Consejos Prácticos de Enseñanza.

Siendo un estudio de doctrina, esta serie tiene mucho contenido. El uso de estas notas recordatorias ayudará a retener el contenido en las mentes de los participantes. Pero esto será así, sólo si las enfatizas, repasándolas de vez en cuando. El mejor momento para hacerlo es al principio o al final de cada estudio.¡Empieza la próxima sesión!

Preguntas de Discusión.

1. Tomen un momento para conocerse mejor respondiendo a los siguientes detalles de sus historias personales. ^{33}

   La Historia de Mi Vida.

   Mi lugar de nacimiento:

   Mi materia preferida en la secundaria:

   Uno de mis programas de televisión preferidos cuando era chico:

   El modelo y el año de mi primer auto:

   Mi primer trabajo:

   Mi golosina preferida cuando era niño:

2. ¿Tienes un versículo, pasaje o libro preferido en la Biblia? ¿Cuál es y por qué? ^{34}

3. Cuenta sobre una ocasión en la cual la Biblia impactó tu vida. ^{35}

4. ¿Qué importa si los Evangelios — o los otros libros de la Biblia — son o no, históricamente fiables? ^{36}

5. En tus lecturas de la Biblia, ¿qué evidencia has visto que afirme que la Biblia es asombrosa y única? ^{37}

6. Da algunos ejemplos de cómo luchas para confiar en la Palabra de Dios por: ^{38}

   sobre lo que dictan tus sentimientos.

   sobre los valores con que fuiste criado.

   sobre tus opiniones.

   sobre tu cultura.

7. ¿De qué forma te ha ayudado este estudio a ver que el confiar en la Biblia como la Palabra de Dios es superior a una emoción? Entre las verdades que hemos visto, ¿cuáles son las más convincentes acerca de la maravilla y veracidad de la Biblia? ^{39}

La Biblia
2ª parte

Metas Transformadoras.

Darte una confianza profunda y perenne en la habilidad que te es concedida por Dios para entender la Biblia.

Resumen del bosquejo de enseñanza.

Cuatro cosas necesarias para la iluminación.

Ama profundamente la Palabra de Dios.

> ¿De que forma caracteriza la Biblia su potencial para transformar nuestras vidas?
> 1. Semilla
> 2. Espada
> 3. Comida
> 4. Fuego y Martillo
> 5. Espejo

Comprende la Palabra de Dios espiritualmente.

> Dos verdades sobre cada creyente en Cristo.
> 1. El Espíritu Santo me permite entender la Biblia.
> 2. El Espíritu Santo me hace responsable de entender la Biblia.

Obra acertadamente con la Palabra de Dios.

> Siete reglas del estudio Bíblico.

Estudia la Palabra de Dios con empeño.

Al entrar a un cuarto oscuro, ¿qué es lo primero que haces? Tocas la pared con tu mano en busca de un interruptor. Buscas iluminar el cuarto para evitar lastimarte. Cuando una caricatura tiene una alguna ocurrencia, ¿que dibujo aparece sobre su cabeza? El de un foco. A éste se le acaba de ocurrir una idea que iluminará su circunstancia.

Estamos expuestos a tener este tipo de experiencia con la Palabra de Dios. Dios quiere iluminarnos con su Palabra para que sepamos lo que da a entender la Biblia y como encaja su verdad en nuestras vidas. Dios quiere mostrarnos el interruptor. Él quiere que se nos ilumine el foco al ver un versículo de una forma distinta.

¡De hecho, yo espero que haya iluminación de la Palabra de Dios durante este estudio!

Recuerden estas tres palabras: revelación, inspiración e iluminación.

- **La revelación se ha completado (Heb. 1:1–2).**

- **La inspiración se ha completado (1 Pedro 1:10-12).**

- **La iluminación esta ocurriendo ahora.**

En este estudio, hablaremos de cómo se da la iluminación; no sé tú, pero yo he notado que esta no se da por el simple hecho de leer o escuchar a alguien mas leer la Biblia. Algunas veces obtengo una gran iluminación; otras me siento como en un cuarto oscuro.

¿Por qué la diferencia? ¿Por qué parece que ciertas personas pueden comprender la Biblia mejor que otras? ¿Será que algunos cristianos son más inteligentes que otros? No, absolutamente no. ¿Será que algunos han estado en un estudio bíblico, o en una escuela bíblica? Claro que no. La iluminación tiene que ver más bien con cualidades internas del individuo. No es algo automático sino el resultado de las elecciones que tomamos. En este estudio hablaremos de las elecciones que cada uno de nosotros puede hacer para llegar a una iluminación que cambie nuestras vidas a partir de la Biblia. Dios es luz y ha prometido iluminarnos.

Miren en Salmos 18:28 y119: 105:

"Tú, SEÑOR, mantienes mi lámpara encendida; tú, Dios mío, iluminas mis tinieblas..."
—Salmo 18:28 (NVI)

"Tu palabra es una lámpara a mis pies; es una luz en mi sendero".
—Salmo 119:105 (NVI)

Una palabra fresca.

Iluminación:

La iluminación es la influencia sobrenatural o la ministración del Espíritu Santo que nos capacita como creyentes en Cristo para comprender las Escrituras.

Podemos verlo de esta manera: Por su revelación y por su inspiración, Dios envió su Palabra a este mundo. A través de la iluminación, las vendas de nuestros ojos son quitadas para que podamos ver esa luz claramente.

Pero para lograr esta iluminación en la vida de un creyente, son necesarias cuatro cosas:

Amar <u>PROFUNDAMENTE</u> la Palabra de Dios.

Coloca un círculo en algunas de las palabras de los siguientes tres versículos de tu resumen. En el Salmo 119:97, pon un círculo alrededor de "todo el día"

¡Cuánto amo yo tu ley! Todo el día medito en ella.

—Salmo 119:97 (NVI)

Coloca un círculo alrededor de "oro refinado" en el Salmo 119:127.

"Sobre todas las cosas amo tus mandamientos, más que el oro, más que el oro refinado".

—Salmo 119:127 (NVI)

En Proverbios 2:3–6 pon un círculo alrededor de "plata" y "tesoro escondido."

"Si llamas a la inteligencia y pides discernimiento; si la buscas como a la plata, como a un tesoro escondido, entonces comprenderás el temor del SEÑOR y hallarás el conocimiento de Dios. Porque el SEÑOR da la sabiduría; conocimiento y ciencia brotan de sus labios".

—Proverbios 2:3–6 (NVI)

Nota el valor que se da a la Palabra de Dios en este pasaje. La iluminación comienza con Dios; Él es el que enciende la luz. Pero nunca seré capaz de ver esa luz si no valoro la Biblia lo suficiente como para tomarla y buscar la verdad que hay dentro de ella.

Me encantan las películas sobre tesoros escondidos de oro y plata; estas películas me hablan acerca de cómo las verdades valiosas de Dios pueden entrar en mi vida. No hallamos el oro y la plata tirados en el suelo; hay que cavar para hallarlos. Y para encontrar el tesoro necesitamos de un mapa. – "la X nos muestra el lugar". Y debemos hallarla.

Dios nos da su Palabra y nos dice: "La X marca el lugar". Este es el lugar en el que podemos hallar la esperanza que necesitamos, el poder para amar y una profundización de nuestra fe que nunca hubiésemos imaginado. Pero debemos abrir la Biblia y leerla. Muchas veces debemos excavar un poco. La comprensión no nos viene inmediatamente; requiere de oración y meditación. Si no amas lo que Dios podría hacer en tu vida, nunca abrirás este libro — y menos aún te tomarás el tiempo para excavar dentro del mismo.

> Puedes usar la pregunta 1 en este punto.

Quisiera ayudarte ahora mismo a profundizar este amor. Miremos juntos lo que la Biblia nos dice que nos sucede cuando leemos la verdad de Dios.

¿Cómo representa la Biblia su propio potencial para cambiar nuestras vidas?

1. UNA SEMILLA

Leamos juntos 1 Pedro 1:23

"Pues ustedes han nacido de nuevo, no de simiente perecedera, sino de simiente imperecedera, mediante la palabra de Dios que vive y permanece".

—1 Pedro 1:23 (NVI)

Ayúdenme con esta simple pregunta. Si un granjero siembra semillas de maíz en su tierra, ¿qué es lo que crecerá? ¡Maíz, por supuesto! Y si siembra semillas de trigo, ¿qué obtendrá? Pues, trigo. Y así, si sembramos sandías, obtendremos sandías. Este pasaje nos habla de dos tipos de semillas: la perecedera y la imperecedera. Si plantamos semillas perecederas ¿qué obtendremos? Pues, cosas perecederas. Pero si plantamos semillas imperecederas, obtendremos frutos que jamás perecerán.

Mírenme por un momento.

Consejos prácticos de enseñanza.

Créanlo o no, no todos escuchan cuando hablas. Algunos podrían estar distraídos con sus pensamientos, con sus notas, o con otra persona en la sala. Es importante lograr la atención de la gente cuando estamos por decir algo que no queremos que nadie en el grupo se pierda. (Jesús hacía esto usando la frase "De cierto, de cierto....") Tú puedes decir "escuchen", o "no quisiera que se pierdan esto", o "esta es la verdad más importante que quisiera que se lleven de este estudio..." A menudo, lo más efectivo es: "Mírenme por un momento". No lo decimos en tono de orden sino con un tono firme pero tranquilo. Esto conduce la atención de todos a la verdad que estás tratando de enseñar y la aleja de todas las distracciones.

Una de las razones por las que tú y yo enfrentamos tantos problemas es porque esperamos que las semillas perecederas nos den cosechas imperecederas.

Queremos más gozo en nuestras vidas, así que plantamos una serie de circunstancias y experiencias "felices". Así que, momentáneamente, obtenemos esa felicidad. Pero ésta parece desvanecerse muy rápidamente, pues es perecedera. No podemos sembrar gozo imperecedero usando semillas de gozo temporal.

Queremos realización en nuestras vidas, así que nos lanzamos a nuestras carreras. Logramos éxito en nuestra profesión, pero aún no nos sentimos realizados. La realización de nuestro corazón, la que verdaderamente anhelamos, es de tipo eterno, y no la podemos obtener en un trabajo.

La Palabra de Dios es la semilla para todas esas cosas imperecederas que deseamos. Si deseas una cosecha de esperanza, siembra la Palabra de Dios. Una cosecha de realización interna viene solamente de la Palabra de Dios. No podemos obtener seguridad genuina de cualquier semilla que ofrezca este mundo; sólo la podemos obtener de la Palabra de Dios.

2. UNA ESPADA.

Miren estos dos versículos:

"Tomen el casco de la salvación y la espada del Espíritu, que es la palabra de Dios".
—Efesios 6:17 (NVI)

"Ciertamente, la palabra de Dios es viva y poderosa, y más cortante que cualquier espada de dos filos. Penetra hasta lo más profundo del alma y del espíritu, hasta la médula de los huesos, y juzga los pensamientos y las intenciones del corazón".
—Hebreos 4:12 (NVI)

El dividir el alma y el espíritu, separando lo que yo deseo y lo que Dios me pide, es una lucha. ¡Puede convertirse en un verdadero campo de batalla!

Quisiera que noten:

En Efesios, la espada está en nuestra mano para defendernos del enemigo. En Hebreos, la espada está en las manos de Dios para penetrar e impactar profundamente nuestras vidas.

La Palabra de Dios es nuestra defensa contra nuestros enemigos espirituales

Cuando Jesús fue tentado por Satanás en el desierto, no buscó un libro de auto-ayuda o el consejo de algún programa de variedades. Él usó la Biblia como una espada de defensa en contra de Satanás. Jesús sabía que la Palabra de Dios tenía el poder para defenderlo de la tentación.

¡Pero la Palabra de Dios es también una espada que se usa dentro de nosotros mismos!

¿Has sentido alguna vez la Palabra de Dios calando hondo en tu corazón? ¿Has ido alguna vez a la Biblia y sentiste que te cortaba de una forma que abría tu corazón? Quizá ya habías engañado a otros, incluso a ti mismo, pero la Palabra de Dios te mostró la verdad de tus motivaciones y tu pecado. Duele, ¿verdad?

Cuando Dios usa Su espada en nosotros, no la usa como en contra de un enemigo para destruirlo sino como un hábil cirujano, para sanarnos. Dios sabe cortar en el lugar justo y en el tiempo exacto para sanar nuestras vidas, para cortar ese cáncer espiritual que puede destruirnos.

3. <u>ALIMENTO</u>

Lean conmigo los siguientes versículos:

"Al encontrarme con tus palabras, yo las devoraba; ellas eran mi gozo y la alegría de mi corazón, porque yo llevo tu nombre, SEÑOR, Dios Todo-poderoso".

—Jeremías 15:16 (NVI)

"Jesús le respondió: -Escrito está: 'No sólo de pan vive el hombre, sino de toda palabra que sale de la boca de Dios' ".

—Mateo 4:4 (NVI)

"...deseen con ansias la leche pura de la palabra, como niños recién nacidos. Así, por medio de ella, crecerán en su salvación"

—1 Pedro 2:2 (NVI)

Jeremías, literalmente se comió los pergaminos en los que Dios le había pedido escribir sus palabras. ¡Un desayuno alto en fibra sin duda alguna! Obviamente, Dios quería establecer un principio, al ordenar al profeta que se comiera esos pergaminos. "...ansiaba comer esos pergaminos. "[Tus palabras] "fueron mi gozo y la alegría de mi corazón", dice Jeremías.

Mateo compara la Palabra de Dios con el pan que diariamente necesitamos. La nutrición que requiere nuestro espíritu es la Palabra de Dios. Siempre que la Palabra de Dios se enseña, se predica, se lee o se estudia, somos alimentados. Si estás en una iglesia en la que se enseña la Biblia, estarás muy bien alimentado. A veces escuchamos a personas que dicen: "esta prédica no me alimenta". Esto es posible, si no se usa la Biblia cuando se enseña. Pero cuando se enseña la Palabra, se alimenta a las personas. Si lo que se enseña es la Palabra, entonces inevitablemente obtenemos alimento.

Debemos tener cuidado de no caer en la trampa de pensar: "eso no me alimenta", cuando el verdadero asunto es simplemente que la Palabra está siendo predicada con un estilo diferente al que estás acostumbrado. A veces, los creyentes asocian el sabor de la Palabra de Dios a cierto estilo de enseñanza, pero cuando ese estilo cambia, piensan, "no puedo aprender así..." Quizá estás acostumbrado a recibir tu enseñanza en "platos desechables" y de repente estás en una iglesia en donde la recibes en "vajilla de porcelana". La pregunta no debe ser cuál es el estilo, sino: ¿se está enseñando la Biblia?

Quizá estés pensando, "Quisiera ser alimentado con la Palabra de Dios, pero la verdad es que no logro comprenderla". Mira nuevamente en 1 Pedro 2:2. La Biblia se llama a sí misma "leche", es decir, el tipo de alimento que aún los nuevos creyentes pueden tomar. Si estás teniendo dificultades en comprender la Biblia mientras la lees (y quien no), entonces esto es lo que puedes hacer. Encuentra las verdades claras y sencillas que sí comprendes y vive en ellas. No te dejes atrapar por lo que no comprendes aún; solo vive lo que sí comprendes. Dios nos dice "dejen de mentir", "amen a su prójimo" y "piensa en cosas buenas y puras"; estas son verdades que cualquiera puede comprender. Mientras te alimentas de estas cosas y las vives, hallarás que pronto te habrás convertido en una persona mucho más fuerte y con una mejor comprensión.

No caigas en la trampa de pensar: "No viviré bajo las verdades más evidentes hasta que las llegue a comprender a todas"; esto sería como si un bebé dijera, ¡"No me tomaré ese biberón hasta que pueda comer ese lomo...!" Francamente, yo mismo tengo problemas para comprender algunas de las verdades de la Biblia. Pero no puedo permitir que eso me aleje de la bendición de vivir lo que sí comprendo y conozco.

4. FUEGO Y MARTILLO

"¿No es acaso mi palabra como fuego, y como martillo que pulveriza la roca? -afirma el SEÑOR".

-Jeremías 23:29 (NVI)

El gozo que viene de lo que la Palabra de Dios hace en nuestras vidas, no siempre es un gozo fácil. A veces, la Palabra de Dios es como fuego que nos refina. Y ese proceso de quemar las impurezas siempre es doloroso.

A veces, la Palabra de Dios es como un martillo.

Consejos prácticos de enseñanza:

La siguiente es una historia personal de Kay Warren. Como lo anotamos en el estudio pasado, esperamos que este relato logre traer a tu mente una historia de tu propia vida en la que la palabra de Dios haya actuado como un martillo.

¿Te has sentido alguna vez como si la Palabra de Dios estuviera actuando como un martillo sobre ti? Yo (Kay Warren) sí. Nunca olvidaré aquella vez cuando estaba dando un estudio bíblico para mujeres en la Iglesia de Saddleback. El tema era el perdón y nuestra necesidad de amar a los demás. Alegremente leí en alta voz en 1ª de Juan, en la parte donde se nos enseña que quien no ama a su hermano no puede tener cabida en El. Este era un versículo que escogí para estudiarlo durante la semana, pero cuando lo leí ese día, de repente el martillo de Dios me pegó en la cabeza y me conmoví por completo. Todo lo que pude hacer fue poner mi cabeza abajo sobre el atril y sollozar.

En ese tiempo, mi hermano menor era un drogadicto y su adicción había lastimado mi corazón, al igual que el de mis padres. Veía a mis padres muriendo poco a poco. Honestamente, no sentía mucho amor por mi hermano en ese momento; estaba llena de ira contra él por todo el dolor que estaba ocasionando y por la forma en que desperdiciaba su vida. Cuando leí este versículo, tan convencida de que Dios lo usaría en la vida de otra persona, escuché las palabras, "El que afirma que está en la luz, pero odia a su hermano, todavía está en la oscuridad". Y me llegaron de una forma que nunca antes había experimentado, enseñándome a tener un corazón tierno con mi hermano.

¿Por qué necesita Dios usar un martillo con nosotros? Porque a veces tenemos corazones duros.

5. **Espejo.**

   "El que escucha la palabra pero no la pone en práctica, es como el que se mira el rostro en un espejo, y después de mirarse se va y se olvida enseguida de cómo es. Pero quien se fija atentamente en la ley perfecta que da libertad, y persevera en ella, no olvidando lo que ha oído sino haciéndolo, recibirá bendición al practicarla".
   —Santiago 1:23–25 (NVI)

   ¿Cuántos de ustedes se vieron en un espejo el día de hoy, por lo menos una vez? Todos, por supuesto. ¡Si no, correrían el riesgo de andar por allí todo el día con parte de su desayuno entre los dientes!

   La Palabra de Dios nos muestra la verdad espiritual acerca de nosotros mismos. Pero no puede hacerlo si no nos miramos. Es asombroso como aún un vistazo rápido a la Palabra de Dios, nos mostrará la verdad acerca de alguna actitud con la que estamos luchando. A veces, buscamos mirarnos en otros espejos para darnos cuenta de cómo somos realmente. Para algunos, es el espejo de las opiniones de los demás. Quizá, es el espejo de las expectativas familiares, o el espejo de nuestra cultura. Pero todos esos espejos son como esos que se colocan en los centros de diversión. Nos dan un reflejo distorsionado. La Palabra de Dios es como un espejo perfecto; nos permite vernos a nosotros mismos de la forma en que somos y al mundo como realmente es, tanto en lo bueno como en lo malo, ¡ambos! Si piensas que al verte en el espejo de la Palabra de Dios, todo lo que ves son cosas malas de ti mismo, estás muy equivocado. Puedes hallar las promesas y el potencial que Dios ha construido dentro de tu vida; hallarás gozo y significado como nunca soñaste que podrías llegar a tener en tu vida.

> La pregunta de discusión nº 2 puede ser usada aquí.

¿Qué emoción sientes cuando ves la Biblia? Para muchos de nosotros, es sólo una parte familiar de nuestras vidas; no sentimos gran cosa. A veces, necesitamos invertir unos pocos minutos para tomar conciencia, así como lo estamos haciendo en este estudio. ¿Te das cuenta de cuán valioso es este libro en realidad? El valor no está en la cubierta de cuero o en las páginas súper delgadas; su valor está en el sacrificio personal que ha requerido su existencia.

¿Te das cuenta del sacrificio que ha sido el poner este libro en tus manos hoy? Durante sus primeros 1.500 años de historia, la Iglesia no disponía de la Biblia; ésta, estaba destinada solo a un grupo o élite de líderes religiosos y maestros —la mayoría en latín. William Tyndale, fue el hombre que la tradujo por primera vez al inglés, y pagó por ello con su propia vida. Fue quemado en la hoguera por el "crimen" de traducir la Biblia al inglés. Los líderes de la iglesia del momento, creían que la Biblia no debería ser traducida al lenguaje de la gente común, porque podría ser mal interpretada y abusada. El pagó con su vida por la libertad que tenemos hoy para leer la Biblia. ¡Este libro es un tesoro!

Comprendiendo la Palabra de Dios ESPIRITUALMENTE.

Una vez que comenzamos a valorar, leer y estudiar la Palabra de Dios, necesitamos comprenderla espiritualmente, más que intelectualmente.

Dos verdades acerca de todo creyente en Cristo:

1. El Espíritu Santo me <u>CAPACITA</u> para comprender la Biblia.

Eso es verdad para todo creyente. Abran conmigo sus Biblias en 1ª Corintios 2:12–15.

Consejos prácticos de enseñanza.

Te animamos firmemente a que pidas a las personas que usen sus Biblias durante estos estudios. Aunque muchos de los versículos se hallan impresos en la guía de los alumnos, es importante que las personas abran sus Biblias y examinen el contexto en el que estos versículos han sido escritos. Queremos que abran sus Biblias por lo siguiente: cada persona es individualmente capaz y responsable de comprender la Palabra de Dios. Siempre que debamos leer un pasaje largo, habrá una buena oportunidad para decir: "abran sus Biblias conmigo".

"Nosotros no hemos recibido el espíritu del mundo sino el Espíritu que procede de Dios, para que entendamos lo que por su gracia él nos ha concedido. Esto es precisamente de lo que hablamos, no con las palabras que enseña la sabiduría humana sino con las que enseña el Espíritu, de modo que expresamos verdades espirituales en términos espirituales. El que no tiene el Espíritu no acepta lo que procede del Espíritu de Dios, pues para él es locura. No puede entenderlo, porque hay que discernirlo espiritualmente. En cambio, el que es espiritual lo juzga todo, aunque él mismo no está sujeto al juicio de nadie"

—1 Corintios 2:12–15 (NVI)

¿Te ha sucedido que al estar leyendo un libro de un autor, has deseado que el autor estuviera allí para explicar lo que acabas de leer? ¡Pues el autor de la Biblia está siempre disponible! Su Espíritu ha sido puesto en la vida de todos los creyentes- en nuestras vidas. Dios no se tomó la molestia de enviarnos su espíritu sólo para que pongamos nuestra Biblia en un estante.

"Pero cuando venga el Espíritu de la verdad, él los guiará a toda la verdad"

—Juan 16:13 (NVI)

Me gusta la palabra "guiar". Algunas veces, pensamos que el entendimiento es una cosa que nos pasa de una sola vez. Pero no funciona de esa manera. Un guía, para introducirme dentro de la selva, me guiará paso a paso. Si intentara retener todo lo que necesito saber en una sola explicación, olvidaría la mayoría de lo que me dijera. No comprendería porque estaría hablándome de lugares que aún no conozco. Dios nos guía a través de su verdad con su Espíritu. Paso a paso comprendemos más y más de la Palabra de Dios. Damos un paso y sólo entonces Dios nos muestra más de la verdad.

El Espíritu Santo me capacita para comprender la Biblia y:

2. El Espíritu Santo me hace RESPONSABLE por mi comprensión de la Biblia.

Lean conmigo 1ª Juan 2:20, 27

"Todos ustedes, en cambio, han recibido unción del Santo, de manera que conocen la verdad No les escribo porque ignoren la verdad, sino porque la conocen y porque ninguna mentira procede de la verdad. ¿Quién es el mentiroso sino el que niega que Jesús sea el Cristo? Es el anticristo, el que niega al Padre y al Hijo. Todo el que niega al Hijo no tiene al Padre; el que reconoce al Hijo tiene también al Padre. Permanezca en ustedes lo que han oído desde el principio, y así ustedes permanecerán también en el Hijo y en el Padre. Ésta es la promesa que él nos dio: la vida eterna. Estas cosas les escribo acerca de los que procuran engañarlos. En cuanto a ustedes, la unción que de él recibieron permanece en ustedes, y no necesitan que nadie les enseñe. Esa unción es auténtica -no es falsa- y les enseña todas las cosas. Permanezcan en él, tal y como él les enseñó".

—1 Juan 2:20, 27 (NVI)

No sólo podemos comprender la Biblia, también debemos hacerlo. Dios nos ha dado grandes maestros, predicadores y escritores que nos ayudan a lograrlo; a aprender y aplicar de mejor manera la Palabra de Dios. Sin embargo, no dependemos de ellos solamente.

> Podemos usar la pregunta de discusión nº 3 ahora.

Eres responsable de aprender la verdad de Dios por ti mismo.

Muchos de nosotros tenemos hasta tres o cuatro Biblias en nuestras casas. Este es un gran tesoro, pero además una tremenda responsabilidad. Tú y yo tenemos una mejor oportunidad de conocer mas porciones de la verdad, que la que otros han tenido a través de la historia y Dios nos pedirá cuentas de ello. Necesitamos tomar esta responsabilidad de manera muy personal.

Somos responsables de conocer la verdad, y eso significa toda la verdad. La pregunta es: ¿Cuánto tiempo has tomado para aprender y conocer la Biblia? Muchos de nosotros tenemos partes favoritas de la Biblia, y eso está bien. Pero si eso es lo único que lees te vas a perder algunas de las increíbles bendiciones que Dios quiere darte. El Dr. Donald Grey Barnhouse contó esta historia para enfatizar los beneficios que reporta el explorar la Biblia completa.

El Dr. Donald Grey Barnhouse fue un predicador americano de la última generación y nadie brillaba como él cuando predicaba.

En cierta ocasión, comentaba a su audiencia el por qué necesitaban leer toda la Biblia. Él recordaba cómo Dios le había dicho a Abraham: "te dare esta tierra (Palestina) así que camina alrededor de ella. Todo lo que toquen tus pies sera tuyo..." (tomado de Génesis 13:14, 17; Deuteronomio 11:24; y Josué 1:3).

La forma en que el Dr. Barnhouse lo dijo fue: "en esa tarde Abraham caminó alrededor de un acre- y en esa noche fue dueño de ese acre.

Al día siguiente caminó alrededor de una milla y fue dueño de la milla.

Y cuando el ganado pastaba allí, iba al valle próximo, y se convertía en el dueño de ese valle. ("todo lugar que toquen tus pies sera tuyo") No pasó mucho tiempo para que él poseyera todo, desde Dan hasta Beerseba. Y sólo poniendo sus pies sobre la tierra".

Y el Dr. Barnhouse, dijo con su acostumbrado brillo: "muchos cristianos poseen muy poca porción de la Biblia. Tienen Juan 3:16 y el Salmo 23 y unos pocos pasajes más, y se la pasan yendo del uno al otro, tal vez pastando esos pocos pastos que quedan bajo las piedras…" Y eso es todo lo que tienen. Pero Dios dice: "camina a lo largo y ancho de la tierra y todo lo que pisares es tuyo – lleno de verdades maravillosas, todas solo para ti".[1]

Eres responsable de verificar la verdad que se te enseña.

Si sigues a un falso maestro y luego te paras frente al Señor y le dices: "fue su culpa…" Dios te dirá "era tu responsabilidad". Hay dos tragedias terribles que suceden al seguir a un falso maestro como Jim Jones (quien como recordarán hizo que más de 900 de sus seguidores cometieran un suicidio masivo en Guyana). La primera es que el falso maestro es capaz de falsear las palabras de Dios para sus propios fines egoístas. Pero la otra tragedia es la de aquellos que aceptan las palabras del falso maestro. Tienen todos los recursos necesarios para demostrar que sus enseñanzas son una mentira, pero no se toman el tiempo para leer la Biblia por ellos mismos, prefiriendo que otros les enseñen.

Nunca aceptes lo que se te enseña sin primero cotejarlo con la Palabra de Dios. El ser responsable significa que tú y yo debemos también rendir cuentas por aquellas dudas que puedan impedir que nos inclinemos hacia las verdades de la Palabra de Dios.

Si alguna vez te has hallado luchando con dudas acerca de la Biblia, estás en muy buena compañía. Justo cuando Billy Graham estaba por ver surgir su ministerio a nivel nacional, se hallaba luchando con preguntas acerca de la credibilidad de la Biblia. Un compañero de ministerio le había dicho que sería intelectualmente deshonesto aceptar todo lo que dice la Biblia como una verdad. Graham se preocupó, pensando si acaso la Biblia era en realidad la Palabra de Dios o sólo las palabras que algunas personas habían dicho acerca de Jesús. Mientras hablaba a algunos jóvenes en una conferencia en las Montañas de San Bernardino, decidió hacer una caminata en el bosque para aclarar este asunto en su corazón.

Mientras caminaba decía: "Señor, ¿qué debo hacer? ¿Cuál debería ser la dirección en mi vida?" Comprendió que el intelecto por sí solo no podría resolver el asunto de la inspiración y autoridad de la Palabra. Este era, en última instancia, un asunto de fe. Pensaba en cómo tenía fe en tantos aspectos de la vida diaria que ni siquiera comprendía, tales como los autos o los aviones, y se preguntaba por qué solo con las cosas espirituales, tal fe era considerada como algo equivocado.

"Así que regresé y traje mi Biblia" recuerda él, "y bajo la luz de la luna caminaba enérgicamente, tomé mi Biblia, me arrodillé y dije 'Oh Dios no puedo probar ciertas cosas. Tampoco puedo responder algunas preguntas que surgen, pero quiero aceptar por fe que este libro es la Palabra de Dios". [2]

Desde ese punto en adelante, su ministerio no hizo otra cosa que crecer y expandirse. Y sus palabras más comunes en sus mensajes son "la Biblia dice…"

Plan de sesión dividida: Si enseñas este estudio en dos sesiones, finaliza la primera sesión aquí.

Tú y yo debemos tomar en cuenta lo poderosa que es la Biblia. Es por eso que debe ser manejada con responsabilidad. La historia de la tentación de Jesús en el desierto nos enseña algunas de las verdades preponderantes acerca de la Biblia. Jesús fue al desierto para ayunar 40 días y 40 noches antes de comenzar su ministerio público. Al finalizar este tiempo, Satanás tentó a Jesús. Satanás usó las armas más poderosas que tenía. No eran el dinero o la fama; el enemigo tentó a Jesús intentando distorsionar la verdad de la Biblia:

"El diablo lo llevó luego a Jerusalén e hizo que se pusiera de pie en la parte más alta del *templo, y le dijo: -Si eres el Hijo de Dios, ¡tírate de aquí! Pues escrito está: Ordenará que sus ángeles te cuiden. Te sostendrán en sus manos".
—Lucas 4:9–10 (NVI)

Satanás conoce el poder de la Palabra de Dios y no teme utilizarla en contra nuestra. Jesús resiste la tentación, confrontando a Satanás con la verdad de la Biblia. ¿Podríamos nosotros hacer algo semejante?

¿Cómo podemos evitar ser burlados? Necesitamos aprender a manejar la Palabra de Dios acertadamente.

Manejar la Palabra de Dios ACERTADAMENTE

"Esfuérzate por presentarte a Dios aprobado, como obrero que no tiene de qué avergonzarse y que interpreta rectamente la palabra de verdad".
—2 Timoteo 2:15 (NVI)

Es asombroso como las personas tratan de torcer la Biblia con el fin de decir lo que les parezca, a menudo, desechando las reglas del sentido común. No se pueden ignorar todas las reglas para comprender una lengua o un libro, cuando se interpreta la Biblia. Mientras vamos conociendo la Palabra de Dios, es vital que comprendamos algunos lineamientos básicos para el estudio de la Biblia. El conocerlos te capacitará para reconocer a cualquiera que esté torciendo la verdad de la Palabra.

Aquí presentamos siete reglas para comprender la Biblia, que te ayudarán a seguir el mandamiento de Timoteo, que nos insta a ser obreros sin mancha, que interpretan rectamente la Palabra de verdad.

Siete reglas para el estudio de la Palabra

Regla 1: La fe y el Espíritu Santo son necesarios para una interpretación apropiada.

¿Imaginaste alguna vez por qué aquellos que no son aún creyentes tienen tanta confusión en sus cabezas respecto a lo que la Biblia dice? ¿Será que en realidad la Biblia no tiene sentido? No, es porque la Biblia se comprende por fe. Para que la Biblia tenga sentido, debemos primero tener una relación personal con el Autor de la misma. Y para alguien que no es creyente, aún el paso más pequeño de fe le puede proveer un camino para comprender la Palabra de Dios.

Regla 2: La Biblia se interpreta a sí misma.

Cuando alguien me pregunta: "¿Cuál es el mejor comentario bíblico que conoce?" Mi respuesta es siempre la misma: "la propia Biblia". Debemos buscar en toda la Biblia para descubrir lo que la Biblia enseña. Lo que mejor explica las escrituras son las propias escrituras.

Aplicación: **Aprende a hacer estudios con referencias cruzadas.**

Para hacer estudios de referencias cruzadas, necesitarás una Biblia con referencias cruzadas al margen —una lista de otros versículos que se relacionan con el versículo que estás estudiando. Por ejemplo, un versículo acerca del perdón, cuyas referencias cruzadas nos llevan a otros versículos acerca del perdón. O quizá, versículos referentes a la resurrección de Jesús que nos llevan a otros versículos y pasajes referentes a la resurrección.

Regla 3: Comprender el Antiguo Testamento a la luz del NUEVO TESTAMENTO.

El Antiguo Testamento puede ser a veces un lugar peligroso sin la luz del Nuevo Testamento. Podemos verlo como un cuarto levemente iluminado pero lleno de tesoros. El Nuevo Testamento es como una luz dentro de ese cuarto; nos permite ver la verdadera belleza de los tesoros contenidos en el Antiguo Testamento.

Ejemplo: La Ley del Antiguo Testamento

Las leyes sacrificiales del Antiguo Testamento pueden ser muy confusas. ¿Por qué querría Dios todos esos animales muertos? ¿Por qué tanta sangre? Pero cuando leemos en el Nuevo Testamento acerca del sacrificio de Jesús por nosotros y su sangre derramada para nuestro perdón, entonces viene la luz.

Regla 4: Comprender los pasajes poco claros a la luz de los CLAROS.

La gente viola esta regla todo el tiempo. Cuando encuentran un versículo que no pueden comprender, deciden cómo interpretarlo y luego tratan de ajustar otros pasajes a esta única interpretación.

Ejemplo: "Si no hay resurrección, ¿qué sacan los que se bautizan por los muertos? Si en definitiva los muertos no resucitan, ¿por qué se bautizan por ellos?" (1 Cor. 15:29).

No sabemos lo que Pablo quería decir con "bautizados por los muertos"; varias posibles interpretaciones se centran en que Pablo se refiere a lo que algunos hacían en esa época, pero no nos está conduciendo a hacer lo mismo. Los cultos y los falsos maestros toman a menudo este versículo para hacer parecer como que la Biblia está de acuerdo con esta enseñanza. Se puede por ejemplo decir, que la recomendación es bautizarse por nuestros parientes a fin de asegurar un lugar en el cielo para ellos. Pero el decir esto significaría dejar de lado algunos pasajes muy claros respecto a la salvación como una decisión que cada uno debe tomar por sí mismo. Permite que los pasajes claros respecto al bautismo te den luz frente a este pasaje no muy claro, y no al revés.

Regla 5: Comprender las palabras y versículos a la luz de su CONTEXTO

Ejemplo: "Descansa, come, bebe y goza de la vida". (Lucas 2:19). (NVI)

¿Acaso sugiere Lucas que nos convirtamos en hedonistas? La siguiente frase dice "¡Necio! Esta misma noche te van a reclamar la vida". ¡Que bueno es escuchar eso! No es un mandamiento; es una advertencia.

Hay tantas palabras respecto a tantos temas en la Biblia, que es fácil sacar unos pocos de contexto para probar lo que se quiera.

Regla 6: Comprender los pasajes históricos a la luz de los pasajes DOCTRINALES.

Ejemplos:

> **"El rey no tomará para sí muchas mujeres, no sea que se extravíe su *corazón, ni tampoco acumulará enormes cantidades de oro y plata." (Deut. 17:17) (NVI).**

> **"Muy de madrugada, cuando todavía estaba oscuro, Jesús se levantó, salió de la casa y se fue a un lugar solitario, donde se puso a orar." (Marcos 1:35) (NVI).**

Se me pregunta a veces: "¿Qué de todos esos tipos que tenían más de una esposa?" La historia nos recuerda que David tuvo algunas y su hijo Salomón tuvo trescientas esposas. ¿Significa eso que para Dios estaba bien tener muchas esposas? En realidad, no. Cuando leemos el pasaje doctrinal en Génesis 2, por ejemplo, se dice claramente que dos se convertirán en uno solo ¡y no que trescientos serán uno! Adicionalmente, Deuteronomio hace una advertencia al rey: "El Rey no tomará para sí muchas mujeres..." Estos pasajes doctrinales nos ayudan a comprender que tanto David como Salomón pecaron teniendo muchas esposas, y miremos como esto los llevó hacia el mal camino.

Jesús nunca dejó el país que lo vio nacer. ¿Significa eso que nunca debemos salir de nuestros países? No, porque no existe ningún mandamiento relacionado.

Veamos Marcos 1:35. Jesús oraba a menudo temprano en la mañana. ¿Significa eso que debemos levantarnos a las 4 AM para orar? No. (Algunos se estarán diciendo"Gracias a Dios por eso...") Dios podría convencernos de que eso es un buen hábito para nuestras vidas, pero no lo ordena a cada creyente y no es una orden orar temprano en la mañana. No podemos cambiar la historia acerca de cómo oraba Jesús y convertirla en un mandamiento.

Regla 7: Comprender las experiencias a la luz de las escrituras.

Esta es probablemente la regla que más rompen los creyentes. Tendemos a interpretar las escrituras a la luz de las experiencias personales, y hacemos de nuestras aplicaciones personales un mandamiento para que los demás lo sigan.

Ejemplo: "No debas nada a nadie" (Rom. 13:8 nasb- Traducción)

Como ejemplo digamos que lees Romanos 13:8 y piensas, "la verdad es que debo miles de dólares en mi tarjeta de crédito, debería hacer algo al respecto." Para ti la aplicación es cancelar las deudas y desechar las tarjetas de crédito. Eso es bueno y es una aplicación que honra a Dios.

Pero supongamos que partiendo de tu propia experiencia dices a los demás: "la Biblia nos enseña aquí en Romanos 13:8 que los cristianos no debemos tener tarjetas de crédito". No, no es eso lo que dice. Las palabras tarjeta de crédito no constan en el griego original. Puede suceder que otros cristianos sí puedan manejar una tarjeta de crédito sin meterse en problemas y pagando mensualmente sus cuentas. La Biblia es la verdad, pero la forma en la que la aplicamos es nuestra manera de vivir esa verdad. Puedes ciertamente decir, "este versículo me ayudó a tomar la decisión de cortar mis tarjetas de crédito." Pero no es correcto usar la Palabra de Dios para decir: "La Biblia dice en Romanos 13:8 que no debes tener tarjeta de crédito".

Así es como nos volvemos legalistas. Tomamos nuestras aplicaciones personales y tratamos de imponerlas a otros.

La pregunta 4 puede ser usada aquí.

Para permitir que la iluminación de la Palabra de Dios brille con claridad en nuestros corazones, debemos amar profundamente la Palabra de Dios, comprenderla espiritualmente, y manejarla adecuadamente. Pero hay una cuarta cosa que debemos hacer para que la Biblia pueda impactar nuestras vidas.

Estudiar **DILIGENTEMENTE** la Palabra de Dios

Estudiar la Palabra de Dios requiere diligencia, porque los resultados no nos vienen inmediatamente. Howard Hendricks habla acerca de las diferentes etapas que pasamos en un estudio Bíblico.

> El Salmo19:10 dice que la escritura es más dulce que la miel, pero no lo sabremos juzgando a ciertos creyentes. Verás, hay tres tipos de estudiosos de la Biblia. Están los del tipo "aceite de ricino" Para ellos la Palabra es amarga ¡GUAU! Pero es buena para curarlos. Luego tenemos los del tipo "trigo molido" Para ellos, la escritura es nutritiva pero árida; es como comerse un balde de afrecho.
>
> Pero tenemos el tercer tipo, que llamaremos los de tipo "fresas con crema". Ellos simplemente nunca se sacian de la Palabra. ¿Cómo lograron ese delicioso sabor? Simplemente deleitándose en la Palabra. Han cultivado un apetito insaciable por la verdad espiritual.[3]

Nuestro compromiso de leer la Palabra de Dios siempre será recompensado, pero primero debemos ser diligentes.

No sé tú, pero yo considero mucho más fácil hablar de la diligencia que realmente ser diligente. ¿Cómo logramos saltar la brecha entre nuestro deseo de estudiar la Palabra de Dios y nuestra decisión de dedicar tiempo y esfuerzo para indagar en las verdades de la Biblia?

¿Cómo hacemos del estudio de la Biblia un compromiso de por vida?

1. Comprométete delante del Señor a confiar en su Palabra.

Lee conmigo 1 Timoteo 4:15–16:

"Sé diligente en estos asuntos; entrégate de lleno a ellos, de modo que todos puedan ver que estás progresando. Ten cuidado de tu conducta y de tu enseñanza. Persevera en todo ello, porque así te salvarás a ti mismo y a los que te escuchen".

—1 Timoteo 4:15–16 (NVI)

Puedes tener algunas dudas acerca de la Palabra de Dios; ¿puedes realmente confiar en ella? En estos dos estudios de la Biblia, has visto pruebas históricas y de vidas cambiadas; sin embargo, al final todo se reduce a un asunto de fe. ¿Quisieras decidirte aquí y ahora a confiar en que la Palabra de Dios es la verdad?

2. Cultivar el deseo, examinando la Palabra de Dios en busca de respuestas.

"Éstos (de Berea) eran de sentimientos más nobles que los de Tesalónica, de modo que recibieron el mensaje con toda avidez y todos los días examinaban las Escrituras para ver si era verdad lo que se les anunciaba".

—Hechos 17:11 (NVI)

Debemos ser como los de Berea en Hechos 17:11, quienes al escuchar la Palabra de Pablo, inmediatamente sintieron la urgencia de examinarla por ellos mismos. Cuando tengas alguna pregunta, regresa a la Biblia e investiga. Cuando halles la respuesta por ti mismo, alcanzarás un crecimiento espiritual que nunca has experimentado.

3. Diles a otros lo que estás aprendiendo de la Palabra de Dios

Escucha lo que dice Colosenses 3:16:

"Que habite en ustedes la palabra de Cristo con toda su riqueza: instrúyanse y aconséjense unos a otros con toda sabiduría; canten salmos, himnos y canciones espirituales a Dios, con gratitud de corazón".

—Colosenses 3:16 (NVI)

Esto evitará que nos estanquemos en nuestra fe. En Israel hay dos mares. Al norte tenemos el Mar de Galilea y al Sur el Mar Muerto. El de Galilea es un hermoso espejo de agua, que aún hoy es un destino turístico en Israel. Está lleno de peces y fluye la vida. El Mar Muerto, por su parte, está en un lugar desolado. ¿Cuál es la diferencia? El agua fluye al mar de Galilea desde las montañas del Norte y de allí al río Jordán. El Mar Muerto, en cambio no tiene salida, por eso se llena de sedimentos y minerales. Estos dos mares son un buen paralelo para nuestras vidas cristianas. Si sólo tomamos la Palabra para alimentarnos a nosotros mismos, pronto nos hallaremos estancados en nuestra fe. Es sólo cuando compartimos la verdad con otros, que el agua viva continúa fluyendo de formas frescas e inspiradoras en nuestro corazón.

4. Actúa de acuerdo a lo que aprendes mientras estudias la Biblia.

Leamos de Santiago 1:22:

27

"No se contenten sólo con escuchar la palabra, pues así se engañan ustedes mismos. Llévenla a la práctica".

—Santiago 1:22 (NVI)

G. K. Chesterton, uno de los grandes pensadores cristianos de principios de siglo, dijo algo al estilo de Mark Twain: "La Biblia nos manda a amar a nuestro prójimo y también a nuestros enemigos; esto es así, porque normalmente se trata de las mismas personas".

A Chesterton se le preguntó que libro quisiera que lo acompañara si tuviera que permanecer en una isla desierta. Todos esperaban que dijera: "La Biblia", con una maravillosa explicación del por qué. Pero sorprendentemente su respuesta fue, "La Guía de Thomas para construir barcos"4 ¡Claro! Si estamos abandonados en una isla desierta, una Guía para construir barcos podría asegurarnos cómo regresar a casa a salvo.

De alguna forma, todos estamos varados en una isla que podríamos llamar: el planeta Tierra. Ansiamos el día en el que podamos estar juntos en el cielo, pero no estamos todavía allá. Mientras esperamos, Dios nos ha dado un regalo maravilloso: la Biblia. El libro que necesitamos

Es un libro que nos da esperanza

Es un libro que nos da dirección.

Es un libro que nos llevará seguros a casa

Oren conmigo:

Señor, necesito la verdad de tu Palabra. Perdóname por esas veces en las que he confiado en mis pensamientos en lugar de buscar lo que Tú tienes para decirme. Renuevo mi compromiso de leer, estudiar y seguir la verdad de tu Palabra. Sé mi Señor, lo cual no será fácil. Por eso pido tu fuerza y sabiduría para recordar siempre, que debo buscar las respuestas en tu Palabra y compartir con otros lo que me estás enseñando, actuando de acuerdo a lo que estoy aprendiendo de Ti. Cultiva por el resto de mi vida un profundo amor por tu Palabra dentro de mi. En el nombre de Jesús, Amén.

**Terminen memorizando la tarjeta Fundamentos No. 1
"La verdad acerca de la Biblia."**

Preguntas de discusión.

1. Cuenta una experiencia que te haya hecho recapacitar acerca de tu amor por la Biblia. ¿Qué tipo de experiencias te hacen sentir esto? ¿Cuándo has sentido más profundamente la verdad de que la Biblia es un tesoro?

2. Discutan juntos las respuestas a lo siguiente:

   La Biblia fue como una semilla para mí cuando ….

   La Biblia fue como una espada para mí cuando….

   La Biblia fue como alimento para mí cuando…..

   La Biblia fue como un martillo para mí cuando….

   La Biblia fue como fuego para mí cuando ……

   La Biblia fue como un espejo para mí cuando….

3. El Espíritu Santo nos da una comprensión individual de la Palabra de Dios. Juan dice que "no necesitamos alguien que nos instruya". Sin embargo, el Nuevo Testamento habla de maestros y de dar honor a los dones de enseñanza y predicación. ¿Por qué necesitamos maestros? ¿Cómo encajan estas dos verdades juntas?

4. ¿Cuál de las siete reglas de estudio de la Biblia piensas que es más comúnmente violada por los creyentes? ¿Cómo podemos recordarnos a nosotros mismos que debemos manejar la Biblia adecuadamente?

Para estudios posteriores

Anders, Max. *La Biblia*, Nashville: Nelson, 1995.

Elwell, Walter, ed. *Análisis de la Biblia* por Tópico. Grand Rapids, Mich.: Baker, 1991.

Little, Paul. *Conociendo lo que crees*, Wheaton, Ill.: Victor, 1987.

McDowell, Josh. *Evidencia que exige un veredicto*. Nashville: Nelson Reference, 1999.

Mears, Henrietta. *De lo que se trata la Biblia*. Ventura, Calif.: Regal, 1997.

Rhodes, Ron. *El Corazón del Cristianismo*. Eugene, Ore.: Harvest House, 1996.

Warren, Rick. *Métodos de Estudio Bíblico Personal*. Disponible en www.Pastors.com, www.purposdriven.com y www.zondervan.com

Dios
1a Parte

Metas transformadoras.

- Obtener una percepción más profunda del amor paternal de Dios hacia nosotros.

- Actuar de nuevas formas sobre la base de que Dios es nuestro Padre.

Lineamientos de enseñanza.

Dios es real.

¿Cómo sabemos que Dios existe?

Dios se revela.

Dios es relacional.

La verdad acerca de Dios.

La forma No. 1 de ver que Dios es relacional.

¿Cómo afecta tu vida personal la realidad de la existencia de Dios? ¡Adora!

Miren este dedal. Imaginen lo que sería tratar de poner todo el Océano Pacífico dentro del dedal. Así es como me siento al comenzar el estudio de la Palabra de Dios. Alguien tan inadecuado como yo, usando algo tan pequeño como las palabras para tratar de describir la grandeza de Dios.

Suena imposible. ¡Así que arriba todos y vámonos a casa!

Si el tratar de describir a Dios, dependiera de nuestra propia inteligencia e intuición, seguro que todo lo que pudiéramos decir sería menos de lo que cabe en un dedal como este. Y las opiniones de todos tendrían igual valor; en realidad, nadie tendría algo valioso que aportar.

Miren esta Biblia, es el libro de Dios que nos ha sido dado. En este libro, Dios nos habla de sí mismo, (de su carácter, valores y amor), de formas en las que nosotros podemos comprender y nuestras mentes abstraer.

Dios nos invita a conocerlo, a través de este libro. Dios trae el océano a nosotros, un océano de entendimiento acerca de aquel que más nos ama. Mientras hablamos de Dios el día de hoy, es mi oración que no lo veamos como alguien lejano. Es mi oración que todos sientan como si estuviéramos nadando en el océano. Es mi oración que te sientas como dentro de una ola, una vigorosa ola de comprensión de la persona de Dios que te permita apreciar Su poder y disfrutar de Su presencia.

Nuestra meta no es sólo aprender más verdades acerca de Dios, aunque esto es muy importante. La meta de este estudio y la del siguiente, es llegar a conocer a Dios de una manera más poderosa y a la vez personal. Quisiera decir que no hay tema más importante que nosotros podamos tratar. El objetivo mayor de la vida no es llegar a conocernos nosotros, sino a Dios.

Al lanzarnos en esta búsqueda de la persona de Dios, son esenciales dos actitudes: expectación y humildad.

Esperemos que Dios haga algo grande en nuestras vidas hoy, mientras hablamos acerca de quién es Él y de lo que puede mostrarnos. A. W. Tozer escribió:

"Lo que viene a nuestras mentes cuando pensamos en Dios es lo más importante en nosotros".[1]

—A. W. Tozer

Dios es tan grande y nuestra creencia en Él tan importante, que incluso el cambio más pequeño de nuestra perspectiva acerca de Dios y de cómo actúa, puede transformar nuestras vidas. Nuestras creencias acerca de Dios dan curso a nuestras vidas.

Piensa acerca del impacto que puede tener Dios en tu vida diaria. Lo que crees acerca de Dios marca tu compás moral y da forma a tu actitud frente a tu suerte, fama, poder y placer. El confiar en la verdad acerca de Dios nos fortalece en los momentos de pruebas y dolor; nos mantiene fieles y valientes, nos lleva a alabar y da brillo a nuestra alabanza; marca nuestra filosofía y determina nuestro estilo de vida; da significado y sentido a nuestras relaciones; nos muestra cuándo decir sí y cuando decir que no. El conocer a Dios nos da esperanza para continuar. Es en realidad el fundamento sobre el que descansa todo lo demás.

También debemos tener un corazón humilde para estudiar la persona de Dios. Agustín, uno de los primeros líderes de la iglesia, dijo.

"Si lo puedes comprender, no es Dios."

—Agustín

El intentar comprender a Dios por ti mismo sería como intentar que una hormiga te comprenda a ti. Sólo por la gracia de Dios y su revelación de sí mismo, es que logramos conocer algo de cómo es Dios. En lugar de presentar este estudio como un deseo de "darnos cuenta de cómo es Dios", comenzaremos con la humilde intención de permitir que Dios nos muestre lo que necesitamos saber acerca de Él.

Los niños tienen formas fascinantes de hacer las preguntas correctas acerca de Dios. "¿Qué aspecto tiene Dios? ¿Dónde vive Dios? ¿Qué tan grande es Él?" En algún punto todos dejamos de hacer estas preguntas, tal vez porque nunca recibimos respuestas. Ahora, démonos la libertad de volver a hacernos esas "simples" preguntas nuevamente.

Algunos de ustedes recordarán esta historia. Una niña va con su madre y le dice emocionada " ¡Te voy a hacer un dibujo de Dios!"

"Oh, querida" dice su madre, "nadie sabe cómo es Dios."

Con la confianza característica de una niña de 5 años de edad, la nena responde, "Pero después de ver mi dibujo ya sabrás…" Cierra tus ojos y trae a tu mente ese dibujo de Dios. ¿Ves acaso un anciano con túnica? ¿Quizá es la figura de alguien que no comprende las cosas modernas, como la física nuclear, las computadoras o los rayos láser, del tipo de los abuelitos que siempre están cuando los necesitas? Quizá en tu imagen veas pura luz, o a un rey en un trono, o un relámpago o trueno. Pero para ver una mejor imagen de Dios es bueno comenzar analizando nuestra imagen actual de Dios.

> Puedes usar la pregunta de discusión número 1.

Al examinar la existencia de Dios, necesitamos recordar tres verdades clave:

1. **Dios es real.**

2. **Dios se revela.**

3. **Dios es relacional.**

En este estudio examinaremos estas tres verdades acerca de Dios. A primera vista parecen muy simples, pero en realidad nada es simple cuando hablamos de Dios. Estas verdades son las que forman una imagen de quién es Dios y cómo trabaja en nuestras vidas.

Dios es real.

Dios no es un personaje de una historia o de un cuento de hadas. Él es tan real como cualquiera de nosotros.

¿Cómo sabemos que Dios existe?

Tal vez, en el colegio tuviste que estudiar los argumentos filosóficos para la existencia de Dios: los ontológicos, teológicos y los cósmicos.

Si bien éstos argumentos dejan claro que algún tipo de ser superior debe existir, nos hacen también pensar en la existencia de Dios como algo confuso y complicado. Es interesante que la Biblia misma no presenta argumentos para probar la existencia de Dios, simplemente la asume.

Todos hemos pasado por momentos en los que hemos pensado: "¿Se trata esto de un Dios real o será que me estoy engañando a mí mismo?" Pero hay buenas razones por las que el 96% de los estadounidenses piensa que existe un Dios real.[2] Para la gran mayoría, la realidad es que la existencia de Dios es intuitivamente obvia. Y aquí presentamos tres razones del por qué.

1. **Podemos ver la <u>CREATIVIDAD</u> de Dios en lo que Él ha hecho (Gen 1:1; Rom 1:19–20; Hchs 14:16–17).**

Lean conmigo del Salmo 19:

"Los cielos cuentan la gloria de Dios, el firmamento proclama la obra de sus manos. Un día comparte al otro la noticia, una noche a la otra se lo hace saber".

—Salmo 19:1–2

Mire al cielo en una noche clara, lejos de las luces de la ciudad, en un lago o en las montañas ¡Guauu! Algo dentro de nosotros nos hace recordar la grandeza de Dios en las cosas que Él ha hecho. ¿Te das cuenta de lo vasto que es el universo? Avery Willis nos da una idea:

Un paseo en una nave espacial, sería la manera de constatar un destello de la grandeza de Dios. Viajamos a la velocidad de la luz, 300.000 Km por segundo. Al despegar, pudimos, desde nuestros sitios, tener una vista clara de la tierra. Un segundo más tarde, la tierra se veía como un gran balón y dos segundos después pasamos la luna y le echamos un vistazo. Ocho minutos y medio e viaje, y llegamos al sol. La tierra quedó ahora a 150 millones de Km atrás, perdida en la oscuridad del espacio.

Cinco horas después, dejamos nuestro sistema solar y la tierra ya no se podía distinguir de miríadas de otros planetas y estrellas. Luego de cuatro horas de viaje a la velocidad de la luz, dimos la vuelta en la estrella más cercana, Alfa Centauro. Por casi 100.000 años hemos viajado a través de la vía láctea, nuestra propia galaxia. Luego viajamos otros 1,500,000 años antes de llegar a la Gran Nebulosa, más distante de las otras seis galaxias, en lo que los astrónomos llaman el Grupo Local. En este punto, podríamos comparar nuestro viaje a uno realizado por una familia a través del campo, en donde la hijita de 5 años, pregunta incluso antes de salir del pueblo: "¿cuánto falta?". En lo inmenso y vasto del espacio, podríamos viajar por lo menos unos 12 billones de años a la velocidad de la luz para llegar al área que no puede ser vista por los telescopios desde nuestro planeta ¿Y quién puede saber todo lo que hay más allá?".

Isaías dice: "¿Quién ha medido las aguas con la palma de su mano, y abarcado entre sus dedos la extensión de los cielos? ¿Quién metió en una medida el polvo de la tierra? ¿Quién pesó en una balanza las montañas y los cerros?" Isaías 40:12.

Consejos prácticos de enseñanza.

Al leer un artículo de un periódico, libro o revista, es útil tener el recorte en una tarjeta aparte para poder tomarla y leerla en el momento en que estés dando la clase. Esto te permite lograr dos cosas: Primero, te facilita el moverte de la tarima mientras lees. Y aún más importante, permite que aquellos que te escuchan tomen tiempo para estudiar especialmente aquello de lo que estás hablando. Algunas personas, en especial los de personalidades más rigurosas, gustan saber que como profesor, has dedicado tiempo para investigar, al preparar tu clase.

2. Podemos ver la HUELLA DIGITAL de Dios en la Historia Humana.

"De un sólo hombre hizo todas las naciones para que habitaran toda la tierra; y determinó los períodos de su historia y las fronteras de sus territorios. Esto lo hizo Dios para que todos lo busquen y, aunque sea a tientas, lo encuentren. En verdad, él no está lejos de ninguno de nosotros"

—Hchs 17:26–27 (NVI)

La historia es realmente Su historia". Aún, mientras Él está esperando terminarla, es bien evidente que Dios es el autor, director y personaje principal de esta historia que llamamos "vida".

La socióloga Grace Davie cita una encuesta reciente en la que se pregunta por qué la gente cree en Dios. La mayoría responde que de hecho creen en Dios. Y a la siguiente pregunta: ¿Crees en un Dios que puede cambiar el curso de los eventos en la tierra? La respuesta fue: 'no, sólo en el normal' " 4

Hechos 17:26–27 nos recuerda que no hay nada ordinario acerca de Dios. Dios determina tanto los tiempos como los lugares para la historia del mundo. Él dispone el curso de los eventos en la historia del mundo. Él determinó el momento cuando esta tierra comenzó y Él mismo ha fijado ya el momento en que terminará. Dios decidió cuándo el mundo tendría un nuevo comienzo después del diluvio, cuándo Abraham iría a la tierra prometida y cuándo Moisés llevaría a los israelitas fuera de la esclavitud en Egipto. A través del Antiguo y Nuevo Testamentos podemos hallar cientos de ejemplos de Dios como punto de partida de la historia. Eso es verdad todavía. Dios puede permitir que exista un mal líder o una injusticia por un tiempo, pero esto nunca prevalecerá. Dios decidió cuándo y cómo caería Hitler. Puso a un Abraham Lincoln en el momento y lugar correctos. Dios decidió cuándo el comunismo terminaría en los estados soviéticos. Y en el libro de Hechos se nos dice que Él hizo esto para que "aquellos que lo busquen tal vez lo encuentren".

3. **Podemos ver las ACCIONES de Dios en nuestras vidas.**

Miremos la historia de Elías y su enfrentamiento con los falsos profetas en el monte Carmelo en 1 Reyes 18:24–39.

Consejos prácticos de enseñanza.

Nunca tengas temor de tomar el tiempo para abordar una historia de la Biblia; las historias de la Biblia son nuestras mejores ilustraciones. Te sorprenderá la cantidad de personas que nunca las han escuchado o las han oído pero nunca comprendieron su significado, o incluso si las han escuchado, se sentirán inspirados escuchándolas nuevamente.

Al contar una historia de la Biblia recuerda tres cosas:

1. Cuéntala como si tu audiencia la estuviera escuchando por primera vez.

2. Cuéntala con emoción en tu voz, no sólo de una manera informativa, sino como una experiencia de vida

3. Debes estar conciente de que alguien en el grupo puede sentirse identificado con la historia. (En el caso de la historia de Elías, pueden saber lo que se siente al estar amenazados por personas no creyentes en sus trabajos)

Por años, Elías estuvo luchando contra los falsos profetas de Baal. Le apasionaba vencer la influencia que tenían éstos sobre la nación de Israel. Finalmente los retó a una prueba en el Monte Carmelo. Cuatrocientos cincuenta profetas fueron ese día a enfrentar a un solo hombre de Dios. Elías se llamaba a sí mismo: "un pobre profeta". Los profetas construyeron un altar y el reto que les presentaba Elías era que el Dios que consumiera el sacrificio colocado en el altar, sería el verdadero Dios. Los profetas de Baal oraron y lanzaron sus encantamientos todo el día, pero claro que nada sucedió. No se puede obtener sangre de un nabo, tampoco milagros de un dios falso. Elías había echado agua en el altar, hasta hacer un pequeño canal alrededor del sacrificio. Luego oró y Dios envió un fuego que consumió no solo el sacrificio, sino además la madera, el altar de piedra, la tierra bajo el altar y secó el canal alrededor del altar. ¡GUAUU!

Dios trabaja de forma clara y personal en nuestras vidas. Quizá nuestras experiencias no sean tan dramáticas como las de Elías, pero son reales. Quizá has visto su poder en el trabajo, en una relación restaurada, o quizá en un mal hábito que lograste superar. Quizá Dios te dio la paz cuando te abrumaba la pena o te dio el valor para dar un paso de fe. Todo creyente ha experimentado el obrar de Dios al enviar a su único

Hijo para dar su vida y así obtener nuestro perdón. Su obra en la cruz fue ciertamente dramática y a la vez personal. No fue sólo un evento histórico; fue además el actuar personal de Dios en nuestras vidas. Jesús murió por ti. Es fácil olvidar lo que Dios hace. Elías, sólo dos días después de su gran victoria frente a los profetas de Baal, se deprimió hasta la muerte y se escondió en una cueva. ¡Cuán fácilmente olvidamos el poder de lo que Dios ha hecho por nosotros y caemos presa de los detalles del diario vivir! La fe crece cuando tomamos el tiempo para recordarnos a nosotros mismos el obrar de Dios en nuestras vidas.

Una vista más cercana

¿Qué aspecto tiene Dios?

La Biblia nos dice que nadie ha visto a Dios (Juan 1:18). Que Dios es espíritu (Salmo. 139:7–12; Juan 4:24) y que Dios es invisible (Juan 1:18; Col. 1:15; Heb. 11:27). Pero lo que asumimos naturalmente al escuchar la frase "todos somos hechos a su imagen", es pensar que Dios debe parecerse en algo a nosotros: tal vez tiene dos brazos y dos piernas. ¡Que pensamiento tan temerario! Dios, que llena este universo, obviamente no puede verse como una persona. Cuando la Biblia habla de los brazos fuertes de Dios o de sus alas protectoras no se refiere a descripciones literales sino a figuras mediante las cuales Dios se relaciona con nosotros.

Se puede usar la pregunta de discusión 2 aquí.

Dios se revela

Dios no ha sido descubierto por nosotros, Él se revela a sí mismo (Gen. 35:7; Sal. 98:2).

Cuando buscamos comprender quién es Dios, no debemos cometer el error de actuar como un Cristóbal Colón espiritual, pensando que podemos descubrir a Dios por nosotros mismos, tal como Colón descubrió América. No podemos construir un barco tan grande que pueda navegar lo suficientemente lejos como para descubrir a Dios por nuestra cuenta. Dios debe revelarse a nosotros. Aún más importante, no debemos caer en la trampa de ser un Thomás Edison espiritual, inventando nuestro propio Dios. Ni la energía humana, ni su ingenio son lo suficientemente grandes como para determinar la verdad acerca de Dios. Dios es mucho más grande que nosotros. Dios debe revelarse a nosotros. Para comprender cómo Dios se revela, necesitamos saber tres ideas teológicas: La revelación general de Dios, la revelación especial de Dios y la revelación personal de Dios.

1. Dios se revela a sí mismo a través de <u>SU CREACIÓN</u>.

Romanos 1:20 dice,

"Porque desde la creación del mundo las cualidades invisibles de Dios, es decir, su eterno poder y su naturaleza divina, se perciben claramente a través de lo que él creó, de modo que nadie tiene excusa".
—Romanos 1:20 (NVI)

En la parte anterior de este estudio, vimos que Dios se revela a sí mismo de tres maneras: a través de la naturaleza, por sus acciones en la historia, y a través de nuestras propias experiencias. Los teólogos llaman a esto, la revelación general de Dios, de sí mismo.

Aunque podemos ver a Dios claramente a través de estas cosas, Dios quiso mostrarse a sí mismo aún más claramente. Así que se reveló de una segunda manera.

2. Dios se revela a sí mismo a través de <u>SU PALABRA</u>.

Miren en 2 Pedro 1:20–21:

"Ante todo, tengan muy presente que ninguna profecía de la Escritura surge de la interpretación particular de nadie. Porque la profecía no ha tenido su origen en la voluntad humana, sino que los profetas hablaron de parte de Dios, impulsados por el Espíritu Santo"
—2 Pedro 1:20–21 (NVI)

Debemos recordar que estos profetas no eran tanto personas que predecían el futuro, cuanto mensajeros de parte de Dios. Dios les hablaba audiblemente y ellos decían a la gente las palabras exactas que Dios había manifestado. Si bien fue Moisés el que recopiló los mandamientos en la montaña, y Jeremías quien dictó sus palabras a su secretario, Baruc, quién las escribió en un pergamino, todos escucharon la voz de Dios y se la transmitieron a la gente. En los días del Nuevo Testamento, hombres como Pablo y Lucas escribieron las Palabras que el Espíritu les había inspirado en sus corazones. Estas palabras son lo que conocemos como la revelación especial de Dios. La Biblia, desde el Génesis al Apocalipsis, es una compilación de la revelación especial de Dios para nosotros.

Puede parecernos que ésta es la mejor manera en la que un Dios que no podemos ver, puede revelarse a sí mismo a nosotros. Sin embargo, Dios quiso que lo viéramos aún más claramente, y por eso se reveló de una tercera manera:

3. Dios se revela a sí mismo a través de <u>SU HIJO</u>.

¡Dios en forma humana! La venida de Jesús a la tierra fue mucho más que una revelación general o especial; fue una revelación personal de Dios. En la versión NVI de la Biblia, Juan 1:18 nos dice que Jesús vino para "explicarnos a Dios" a todos nosotros.

"A Dios nadie lo ha visto nunca; el Hijo unigénito, que es Dios y que vive en unión íntima con el Padre, nos lo ha dado a conocer".

—Juan 1:18

Jesús vino para aclarar nuestro entendimiento (1 Juan 5:20). Jesús mismo escogió revelarnos al Padre (Mat. 11:27). Dios se ha revelado de muchas maneras, pero su última Palabra y revelación más clara está en Jesús (Heb. 1:1–2).

Si quisieras explicar a tu perro cómo es un ser humano, ¿cuál crees que sería la mejor manera de hacerlo? ¡Convirtiéndote en un perro, por supuesto!

La mejor manera de explicar a los conejos cómo somos los humanos es convirtiéndonos en uno de ellos. Para que las hormigas nos comprendan, tendríamos que convertirnos en una de ellas.

Así mismo, para que comprendamos a Dios, Jesús mismo se convirtió en un hombre. Si crees que se necesitaría humildad para que alguno de nosotros tome la forma de una hormiga, eso no es nada, comparado con el paso que tuvo que dar Jesús para convertirse en uno de nosotros, tomando forma humana. Él vino a decirnos de la manera más clara posible: "Dios quiere conocerte".

¿Has estado tratando de imaginar por ti mismo cómo es Dios? Bien, tengo buenas noticias para ti. El deseo más profundo de Dios es que puedas conocer su propia revelación para que lo conozcas como realmente es. No hay oración que sea respondida más rápido que la que dice: "Dios, muéstrame quién eres tú". En realidad esta es una oración que ya Dios respondió enviando a su Hijo.

> **Plan de sesión dividida:** Si estás enseñando este estudio en más de dos sesiones, termina la primera sesión ahora.

El comprender que Jesús realmente nos muestra cómo es Dios ¡es más crítico que pasar por una sala de emergencias! Porque si lo que creemos acerca de Dios está equivocado, mientras más devotos seamos más perdido estaremos.

Las encuestas Gallup muestran consistentemente que un 96% de americanos creen que Dios es real. Para la mayoría, la cuestión no es si Dios existe o no. El problema es ¿Qué tipo de Dios es? ¿Qué es lo que Jesús nos ha revelado acerca de Dios?

Dios es relacional

No conozco una historia que describa mejor cómo es Dios, que la historia del hijo pródigo. Lamentablemente, por lo familiar que se ha vuelto esta historia para nosotros, hemos perdido la perspectiva del asombroso amor de Dios por nosotros. Escuchen la historia de Philip Yancey acerca de su hija pródiga. Espero que nos ayude a renovar la idea del amor relacional de Dios para con nosotros, relejado en la parábola mencionada por Jesús.

Una joven muchacha crece en un huerto de cerezas en Traverse City, Michigan. Sus padres eran chapados a la antigua y continuamente le recriminaban por el arete que usaba en su nariz, la música que escuchaba y sus camisetas cortas. La castigaron algunas veces y ella murmuraba por dentro: "los odio". Le gritaba a su padre cuando él tocaba la puerta de su cuarto después de una discusión. Esa noche en especial, decidió actuar conforme a un plan que mentalmente había repasado cientos de veces. Ella decidió huir.

Dado que los periódicos en Traverse City reportaban con todo detalle la situación de las pandillas, drogas y la violencia en el centro de Detroit, concluyó que sus padres nunca la buscarían allá. Podrían buscar en California o Florida, pero no en Detroit. En su segundo día en Detroit, conoció a un hombre que conducía el auto más grande que ella hubiera visto. Le ofrece un aventón, la invita a almorzar y le arregla un lugar para quedarse. Luego, le da unas píldoras que la hacen sentirse mejor de lo que jamás se hubiese sentido. Ella piensa… ¡estaba en lo correcto todo el tiempo; mis padres me estaban privando de toda la diversión!

La buena vida continua por un año. Al hombre con el gran auto, ella ahora lo llama JEFE, y es quien le enseña algunas cosas que a los hombres les gusta. Además, como es una menor de edad, los hombres pagan extra por ella. Vive en un penthouse y ordena todo lo que quiere y cuando ella quiere. Ocasionalmente piensa acerca de sus padres en casa, pero sus vidas se ven ahora tan aburridas y provincianas, que casi no puede creer que ha crecido allí.

Luego de un año, las primeras señales de enfermedad comienzan a aparecer y ella se sorprende de lo rápido que el JEFE se torna en un malvado. "En estos días no podemos cometer errores…." le dice él, y antes de que ella se dé cuenta, está sola en la calle y sin un centavo. Cuando el invierno llega, se encuentra durmiendo en las entradas de las tiendas. "Durmiendo" no es la palabra —una muchacha joven en el centro de Detroit nunca puede descuidarse. Tiene ojeras negras alrededor de sus ojos y su tos empeora cada vez más. Una noche, mientras escucha las pisadas a su alrededor, toda su vida viene a su mente y ahora todo parece tan distinto. Ya no se siente la "mujer de mundo" sino solo una niña pequeña, perdida en una fría y atemorizante ciudad. Algo remueve su memoria y una sola imagen viene a su mente: Mayo en Traverse City, cuando millones de árboles de cereza florecen al mismo tiempo, ella con su perro, corriendo entre las hileras de los cerezos florecientes, persiguiendo una pelota de tenis.

"Dios, ¿por qué me fui?" se dice a sí misma, y el dolor se hunde en su corazón. "Mi perro en casa come mejor de lo que yo como hoy". Ahora está llorando y se da cuenta de que sobre todas las cosas, lo que quisiera es regresar a casa.

Llama a casa tres veces, pero sólo encuentra a la contestadota. Las primeras dos veces cuelga sin dejar mensaje, pero a la tercera vez se anima y dice "Mamá, papá, soy yo. Estaba pensando en regresar a casa. Estoy por tomar un autobús a casa y llegaré a la media noche de mañana. Si no los veo allí, entonces seguiré en el autobús hasta Canadá".

Toma unas siete horas al autobús hacer todas las paradas entre Detroit y Traverse City, y durante ese tiempo ella se da cuenta de las fisuras en su plan. ¿Qué tal si sus padres están fuera de la ciudad y no escuchan el mensaje?

¿No debería haber esperado otro día hasta encontrarlos? Y aún estando en casa, probablemente la habrían dado por muerta ya hace mucho tiempo. Debía de haberles dado algo de tiempo para pasar el shock. En el autobús, sus pensamientos se entrecruzan entre sus preocupaciones y especialmente, en lo que le dirá a su padre: "Papá, lo siento, sé que me equivoqué, no es tu culpa; es toda mía, ¿Podrías perdonarme?" Se repite las palabras vez tras vez y siempre que las repite se atoran en su garganta. Cuando finalmente el autobús llega a la estación, los frenos de aire chillan y el chofer anuncia por el micrófono: "Quince minutos, tenemos sólo quince minutos aquí". Sólo quince minutos para decidir el futuro de su vida. Se mira en un espejo pequeño, se acomoda el cabello y limpia el lápiz labial de sus dientes. Mira las huellas del tabaco en sus dedos y piensa si sus padres lo notarán. Si sólo estuvieran allí.

Camina por el terminal sin saber qué esperar. Ninguna de las miles de escenas que han pasado por su mente la hubieran preparado para lo que vería. Allí en la Terminal de autobuses de Traverse City, Michigan, había un grupo de 40 personas; hermanos y hermanas, tíos y tías, primos, una abuela y una bisabuela. Todos usan bonetes de fiesta y hacen sonar silbatos. Y en la pared del terminal se aprecia un rótulo hecho en computadora en el que se lee ¡Bienvenida a casa!

Delante de la "lluvia de buenos deseos" está su padre. Ella se queda mirando, con lágrimas en los ojos y comienza a repasar su discurso memorizado: "Papá, lo siento tanto, se que…"

Pero él le interrumpe. "Shh.. cariño, no tenemos tiempo para esto. Te retrasarás a la fiesta. Un banquete te espera en casa".[5]

¡Esta es la forma en la que Dios te ama a ti! La figura en la parábola es la de un padre que corre a abrazar a su hijo. Imagen tan diferente a la que muchos tenemos de Dios.

Revisemos algunas de las ideas que todos tenemos acerca del Dios que vive en los cielos y veamos lo que la Biblia dice acerca del verdadero Dios.

La verdad acerca de Dios

La idea popular: Dios es un ser distante

La verdad es que Dios está muy <u>CERCA</u> (Sal. 139:7–12; Santiago 4:8).

Dios está asombrosamente cerca de todos nosotros. La presencia de Dios no está más allá de la estrella más lejana, está tan cerca como lo está nuestro siguiente latido del corazón. No es que sólo nos está observando; Dios está con nosotros. Podemos sentir en ocasiones, que Dios está lejos de nosotros, aún como creyentes. ¡Pero esto no cambia la realidad de que está cerca! David escribió en el Salmo 139: "¿Adónde podría alejarme de tu Espíritu? ¿Adónde podría huir de tu presencia?"

(Salmo 139:7). Dios está cerca de nosotros, ya sea que estemos o no pensando en Él, porque su presencia está en todos lados. Es por eso que Santiago nos dió la promesa "Acérquense a Dios, y él se acercará a ustedes. ¡Pecadores, límpiense las manos! ¡Ustedes los inconstantes, purifiquen su corazón!" (Santiago 4:8). Dios en su grandeza, está sobre y más allá del universo creado y puede estar en el mismo lugar justo aquí con nosotros. Él está íntimamente relacionado con su creación. ¡Nuestro Dios sí que es asombroso!

La idea popular es: Dios mira mis acciones desde lejos.

La realidad es: Dios está íntimamente involucrado en <u>CADA DETALLE</u> de nuestras vidas (Mateo. 6:25–30; Lucas 12:6–7).

Jesús nos dice en Mateo 6: 25–30 que Dios está interesado en detalles tales como lo que visto y como, y de cómo paso las horas del día. En Lucas 12, nos asombra con la declaración de que Dios tiene hasta los cabellos de nuestra cabeza debidamente contados, (claro que en el caso de algunos pastores ya mayores esta tarea ¡se facilita cada día!) Sólo porque los detalles de la vida no son lo que uno quisiera, no significa que a Dios no le interesen. ¡Él se interesa! Muchas personas piensan que deberían destinar un poco de tiempo para compartir con Dios sólo lo que "es realmente importante". El problema con esto es que la mayor parte de nuestras vidas consiste en pequeños detalles, y con frecuencia no le permitimos a Dios que se haga cargo de los mismos. Sólo mira el intrincado diseño de una pequeña flor y podrás saber que Dios sí se preocupa por los detalles.

La idea popular es: Dios espera ansiosamente la oportunidad de juzgar a los que se equivocan.

La verdad es: Dios está esperando para <u>PERDONAR</u> a todo aquel que lo solicite (Juan 3:17).

> "Dios no envió a su Hijo al mundo para condenar al mundo, sino para salvarlo por medio de él."
>
> —Juan 3:17

Mucha gente se imagina a Dios arriba en el cielo con su dedo puesto en un botón que dice "destruir". Claro que no, Dios no es así. Si así fuera no sería seguro manejar por la autopista, todos seríamos destruidos por lo que vamos diciendo de las otras personas que conducen- ¡incluso tú! La realidad es que Dios no te ha juzgado por tu pecado no porque no lo haya notado, (Él lo puede ver todo), sino porque es paciente y espera que le pidas perdón.

La idea popular es: Dios, o no es lo suficientemente poderoso o no le interesa mucho la maldad en el mundo.

La verdad es: Dios permite que un mundo malvado siga existiendo sólo porque desea que más gente se salve (2 Pedro 3:8–9).

Cuando alguien dice, 'No puedo creer en un Dios que permite sufrir a un niño o que hayan secuestros", puedes decirles. "Tampoco yo creo en un Dios así…" Yo creo en un Dios que mucho más que nosotros se preocupa por la maldad, y se duele por los pecados que cometemos unos con otros. Creo en un Dios que un día detendrá toda la maldad, destruyendo el mundo como ahora lo vemos y que nos llevará a su lado a un lugar perfecto llamado cielo. La única razón por la que aún no ha hecho eso es porque está esperando para que más gente confíe en Él y de esta forma puedan pasar la eternidad a su lado. Para dar a más personas la oportunidad de llegar a conocerle, Dios está dispuesto a experimentar más dolor y sufrimiento del que somos capaces de hacernos unos a otros".

La pregunta de discusión número 3 puede usarse aquí.

Una palabra fresca

Cuatro palabras teológicas nos proveen el trasfondo para las declaraciones que hemos hecho acerca de la verdadera persona de Dios:

1. **La inmanencia de Dios: Dios está asombrosamente cercano a todos nosotros. Dios no está más allá de la estrella más lejana; está tan cerca como nuestro siguiente latido de corazón, no sólo nos observa, está con nosotros.**

2. **La omnipresencia de Dios: Dios está en todo lugar (omni= todo+ presente). Su presencia llena el universo. Dios está en todo lugar al mismo tiempo.**

3. **La omnisciencia de Dios: Dios sabe todo (omni = todo + ciencia = saber). Dios conoce todo lo que ha sucedido, está sucediendo o sucederá. Sabe lo que voy a pensar antes de que lo piense.**

4. **Dios es omnipotente: Dios es todopoderoso (omni = todo + potente). Dios tiene el poder para hacer todo – todo- lo que Él quiera ¡inmediatamente!**

Para resumirlo en una palabra, mientras la gente ve a Dios como <u>INALCANZABLE</u>, la verdad es que es un Dios <u>RELACIONAL.</u>

La principal manera en que vemos que Dios es relacional

Dios nos enseñó a llamarle "nuestro <u>PADRE</u>".

Consejos prácticos de enseñanza

Al comenzar esta sección, notemos que mucha gente lucha con la idea de ver a Dios como un padre. Esto se explica debido a que las luchas y el dolor causados por nuestros padres terrenales, nos dificultan imaginar a Dios como un padre celestial. Ora para que Dios te use para ayudar a alguien a ver a Dios como el Padre que nunca tuvo, el Padre que realmente necesitan.

Dios se relaciona con nosotros como un Padre perfecto.

Como nuestro padre, Dios quiere satisfacer nuestras necesidades y como niños necesitamos a ese padre todos los días de nuestras vidas. Escucha esta lista de las formas en las que Dios satisface nuestras necesidades como padre; mientras la escuchas, piensa en cuál de ellas es la que más necesitabas escuchar…ahora. ¿Cómo pueden ser satisfechas todas tus necesidades como hijo de Dios ahora, dado el deseo que tiene Dios de relacionarse contigo como un Padre amoroso?

1. **Nuestro Padre está dispuesto a hacer <u>SACRIFICIOS</u>. Dios envió a su Hijo al mundo para que muriera como nuestro salvador (Juan 3:16; 1 Juan 4:14).**

   Tal vez necesitas ver en una nueva forma o estilo, el sacrificio que Dios hizo por ti. Necesitas recordar que Dios te ama.

2. **Nuestro Padre tiene compasión y amor por sus hijos (Salmo 103:13; 2 Cor. 1:3).**

   ¿Necesitas sentir que Dios se preocupa profundamente de lo que estás enfrentando ahora mismo?

3. **Nuestro Padre guía a sus hijos (Proverbios. 3:12).**

   ¿Estás tratando de vivir tu vida por ti mismo? ¿Cuándo fue la última vez que pediste la guía de Dios?

4. **Nuestro padre conoce nuestras necesidades aún antes de que le pidamos (Mateo. 6:8; 7:9–11); es por eso que oramos "Padre nuestro" (Mateo 6:9).**

   Si Él conoce nuestra necesidad ¿por qué le pedimos? Porque cuando oramos no estamos informando a Dios de nuestra necesidad, sino que estamos dependiendo de Dios para satisfacerla. ¿Has tenido temor de pedirle a Dios algo que necesitas?

5. **Nuestro padre nos <u>RECOMPENSA</u> (Mateo. 6:20; Hebreos. 11:6).**

   ¿Ves a Dios como alguien que desea juzgarte o como alguien que se deleita en que un día Él mismo recompensará tu fe?

6. **Nuestro Padre nos hace sus herederos (Romanos. 8:15–17).**

¿Te permites a ti mismo regocijarte en las riquezas eternas que Dios te ha prometido como su hijo?

7. **Nuestro padre nos <u>ANIMA</u> (2 Tesalonicenses. 2:16–17).**

¿Has hecho alguna vez una corta oración, del tipo: "Dios, me siento mal este día, por favor anímame de esa forma en que sólo tú puedes"?

8. **Nuestro Padre no tiene <u>FAVORITOS</u> de entre sus hijos.**

- **Nos da acceso a todos (Efesios. 2:18).**

- **Nos bendice ricamente a todos (Romanos. 10:12).**

- **Juzga a cada persona imparcialmente (1Pedro 1:17).**

Eres tan privilegiado de disfrutar las bendiciones de Dios tu Padre, como cualquier otro creyente que alguna vez ha pisado este planeta.

¿Cómo sé cual es la forma en que Dios desea actuar conmigo? Cuando algo dentro de mí comienza a decirme, "Creo que Dios está afuera para sostenerme" ¿Cómo puedo ver a Dios como realmente es?

Jesús nos dijo: "Todo el que <u>ME</u> ha visto, ha visto al padre (Juan14:9).

Jesús vino a esta tierra para ayudarnos a conocer al Padre. Vino a decirnos "Tienen un Padre que los ama más de lo que pueden imaginar y que quiere conocerlos de una forma más profunda de lo que pueden imaginar. No se nos enseña a orar : "Nuestra impersonal fuerza que estás en los cielos o "Poder inmenso que estás en los cielos", o "Benevolente gobernador en los cielos"; sino que nos enseñó a orar: "Padre nuestro que estás en los cielos."

Las preguntas número 4 y 5 pueden usarse aquí.

Consejo de enseñanza.

Toma un tiempo para guiar al grupo en oración. Este acercamiento debe ser con compasión real, sabiendo que mucha gente sufre por este asunto. Pero debe además ser un acercamiento con fe real, a sabiendas que las vidas pueden cambiar en estos breves momentos.

Perspectivas personales clave.

Puedes tener problemas para ver a Dios como un Padre, debido al padre terrenal con el que creciste. Una de las cosas más liberadoras que puede sucederte es comenzar a ver a Dios como el

Padre que nunca tuviste, el que puede cumplir todo lo que tu padre terrenal nunca pudo.

(Ora teniendo en cuenta tu necesidad, y añade a la oración lo que necesites de acuerdo a tus requerimientos.)

Dios, Ahora te acepto como mi Padre, el que nunca tuve. Mi padre me decepcionó, pero sé que tú nunca lo harás. Nunca conocí a mi padre terrenal, pero tú deseas conocerme. Fui herido por mi padre terrenal, pero por ti he sido sanado. Mi padre terrenal me ignora, pero tú me das atención constante y total. Nunca llegué a cumplir las expectativas de mi padre en la tierra, pero contigo me siento libre de las expectativas. En tu gracia. Amen.

Tal vez tuviste un padre terrenal que sin ser perfecto, te dio el tipo de amor que te encaminó a hallar una relación con Dios a través de Jesucristo. Entonces ora,

Gracias Señor por mi padre terrenal. Sé que no fue perfecto en su crianza, pero fue bueno y un hombre de carácter. Él tomó decisiones en su vida que me ayudaron un poquito a ver cómo eres tú, decisiones que me facilitaron conocerte. Gracias por el regalo que me diste. Amen.

Actuando en la verdad.

La verdad puede parecer fría y distante hasta que podemos descifrar la manera en la que cabe en nuestras vidas. ¿Cómo puede la verdad acerca de la realidad de Dios afectar tu vida personal? ¡Adora!

Adorar es actuar como si Dios fuera tu Padre. Pero no te equivoques, Él es tu Padre si ya has puesto tu fe en Jesucristo. El problema es que a menudo no actuamos como hijos. Dios se convierte en un amigo distante o un terrible tirano (Dios nos libre) o en un socio. Pero Dios es tu Padre celestial. Aquí hay algunas ideas de cómo puedes actuar sobre esa verdad; puedes probar algunas en esta semana.

¿Recuerdas nuestro ejemplo del dedal frente el océano al iniciar este estudio? No estarás satisfecho con el dedal ¿verdad? ¡Métete, inúndate! Sumérgete en la grandeza de Dios.

1. **Antes de la siguiente sesión, lee los siguientes pasajes de la Biblia, en los que Dios habla de su realidad. Al leer, enfócate en escuchar a Dios. Escúchalo hablando personal y directamente contigo.**

"Ustedes son mis testigos -afirma el SEÑOR-, son mis siervos escogidos, para que me conozcan y crean en mí, y entiendan que yo soy. Antes de mí no hubo ningún otro dios, ni habrá ninguno después de mí..."

—Isaías 43:10 (NVI)

"¡Vean ahora que yo soy único! No hay otro Dios fuera de mí. Yo doy la muerte y devuelvo la vida, causo heridas y doy sanidad. Nadie puede librarse de mi poder.

—Deuteronomio 32:39 (NVI)

"para que sepan de oriente a occidente que no hay ningún otro fuera de mí. Yo soy el SEÑOR, y no hay ningún otro... ¡Destilen, cielos, desde lo alto! ¡Nubes, hagan llover *justicia! ¡Que se abra la tierra de par en par! ¡Que brote la *salvación! ¡Que crezca con ella la justicia! Yo, el SEÑOR, lo he creado".

—Isaías 44:6, 8 (NVI)

2. Concéntrate en el poder de Dios mientras recuerdas algunas de las cosas significativas que Él ha hecho en tu vida.

No necesitas tener una maestría en historia para ver la obra de Dios en la historia humana. Toma en cuenta que toda la historia está dividida por la vida de Cristo. Considera además, como la historia ha mostrado que aún el más poderoso de los gobernantes humanos sube para luego caer. Toma un pedazo de papel y úsalo para completar la frase. "Dios, puedo ver tu control sobre la humanidad cuando ..."

Ahora termina la oración "Dios puedo ver tu control sobre mi vida cuando ..."

3. ¡Considera la belleza y creatividad de Dios mientras cierras tus ojos y te refieres a algo que Dios hizo! Aún mejor, podrías salir y verlo.

4. Jesús nos enseñó a llamar a Dios Abba". Esta palabra Abba es el nombre íntimo de Dios, el que usaría un pequeño niño, como nuestra palabra "papi". En tus oraciones semanales intenta usar estas palabras. (No pienses que es irreverente; es una palabra que expresa mejor tu íntima conexión y dependencia de Dios.)

5. A algunas personas les ayuda imaginar que ya están en la presencia de Dios, y esto les ayuda a adorar. Imagina a Dios como tu padre, imagínalo corriendo hacia ti, tomando tu rostro cariñosamente entre sus manos, y preguntándote: "¿Qué quisieras que haga por ti en esta semana".[6]

Pueden comenzar a trabajar en la tarjeta de memorización no. 2, "La verdad acerca de Dios."

Preguntas de Discusión.

1. **Cuando pensamos en Dios, ¿qué imagen viene a tu mente? ¿Cómo es esa imagen?**

   Líderes de Grupos pequeños: (Estamos incluyendo algunas ayudas, para que se usen mientras se hacen las preguntas al grupo. O podrías pasar estos consejos a los líderes de grupos pequeños.) Puedes aclarar al grupo que no estás probando su teología. Simplemente está investigando las distintas imágenes de Dios con las que hemos crecido.

2. **¿Qué te hace pensar que Dios está en la habitación contigo? ¿Qué te hace sentir a Dios más real: ver lo que ha hecho, estar en la iglesia o la lectura de la Biblia? ¿O quizá la revisión de la historia humana?**

   Líderes de Grupos Pequeños: Puedes pedir a los miembros de tu grupo que compartan las veces en las que han tenido una conciencia clara de la existencia de Dios a través de la creación—quizá una ocasión en la que miraron las estrellas y se maravillaron por la grandeza de Dios, miraron las montañas o los árboles, o si han notado la creatividad de Dios en una flor.

3. **Revisar la lista de ideas populares acerca de Dios frente a las verdades. En esta lista, ¿Cuál de estas ideas sería potencialmente más dañina? ¿Qué verdad es la más difícil de aceptar (tal vez por la enseñanza o la cultura en la que hemos crecido)?**

   Líderes de grupos Pequeños: Deja claro en el grupo que está bien que tengamos dificultades en aceptar algunas verdades de la Biblia. Debemos saber que todo es cierto, pero que es más difícil sentirnos identificados con algunas de las verdades bíblicas.

4. **¿Hay alguna parte de este estudio que no estuvo suficientemente clara? ¿Qué pregunta has tenido que no fue respondida cabalmente?**

   Líderes de Grupos Pequeños: Estas preguntas pueden ayudar a las personas en tu grupo a conversar acerca de lo que no están comprendiendo. Queremos que las personas se sientan bien con el hecho de no saberlo todo; todos estamos aprendiendo, y el admitir que no sabemos algo es el primer paso para aprender. Nota que no hemos dicho "¿Qué fue lo que no comprendieron?" Tomamos la carga para ponerla sobre nosotros, preguntando, "¿Qué no estuvo claro en lo que dije?"

5. **¿Qué hay en el amor de Dios que nos ayuda a verlo como un Padre perfecto? ¿Cómo ha mostrado Dios su amor hacia ti? Para obtener ideas, revisa la lista de las ocho maneras en las que Dios satisface nuestras necesidades como un Padre amoroso.**

   Líderes de Grupos Pequeños: Toma en cuenta que muchas personas luchan con la realidad de que sus padres no los amaron de la forma en que necesitaron ser amados. Ayúdalos a ver que sólo el amor de Dios nuestro Padre puede llenar este enorme hueco.

Dios
2ª parte

Metas transformadoras

Desarrollar un sentido de asombro acerca de lo que Dios a hecho, tomando tiempo para conocerlo.

Resumen de los lineamientos de enseñanza

Tres aspectos de la persona de Dios que todos necesitamos saber y comprender.

Dios existe como Trinidad.

Imágenes y declaraciones acerca de la Trinidad.

La realidad de la Trinidad se muestra en la enseñanza bíblica.

Destellos de la Trinidad.

Dios es absolutamente soberano.

Dios es perfectamente moral.

Nos fascinan las celebridades y las personas ricas, poderosas o populares. Nos gusta saber cómo viven, lo que hacen y hasta lo que usan. Sólo mira la mayoría de las revistas de moda; se enfocan en historias acerca de esas personas.

¿Qué tal si la revista *People* hiciera un artículo acerca de Dios? Dios es, después de todo, la personalidad más poderosa de todo el universo. Nadie es más rico que Dios. De su persona nace todo y es delante de El que eventualmente rendiremos cuentas. Dios es un Dios personal y su historia es la mejor de todas. Si la revista hiciese un artículo como este ¿qué es lo que cubriría? Obviamente no se abordarían cosas como su ropa o su casa. Pero, ¿no te gustaría saber lo que más le interesa a Dios? Qué tal una pregunta como: "¿Dios, qué es lo que te causa profundo dolor o gran gozo?" o ¿qué hace brillar tu interés? ¿No te gustaría saber cómo es Dios en realidad?

Te doy esta imagen, no para minimizar el poder de Dios, sino para enfatizar la persona de Dios. Claro que Dios no puede ser reducido a las páginas de una revista. Pero tampoco puede ser ignorado el hecho de que es una persona, que tiene pasiones, intereses y planes. Esta es la segunda parte de nuestro estudio de la persona de Dios: las características que más nos ayudan a comprender quién es Dios en realidad.

Leemos acerca de un Dios personal en el libro más personal que se haya escrito: la Biblia. No hay libro más intrigante acerca de las personas como este. Piensa en todas las personas cuyas historias se cuentan en la Biblia:

Una pareja cuyo pecado cambió el destino de la raza humana.

Un padre que esperó 25 años por un hijo

Un esclavo israelita que llegó a ser el segundo hombre más poderoso de Egipto

Una mujer que fue el más grande líder militar de su tiempo.

Un profeta que estuvo dispuesto a arriesgar su vida al confrontar al rey David.

Pastores que fueron sorprendidos por ángeles.

Una madre que tuvo que ver a su hijo morir en la cruz.

Simples pescadores que cambiaron el mundo.

Todas estas intensas historias personales, son sólo parte de la historia más importante de todas: la historia de Dios.

Las preguntas de discusión 1 y 2 pueden usarse aquí.

**En este estudio nos enfocaremos en tres características
únicas de la persona de Dios..**

Dios es una persona. Dejemos esta idea por un momento. Siempre que pensamos en Dios en términos impersonales, perdemos el núcleo de lo que realmente es Dios. Dios es la Persona de la cual y por la cual todas las personas han sido creadas.

En el último estudio vimos en su expresión más clara, que Dios es un Dios personal: la realidad es que Dios es nuestro Padre. Ahora nos enfocaremos en tres aspectos adicionales de la persona de Dios que todos necesitamos comprender. Si Dios hiciera un test de personalidad, no podría ser descrito ni limitado por términos como "sanguíneo," "dominante," o "introspectivo." Las siguientes tres características son únicas para la persona de Dios.

Dios existe como <u>TRINIDAD</u>

Supón que te doy una novela y te comento que es la mejor historia que alguna vez haya leído y que el final es lo mejor y más sorprendente. Tú tomas el libro, lo llevas a casa y lo lees sólo para descubrir que las dos últimas páginas han sido arrancadas. ¡Te volverías loco! Es parte de nuestra naturaleza el odiar misterios sin resolver. Nos gusta conocer la solución, queremos resolverlo todo.

Tengo buenas nuevas.

No podemos inventar a Dios. Para comprender a Dios completamente, tendrías que ser tan grande como Dios, y todos sabemos lo ridículo que es esa idea. Una de las verdades acerca de Dios, que demuestra fuertemente nuestra inhabilidad para comprenderlo, es el concepto de la trinidad.

Una palabra fresca

Trinidad

Dios es tres en uno—Padre, Hijo y Espíritu Santo. No son tres dioses, ni tampoco es un sólo Dios actuando en tres diferentes maneras. La Biblia nos dice que Dios es tres diferentes personas y a la vez una, en un sólo Dios.

Consejo práctico de enseñanza.

Una forma de mantener la atención es preguntar, pero es importante preguntar de formas constructivas para mantener la relación con los participantes. Para construir este tipo de relación debes buscar (y a veces insistir en) que el grupo brinde algún tipo de respuesta. Por ejemplo, cuando preguntes en el siguiente párrafo, ¿No creen que esta idea de la Trinidad se sale un poco de nuestro alcance?". No sólo debes mencionar la pregunta; se debe buscar una respuesta. Si, como suele suceder, no logras respuesta alguna, puedes mirar al grupo y decir algo como: "Si están de acuerdo con la afirmación, levanten su mano, o puedes decir "¿Seré yo el único que tiene que luchar para comprender esta verdad?"

Echa un vistazo a esta definición de la Trinidad. ¿Verdad que esta idea de la trinidad está más allá de nuestro entendimiento? Así como el concepto de infinito, sabemos que existe, pero está más allá de nuestras mentes. Pero nuestra creencia en la Trinidad no es un problema de comprensión humana o filosofica, más bien crece a través de la revelación de Dios a nosotros. En unos minutos nos concentraremos en la evidencia bíblica de la Trinidad. Pero antes de entrar en esto, pongamos la verdad en perspectiva, mirando algunas de las figuras y declaraciones referentes a la Trinidad.

Figuras y declaraciones referentes a la Trinidad

No tienes que comprender (ni escuchar) la verdad acerca de la Trinidad para ser salvo. Sin embargo, el comprenderla es de incalculable valor en nuestra tarea de conocer a Dios como realmente es.

La doctrina de la Trinidad no se encuentra en un sólo versículo de la Biblia; se halla en un estudio completo de toda la Biblia.

Aunque la palabra trinidad no se encuentra en la Biblia, veremos en un momento cómo se la enseña a través de la Palabra de Dios. Por cierto, la palabra "relación" tampoco está en la Biblia, pero obviamente la Palabra de Dios trata casi totalmente acerca de cómo tenemos una correcta relación con Dios y con los demás.

La figura que para San Patricio representa mejor la Trinidad es un trébol de tres hojas.

Tres hojas de una misma planta.

Algunos utilizan la figura de los tres estados del agua: sólido, líquido y gaseoso. El agua bajo presión, en un vacío y a una temperatura determinada, existe simultáneamente como hielo, gas y líquido, y aunque es indefinible, siempre será agua (H2O), en su naturaleza básica. En física, esto es lo que se denomina "los tres estados del agua".

Otros prefieren una figura mucho más simple, ¡un helado napolitano! Tres sabores que son distintos y separados, aunque todos constituyen el helado napolitano.

"Cuando comencé a estudiar la Biblia, años atrás, la doctrina de la Trinidad era uno de los problemas más complejos con los que me encontré. Nunca lo resolví por completo, porque tiene su lado misterioso. Y aunque aún no lo comprendo en su totalidad hasta este día, lo acepto como una revelación de Dios".[1] —Billy Graham.

Billy Graham nos recuerda que siempre habrá algo de misterio cuando tratamos de entender la grandeza de Dios. Usamos los ojos que Dios nos dió para leer su Palabra y así poder pensar con las mentes que ÉL diseñó y hablar con la boca que Él formó, todo acerca de la infinita Persona de Dios.

Estas figuras y declaraciones son recordatorios de la verdad de que Dios es tres personas en un solo Dios. Dios desea que comprendamos esta verdad porque quiere que lo conozcamos como en realidad es.

Cuando decimos que Dios es una trinidad, ¿Qué significa esto? ¿Qué no significa? Miremos ahora una figura de la Trinidad que los creyentes han manejado por siglos.

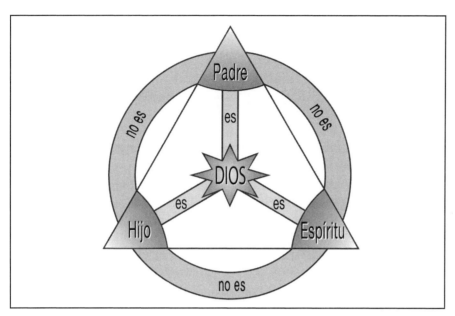

Dios es Padre, Hijo y Espíritu, pero esto no significa que de alguna forma el Padre tome el rol del Hijo o que ciertas veces se muestre como Espíritu. No es un asunto de una persona mostrándose a sí misma de tres diferentes maneras o tomando tres diferentes roles en ocasiones distintas. Dios es tres personas distintas en una sola y única naturaleza o esencia llamada Dios.

Ya sé, ya sé que quizá te sientes como dijimos al inicio; como si hubiésemos arrancado justo las últimas páginas de esa novela de misterio. Tres personas, pero un solo ser; ¿no suena esto como una contradicción? No, es un misterio, un maravilloso misterio que Dios desea que comprendamos porque Él es un Dios que desea que conozcamos las profundidades de su existencia.

Dije hace unos momentos que la Trinidad no se enseña en ningún versículo de la Biblia. ¿Cómo entonces podemos verificar la verdad de esta doctrina? Caminemos ahora a través de la clara enseñanza bíblica de un Dios trino.

Consejo práctico de enseñanza.

Al comenzar esta guía, en "¡Avívalo!", discutimos una de las claves para aplicar la doctrina a la vida práctica: "No intentar hacer de lo misterioso algo simple o de lo simple algo misterioso. Al enseñar la verdad acerca de la Trinidad tenemos una perfecta oportunidad para aplicar este principio. Por un lado, es bueno permitir a las personas recapacitar en el hecho de que Dios es una trinidad y de que esta idea está más allá de nuestro entendimiento. Por otro lado, es de ayuda ver la forma tan simple y clara en que la Biblia revela su verdad, como lo veremos en el siguiente material.

En la verdad de la Trinidad se muestra en la Biblia que...

1. Dios es <u>UNO</u>.

   "Escucha, Israel: El SEÑOR nuestro Dios es el único SEÑOR".
   —Deuteronomio 6:4 (NVI)

   "Recuerden las cosas pasadas, aquellas de antaño; yo soy Dios, y no hay ningún otro, yo soy Dios, y no hay nadie igual a mí".
   —Isaías 46:9 (NVI)

   No existe tal cosa como dos dioses, o tres, o cinco; hay un solo Dios. Esta enseñanza está en el núcleo de lo que Dios nos revela de sí mismo en el Antiguo Testamento. Aunque en el Nuevo Testamento se nos muestra aún más.

2. Padre, Hijo, y Espíritu son llamados "Dios".

   - **El Padre es Dios.**

     "Que Dios nuestro Padre y el Señor Jesucristo les concedan gracia y paz".
     —Romanos 1:7(NVI)

   - **Jesús es Dios.**

     "-¡Señor mío y Dios mío! -exclamó Tomás".
     —Juan 20:28 (NVI)

   En Juan 20, Tomás llama a Jesús Dios y Jesús no lo niega. Esta es una de las muchas partes de la Biblia que nos dice claramente que Jesús es Dios. Veremos esto más de cerca cuando estudiemos la persona de Jesús.

   "En el principio ya existía el *Verbo, y el Verbo estaba con Dios, y el Verbo era Dios".
   —Juan 1:1 (NVI)

   - **El Espíritu es Dios.**

     "Y yo le pediré al Padre, y él les dará otro *Consolador para que los acompañe siempre: el Espíritu de verdad, a quien el mundo no puede aceptar porque no lo ve ni lo conoce. Pero ustedes sí lo conocen, porque vive con ustedes y estará en ustedes".
     —Juan 14:16–17 (NVI)

     "Ananías -le reclamó Pedro-, ¿cómo es posible que Satanás haya llenado tu corazón para que le mintieras al Espíritu Santo...? ¡No has mentido a los hombres sino a Dios!"
     —Hechos 5:3–4 (NVI)

   Algunas veces cometemos el error de hablar del Espíritu Santo como si fuese "una cosa". Pero el Espíritu de Dios es una persona, tanto como el Padre y el Hijo. Jesús lo deja claro con sus palabras en Juan 14:16–17.

La persona del Espíritu Santo se iguala a Dios a través de toda la Biblia. En Hchs 5:3–4 Pedro dice que Ananías había mentido al Espíritu Santo, y unas frases más allá, menciona que eso es igual a haberle mentido a Dios. Es decir que habla del Espíritu Santo y de Dios como la misma persona.

Consejo práctico de enseñanza.

Esta es sólo una vista rápida de las verdades que demuestran que tanto Jesús como el Espíritu son Dios. En los estudios siguientes acerca de Jesús y del Espíritu Santo, daremos un vistazo más profundo a estas verdades.

3. **Padre, Hijo y Espíritu son <u>DISTINTOS</u> entre sí.**

    Jesús es diferente del Padre. (Oró al Padre en Juan 17).

    Si Jesús fuera simplemente Dios, es decir, el Padre en una versión temporal y terrestre, cuando oraba, debió de haber orado a sí mimo – ¡una imagen bastante ridícula cuando pensamos en ella! Es obvio que mientras Jesús estuvo en esta tierra, dependía totalmente del Padre que estaba en el cielo, una persona distinta de Jesús mismo. Jesús menciona al Padre como una persona diferente más de 200 veces en el Nuevo Testamento. El Padre envió a su Hijo (Juan 3:17), El Padre ama al Hijo (Juan 3:25), y el Padre conoce al Hijo y el Hijo conoce al Padre (Juan 10:15) Son claramente diferentes el uno del otro.

    El Espíritu es distinto del Padre (Juan 14:26).

    El Espíritu es enviado por el Padre; se dice que son personas diferentes el uno del otro.

    El Hijo es distinto del Espíritu (Juan 14:16–17).

    Jesús no hubiese llamado al Espíritu "otro consolador", si el Espíritu fuera tan sólo el Espíritu de Jesús viniendo a nosotros pero en forma diferente. Vez tras vez, la Biblia usa un lenguaje que demuestra que el Padre, el Hijo y el Espíritu Santo, son distintos entre sí.

La conclusión es: Dios es uno en existencia, pero existe en tres personas.

Suma éstas tres verdades y obtendrás el siguiente resultado:

Dios es uno.

+ Padre, Hijo y Espíritu Santo se llaman Dios.

+ Padre, Hijo y Espíritu son personas distintas.

= La Trinidad (un Dios en tres personas)

Cualquiera que niegue la verdad de la Trinidad, estará negando una de estas verdades. Los falsos maestros usan la emoción y el razonamiento humano para enseñar en contra de la Trinidad. Puedes contar con el hecho de que no creen una o más de estas tres verdades acerca de Dios. A menudo, no creen que el Hijo y El Espíritu son también Dios. O quizá, no creen que Dios es tres personas diferentes. Otros, no creen que hay un solo Dios. Tener un Dios tiene más sentido para ellos y escogen no creer en lo que la Biblia nos dice específicamente acerca de Dios.

Revisemos ahora algunos pasajes en la Biblia en donde podemos ver destellos de la obra de Dios como una Trinidad.

Destellos de la Trinidad.

- Dios hablando de sí mismo como "NOSOTROS" en cuatro lugares del Antiguo Testamento (Gen. 1:26; 3:22; 11:7; Isa. 6:8).

- Las tres personas involucradas en la Creación (el Espíritu-Gen. 1:2; El Padre—Heb. 1:2; el Hijo—Col. 1:15–16).

- Somos <u>BAUTIZADOS</u> en el nombre del Padre, del Hijo y del Espíritu Santo (Mateo 28:19).

- Las tres personas estuvieron en el BAUTISMO de Jesús (Marcos 1:10–11) y en el ANUNCIO DEL NACIMIENTO de Jesús' (Lucas 1:35).

- La Biblia nos dice que las tres personas tenían el poder que reposaba sobre la RESURRECCION de Jesús en Juan 2:19, Jesús dijo que Él mismo levantaría su cuerpo. En Romanos 8:11 se nos dice que el Espíritu Santo levantó a Jesús. En Hechos 3:26 se menciona que el Padre levantó de la muerte al Hijo. Esto tiene sentido sólo si comprendemos el sentido de la Trinidad. Sólo Dios puede levantar a alguno de la muerte.

- La oración de 2 Corintios 13:14: "Que la gracia del Señor Jesucristo, el amor de Dios y la comunión del Espíritu Santo sean con todos ustedes".

- Jesús prometió a sus discípulos en Juan 14:16–17: que Él mismo pediría al Padre que envíe un consolador, el Espíritu Santo.

La pregunta número 3 puede usarse aquí.

Perspectiva personal clave

¿Por qué es esto tan importante?

Hemos tomado un buen tiempo para enfocarnos en estas figuras, pruebas y destellos de la Trinidad. Tal vez te estés preguntando: ¿por qué? Si no debemos conocer la verdad acerca de la Trinidad para ser salvos ¿Por qué estudiar esto?

Teológicamente: **El comprender la verdad de la Trinidad nos previene de asumir perspectivas inadecuadas de Dios.**

Nos previene de ver a Jesús y al Espíritu como algo menos que a Dios; de ver a Jesús y al Padre como si fueran lo mismo; y de creer que son tres dioses en lugar de uno solo.

Una de las tentaciones inevitables que como humanos tenemos, es ver a Dios como menos de lo que Él es. La realidad de la Trinidad nos ayuda a resistir esta tentación.

Personalmente: **La Trinidad es un recordatorio de la majestad y misterio del Dios que se dió a sí mismo para salvarnos en la cruz**

Confías en la verdad de la Trinidad cuando:

- **Cuando buscas salvación (el espíritu convence—Juan 16:8; el sacrificio es del Hijo—Heb. 10:10; el Padre nos lo da—Juan 3:16).**

- **Siempre que ores (El Espíritu comunica –Rom 8:26; Jesús intercede—Rom. 8:34; el Padre responde—Juan 16:23–24).**

Relacionalmente: **La Trinidad nos muestra que Dios mismo en su esencia es relacional.**

Incluso antes de crearnos, existía una perfecta relación entre Dios Padre, Hijo y Espíritu. Dios no necesitaba crearnos para tener alguien con quien relacionarse, por que Él ya tenía una relación perfecta en la Trinidad. Nuestra habilidad para relacionarnos unos a otros y disfrutar nuestra relación con Dios, crece de la naturaleza relacional de Dios.

Esta persona que existe como una trinidad nos creó a ti y a mí con el propósito de que lo conozcamos y disfrutemos de una relación con Él. Este gran Dios te ama más de lo que puedes imaginar.

No dejaré que salgan de aquí pensando que la verdad de la Trinidad es un asunto simplemente de discusión teológica o argumentación bíblica. Estamos hablando de conocer las profundidades de aquel que nos ama más de lo que nadie nos puede amar. Quisiera que conocieras realmente a Dios y que profundices tu relación con Él, para lo cual debes saber que Él existe como trinidad.

Plan de sesión dividida: Si estás enseñando este estudio en más de dos sesiones, termina la primera sesión aquí.

Al contactarnos con la grandeza de Dios, nuestra constante tentación como seres humanos es minimizar aquello que no puede ser comprendido. Somos como ese escolar de 4to grado a quien sus padres le preguntan qué aprendió en la escuela dominical de la iglesia. El niño responde, "aprendimos que Moisés fue enviado por Dios para ser el general que liberaría a los israelitas del poder de los egipcios. Moisés fue a verlos y los organizó como un ejército y los guió a la frontera del Mar Rojo. Luego ordenó a sus ingenieros que construyera un paso para cruzar el Mar Rojo. Cuando toda la gente hubo pasado por el paso, los egipcios los siguieron. Pero cuando estaban justo en el medio, los israelitas volaron el paso y los egipcios se ahogaron y los israelitas pudieron escapar".

Sus padres, un poco sospechosos de su historia le dicen, " ¿es eso lo que te enseñaron en la escuela dominical?".

Y el niño responde: "Bien, no exactamente. Pero si les cuento la forma en que me la dijeron, ¡no me creerían!"

Estamos hablando acerca de ideas asombrosas o incluso abrumadoras respecto a Dios. Debes resistir la tentación de minimizarlas. Te animo a permitirte el asombro que estas causan; deléitate en el hecho de que Dios es mucho más grande de lo que somos nosotros.

Ya que estamos revisando juntos algunas grandes ideas acerca de Dios, permítanme lanzar otra controversial verdad acerca de Dios y de ti.

Dios es absolutamente <u>SOBERANO</u>

14

Dios no debe consultar con nadie o depender de alguien para tomar una decisión, y Dios no tiene que responder a nadie por las decisiones que toma. Dios es soberano.

Soberano, es una de esas palabras que no usamos mucho actualmente. La idea de ser los que estamos absolutamente a cargo, es difícil de abandonar para nosotros. No es como ser un gerente, porque el gerente sí tiene que responder y rendir cuenta a un comité y finalmente a los dueños. En Inglaterra, unos siglos atrás, la gente tuvo que comprender lo que la palabra soberano significa. El Rey o la Reina gobernaban como soberanos y no tenían que rendir cuentas a nadie. Esto es difícil de comprender para nosotros porque en América contamos con un sistema de rendición de cuentas y balance del poder político.

¿Significa esto que la soberanía de Dios nos convierte en sólo peones en el tablero de Dios? ¡Absolutamente no! De alguna manera asombrosa, Dios puede mantenerse en absoluto control y al mismo tiempo darnos la oportunidad de una elección genuina. La Biblia lo explica así, "Lo que hace a Dios soberano es que su voluntad es siempre lo que se hace al final; a veces junto con, y otras veces a pesar de nuestras libres decisiones". 2 Hablaremos acerca de nuestro libre albedrío en un estudio posterior; por ahora, enfoquémonos en la soberanía de Dios. ¿Qué queremos decir cuando afirmamos que Dios es soberano?

La soberanía no se refiere a una actitud de Dios sino a la realidad de quién es Dios. Dios no es uno que tiene una personalidad dominante; Dios es una persona absolutamente dominante. Dios no es un controlador. Él está en absoluto control de todo. Dios no necesita tomar autoridad, Dios siempre está a cargo.

Aclaremos más específicamente lo que significa soberanía:

1. **Dios es más grande que todo lo que existe en su creación: Dios es <u>TRANSCENDENTE.</u>**

   Pero, ¿habita realmente Dios en la tierra?

   "Pero ¿será posible, Dios mío, que tú habites en la tierra? Si los cielos, por altos que sean, no pueden contenerte, ¡mucho menos este templo que he construido!"

   —1 Reyes 8:27 (NVI)

   "un solo Dios y Padre de todos, que está sobre todos y por medio de todos y en todos".

   —Efesios 4:6 (NVI)

   - **Él es más grande que el tiempo (Isa. 57:15; Deut. 33:27; Salmo. 90:2).**

   - **Él es más grande que un lugar físico (Salmo. 139:7–10; Jer. 23:23; Hechos 17:24–28).**

   - **Él es mayor que las circunstancias (Santiago 1:17; 1 Sam. 15:29; Mal. 3:6).**

   El Salmo 90:2 nos dice que: "Desde antes que nacieran los montes y que crearas la tierra y el mundo, desde los tiempos antiguos y hasta los tiempos postreros, tú eres Dios".

   Toma una hoja de papel blanco y dibuja en ella un punto, el más pequeño que puedas, en el centro de la hoja. Obsérvalo por un rato.

   Dios puede mirar la historia humana tal como tú y yo ese punto. Puede verlo todo de golpe. Puede obsérvarla echando sólo un vistazo —cada momento, cada vida, cada día. Dios es trascendente.

La pregunta de discusión 4 puede usarse aquí.

Lo que esto significa es:

Nada <u>SORPRENDE</u> a Dios (Salmo 139:2–4).

El Salmo139:2 dice, "Sabes cuándo me siento y cuándo me levanto; aún a la distancia me lees el pensamiento". Dios no se sorprende por nada de lo que suceda o hacemos. Nunca escucharemos a Dios diciendo algo como, "No ví eso venir", o "casi me agarras en esa", o "GUAUU, eso sí que fue una sorpresa". Dios lo ve todo y lo sabe todo.

2. Dios nunca necesita permiso o ayuda: Él es <u>TODO SUFI-CIENTE.</u>

"ni se deja servir por manos humanas, como si necesitara de algo. Por el contrario, él es quien da a todos la vida, el aliento y todas las cosas".
—**Hechos 17:25 (NVI)**

"Respondo: ¿Quién eres tú para pedirle cuentas a Dios? «¿Acaso le dirá la olla de barro al que la modeló: "¿Por qué me hiciste así?"
—**Romanos 9:20 (NVI)**

Es muy importante recordar lo mucho que Dios nos ama; no es que Él nos necesite, nunca nos ha necesitado ni lo hará jamás. No es que necesitaba crearnos porque se sentía solo o en algún tipo de necesidad; nos creó por un puro acto de amor. No ha escogido usarnos porque ya no sabía qué hacer sin nosotros. No cometas el error de pensar que por el hecho de habernos escogido, Dios está limitado a nuestros actos o pensamientos. Dios no tiene ninguna limitación. Nos usa por su gracia.

En Ro. 9.20, cuando Pablo pregunta "¿Quién eres tú, un simple ser humano, cómo puedes criticar a Dios?" Pablo nos recuerda que Dios no necesita nuestra ayuda ni consejo. A veces, nos sentimos tentados a convertirnos en asesores de Dios. "Si sólo hubiera hecho esto, se podría haber evitado esta tragedia. Si Dios hubiera puesto otro gobierno, las cosas estarían bien". "Si yo fuera Dios, las cosas serían diferentes". ¡Estás bromeando! Piensa, en realidad no podríamos hacer el papel de Dios.

3. Dios puede hacer todo lo que quiera: Es <u>TODOPODEROSO</u>.

"Él determina el número de las estrellas y a todas ellas les pone nombre. Excelso es nuestro Señor, y grande su poder; su entendimiento es infinito".
—**Salmo 147:4–5 (NVI)**

En la Biblia se menciona que Dios es todopoderoso cincuenta y seis veces. Hablemos un momento acerca de cómo esta realidad respecto al poder de Dios cabe en nuestra vida diaria.

En nuestra época actual de agendas y planificación, se podría pensar que mantener las cosas bajo control es pan comido; incluso pensamos que con la herramienta organizacional correcta, nuestras vidas podrían estar en perfecto orden. ¿Has notado que los planes de Dios no siempre coinciden con nuestro organigrama? A veces, Dios nos sorprende. A menudo hace cosas más grandes de lo que podemos imaginar.

Claro que la planificación es valiosa, incluso nos puede ayudar a cumplir los propósitos de Dios para nuestras vidas. Sin embargo, hay cuatro palabras que nunca deberíamos olvidar. Estas cuatro palabras deberían estar al comenzar cada página de nuestra agenda, deberían saltar de la pantalla de nuestra computadora cada vez que abrimos nuestros calendarios. ¿Cuáles son éstas palabras? "Dios esta en control". Cuando reconocemos la soberanía de Dios en todos los aspectos de nuestra planificación diaria, sólo entonces, cosas maravillosas comienzan a suceder.

Las distracciones hacen que perdamos dirección. Una situación imposible puede convertirse en una oportunidad para la fe. A veces, el sentimiento de que nuestro mundo se esta cayendo en pedazos, nos puede llevar a la convicción de que Dios está trabajando aún en los peores momentos.

Una palabra fresca

Por sólo un momento, pensemos nuevamente en las palabras que hemos usado para describir a Dios. Estas palabras son a menudo mal entendidas. Nos han llevado a conceptos de que Dios es un Dios impersonal.

Esto, no debería ser una sorpresa tomando en cuenta que una de las metas de Satanás es torcer y degradar el nombre y la persona de Dios con el fin de disminuir el impacto de la palabra de Dios en el mundo y en nuestras vidas. Satanás es la cabeza de una campaña de difamación en contra de Dios y su carácter. Esta es la verdad acerca de algunas de las palabras que comúnmente usamos para describir a Dios.

"Santo", no significa que Dios sea quisquilloso o este buscando juzgarnos. Ser santo significa literalmente estar separado y ser distinto. Ser santo significa que Dios tiene una integridad perfecta. En realidad, Dios es el único ser en el universo que tiene una integridad perfecta.

"Eterno", no significa que Dios esté tan viejo o pasado de moda como para no entendernos. Dios siempre ha existido. No esta sujeto al tiempo y puede ver la historia completa, todo al mismo tiempo.

"Trascendente", no significa que Dios no pueda comprender nuestras necesidades y heridas. Tampoco quiere decir, como insinúa una canción, que nos observa distante. El hecho es que Dios, aunque está sobre y más allá de su creación, no está fuera de ella.

> **Dios es trascendente (sobre y más allá de su creación) También es inmanente (dentro de su creación).**
>
> **"Todopoderoso" no significa que Dios hace lo que quiere sin considerar el impacto sobre nosotros. Dios usa su poder para crear y amar su creación.**
>
> **Omnisciente. No significa que Dios es un tipo de Gran Jefe Cósmico que observa y juzga a todos pero nunca se preocupa en realidad por nosotros. Sabemos que como seres humanos, somos incapaces de ver todo el dolor que hay en el mundo sin que de alguna manera nos volvamos indiferentes a todo eso. Pero Dios no es así. Él puede ver todo lo que sucede y aún así preocuparse profundamente de todo lo que sucede.**

Mientras nos preparamos a examinar la tercera verdad de la persona de Dios, permítanme compartir una imagen de cómo me siento al ver esta verdad. Para mí, es como estar en medio de los Himalayas tratando de entender toda esa absoluta grandeza que está enfrente de uno. Simplemente nos quita el aliento, parece tan grande que sentimos que queremos tenerlo todo. Estas verdades acerca de Dios son como eso para mí. Quitan el aliento…. inspiran. Estamos hablando de la grandeza de Dios, de un Dios que es capaz de hacer esas montañas. ¡Señor, nos quita el aliento observar tu grandeza!

Miremos juntos la tercera verdad acerca de la persona de Dios —un tercer pico. Ya hemos tocado (y realmente solo tocado) dos maravillosas verdades acerca de la soberanía y la Trinidad; ahora abordemos la moralidad de Dios.

Dios es <u>PERFECTAMENTE</u> <u>MORAL</u>

Digamos esto juntos:

"Dios es bueno todo el tiempo".

"Siempre, Dios es bueno."

¿Cómo entender el significado de lo que para Dios significa ser bueno, verdaderamente bueno, más maravillosamente bueno de lo que podamos imaginar? Mi temor es que cuando decimos que "Dios es moral", la idea que nos viene a la mente es la de un boy scout celestial que ayuda a las damas a cruzar la calle. Claro que no hay nada de malo con el ayudar a otros, pero la bondad de Dios es mucho más que eso, y además, mucho más grande.

Es una vieja costumbre de los seres humanos el permitir que los pensamientos actuales de la moralidad determinen nuestras ideas acerca de la moralidad de Dios. No hay mejor ejemplo de esta verdad que los dioses griegos que se adoraban en tiempos de Jesús. Ellos eran tan celosos, enojones y egoístas como cualquiera de nosotros, sólo que tenían un poco más de poder. Sería bueno poder decir que esto pasó de moda junto con la toga griega, pero lamentablemente aún está en boga ahora.

La tendencia de los seres humanos es meter a Dios en nuestro molde. Los griegos, por ejemplo, pensaban que sus dioses eran griegos y celosos. Un americano del siglo 21, piensa en Dios como alguien que no considera como pecados, ciertas conductas que están atentando contra nuestras familias.

Dios nos hizo a su imagen. Y cuanto más miramos lo que Dios revela de sí mimo en su Palabra, más Él transforma nuestro carácter a su imagen.

Revisa lo que eres y en quién quiere Dios que nos convirtamos

Consejo práctico de enseñanza.

La diferencia entre un buen estudio y un gran estudio es la forma en la que se termina. Puedes leer la siguiente lista de los atributos de la moralidad de Dios y todo será cierto y lleno de sentido. Pero si tomas unos minutos para preparar tu corazón para guiar a aquellos que enseñas hacia un tiempo de compromiso personal y práctico, esto transformará dramáticamente la forma en que finalizará tu estudio y llevará a las personas hacia la meta última de enseñar la Palabra de Dios: lograr una diferencia genuina en la forma en que vivimos.

- **Él actúa en <u>SANTIDAD</u> (Lev. 11:44; Isa. 6:1–3).**

Permítanme leer para ustedes Isaías 6:1–3.

"El año de la muerte del rey Uzías, vi al Señor excelso y sublime, sentado en un trono; las orlas de su manto llenaban el templo. Por encima de él había serafines, cada uno de los cuales tenía seis alas: con dos de ellas se cubrían el rostro, con dos se cubrían los pies, y con dos volaban. Y se decían el uno al otro:

> *Santo, santo, santo es el SEÑOR
> *Todopoderoso; toda la tierra está llena de su gloria".
> —Isaías 6:1–3 (NVI)

¡Dios es Santo!

Tal como lo hicimos al finalizar el último estudio, tomemos la oportunidad para enfocarnos en el impacto que la persona de Dios tendrá sobre nuestras vidas. Tu vida puede parecerte rutinaria y ordinaria en varias ocasiones. Pero no es así. ¡Absolutamente no! Tú y yo vivimos en la presencia de un Dios Santo, acerca del que Isaías escribió. Lo más emocionante de la experiencia de la vida de este profeta fue su encuentro con la presencia de Dios en el Templo. Como creyente, eres ahora un templo viviente; y ¡Dios vive dentro de ti! Esto cambiará radicalmente la forma en la que vemos la llamada rutina de la vida. Permítanme preguntar: ¿estás dispuesto a cambiar la forma en la que ves tu vida, en el tiempo que va desde ésta sesión hasta la próxima, incluso aquellos momentos que parecen más ordinarios e insignificantes? Te invito a que te digas a ti mismo en el medio de la niebla de la rutina: "Estoy viviendo en la presencia de un Dios santísimo". Observa como esta afirmación cambia la manera en la que lavas tus platos, conduces, o podas el césped.

- **Se relaciona en <u>COMPASIÓN</u> (Éxodo 34:6; Lamentaciones. 3:22; Santiago 5:11).**

En Santiago 5:11 se nos recuerda que la motivación para poner todas nuestras preocupaciones en Dios, es el hecho de que Él se preocupa por nosotros. ¿Crees que Dios se preocupa en realidad por lo que estás pasando en este preciso momento? ¡Pues lo hace! Toma un momento para sentir su compasión por lo que estás enfrentando y confiar los asuntos que te están causando preocupación y estrés en sus manos.

- **Dios es <u>FIEL</u> y digno de nuestra confianza (Salmo. 36:5; Heb. 10:23).**

El Salmo 36:5 nos dice, "Tu amor, SEÑOR, llega hasta los cielos; tu fidelidad alcanza las nubes." Hebreos 10:23 nos recuerda, "porque fiel es el que hizo la promesa.." Otras personas te han decepcionado, pero Dios ¡nunca lo hará! Ésta, bien puede ser la verdad que te guíe durante la siguiente semana.

- **Su <u>BONDAD</u> no tiene igual (Salmo. 34:8; 2 Pedro 1:3).**

Amo el Salmo 4:8: "Prueben y vean que el SEÑOR es bueno; *dichosos los que en él se refugian.."

Dios desea hacer cosas maravillosas en tu vida, más de lo que puedes imaginar. Aún en medio de las dificultades y pruebas que enfrentaremos en este mundo. Dios desea hacer cosas buenas en tu vida. Mira todo lo bueno que ha hecho Dios en esta semana; ¡te aseguro que son muchas cosas!

- **Su <u>JUSTICIA</u> es imparcial y correcta (Isaías. 30:18; Lucas 18:7–8).**

Cuando parece que otras personas están obteniendo cosas que tú no, o que otros están recibiendo bendiciones inmerecidas, no te dejes arrastrar por el síndrome del "pobre de mí". Dios es siempre imparcial y justo. Al final, su justicia eterna prevalecerá. Una de las cosas más saludables que puedes hacer durante esta semana es recordarte cada día esta verdad.

- **Dios reacciona al pecado con <u>IRA</u> (Gen. 6:5–8; Rom. 2:5–9; 1 Tes. 2:16).**

Dios odia el pecado. Algunas veces decidimos ignorar esta parte del carácter de Dios y aún más a menudo la malentendemos. Algunas personas ven la ira de Dios contra el pecado como un asunto temperamental, como si Dios estuviera de mal humor ese día. En Génesis 6:5–8 se nos muestra que Dios se hiere y se lamenta cuando ve el pecado. Romanos 2:5-9 se nos recuerda que Dios no está soportando tranquilamente el pecado y lo deja allí dañando a otros para siempre y lastimando la historia; Dios juzga el pecado con ira. Claro que a Dios le enfurece el pecado: porque ve claramente que no hay uno solo de nosotros que pueda solucionar lo que el pecado le hace a todos los que sufren, a los niños, a los matrimonios, a nuestro potencial, y a nuestras relaciones, especialmente la que tenemos con Él. Dios ve cómo el pecado nos separa de su presencia – a algunos por la eternidad-. Dios no es un gruñón en el Antiguo Testamento y un súper amoroso en el Nuevo Testamento. Es precisamente el carácter de Dios lo que lo lleva a juzgar duramente en el Antiguo Testamento y a enviar a su Hijo en el Nuevo como paga por nuestro pecado.

- **Dios es <u>AMOR</u> (1 Juan 4:7–11; Juan 3:16).**

La expresión más grande del amor de Dios por cada uno de nosotros es el sacrificio que hizo por nosotros: "Nos dio a su único Hijo" ¿Por quién necesitas sacrificarte, aún cuando sea un sacrificio aparentemente pequeño?

Perspectiva personal clave.

La Biblia habla a menudo acerca de la naturaleza de Dios en términos de un reto personal para nosotros. Fuimos creados a su imagen (Gen. 1:27). Lo que Dios es en términos de carácter es lo que nosotros deberíamos llegar a ser. Algunos de los atributos de Dios son sólo de Él, tales como su omnipotencia o su eternidad, pero estamos para reflejar a Dios en nuestras vidas. ¿Cómo puede suceder esto? Aquí se aplica una simple verdad de la naturaleza humana: nosotros llegamos a parecernos a aquellas personas con las que pasamos la mayor parte de nuestro tiempo. Si paso tiempo con Dios, inevitablemente me volveré como Él.

¡Su persona da poder a mi carácter!

Si paso el tiempo con personas criticonas, me volveré criticón. Si paso tiempo con personas que están buscando la cima a cualquier costo, comenzaré a buscar la cima a cualquier costo. ¿Adivina qué? ¡Mientras más tiempo paso con Dios, más actuaré como Él! El problema es que algunos de nosotros pasamos más tiempo viendo nuestro programa favorito de TV y sus personalidades, que con Dios ¡Esto me asusta!

¡La idea de ser como Dios siempre parecerá más allá de nuestras posibilidades! ¿Cómo puedo ser santo? ¿Cómo poder amar a otros como lo hace Dios? Permítanme recordarles que no es la fuerza de su voluntad o la cantidad de esfuerzos lo que hace la diferencia. Es nuestra dependencia de Dios, quien tiene estas cualidades, lo que nos permite compartirlas con otros. Antes de salir, toma un momento para poner un círculo en la lista de cualidades que acabamos de ver, cualidades en las que esperas crecer en esta semana. Tal vez quieras ser más santo o más paciente, tal vez quieras tener más amor —pon un círculo en tus notas. Si has puesto un círculo en "ira", ¡Realmente me preocupas! Una broma, pero la realidad es que algunos de nosotros deberíamos tener más ira contra el pecado en nuestras vidas. Si tan sólo pudiéramos ver al pecado como Dios lo ve, entonces cambiaríamos.

¿Cómo suceden estas cosas? ¿Cómo es que esta cualidad que pusiste en un círculo comienza a aparecer en nuestras vidas? Sólo con la simple elección de pasar tiempo con Dios.

Las preguntas de discusión 5 y 6 se pueden usar ahora.

Termina memorizando la tarjeta para memorizar No. 2, "La verdad acerca de Dios". Si inviertes algo de tiempo cada semana memorizando estas verdades, incrementarás tu habilidad para aplicarlas en tu vida diaria. Además podrás compartirlas más claramente con otras personas.

Apéndice

Teología de la Trinidad

Introducción	La palabra *Trinidad* no se usa en la Biblia, así como la doctrina del trinitarismo jamás se ha enseñado explícitamente en las escrituras, sin embargo, el trinitarismo es la mejor explicación (explicación detallada) de la evidencia bíblica. Es una doctrina fundamental del cristianismo porque se enfoca en lo que Dios es y particularmente apunta a la deidad de Jesucristo. Dado que el trinitarismo no se enseña específicamente en las escrituras, el estudio de la doctrina es un ejercicio para lograr juntar temas bíblicos y datos a través de un estudio teológico sistemático que mira el desarrollo histórico de la presente visión ortodoxa de lo que es la presentación bíblica de la Trinidad.	
Elementos		
Esenciales de la Trinidad	Dios es uno. Cada persona de la trinidad es una Deidad. La unidad y la trinidad de Dios no son contradictorias. La trinidad (Padre, Hijo y Espíritu Santo) es eterna. Cada persona de Dios tiene la misma esencia y no es ni superior ni inferior a las otras en esencia. La trinidad es un misterio que jamás llegaremos a comprender totalmente.	

Enseñanza Bíblica	**Antiguo Testamento**	**Nuevo Testamento**
Dios es uno	«Escuha Israel: El Señor tu Dios uno es» (Dt. 6:4).	«Por tanto, el Rey eterno, inmortal, invisible, al único Dios, sea honor y gloria por los siglos de los siglos. Amén». (1 Tim. 1:17; cf. 1 Cor. 8:4–6; 1 Tim. 2:5–6; Stg. 2:19).
Tres distintas	El Padre: "Yo proclamaré el decreto del Señor: «Tú eres mi hijo», me ha dicho; «hoy mismo te he engrendado» (Sal. 2:7).	«...a los elegidos, según la previsión de Dios el Padre...» (1 Pe 1:2; cf. Jn. 1:17; 1 Co. 8:6; Fil. 2:11).
Personas como	El Hijo: Yo proclamaré el decreto del Señor: «Tú eres mi hijo», me ha dicho; «hoy mismo te he engrendado». (Sal. 2:7; cf. Heb. 1:1–13; Sal. 68:18; Is. 6:1-3; 9:6).	«Tan pronto como Jesús fue bautizado, subió del agua. En ese momento se abrió el cielo y él vio al Espíritu de Dios bajar como una paloma y posarse sobre él. Y una voz del cielo decía; Éste es mi Hijo amado; estoy muy complacido con él.» (Mt. 3:16–17).
Deidad	El Espíritu Santo: Dios, en el principio, creó los cielos y la tierra. La tierra era un caos total, las tinieblas cubrían el abismo y el Espíritu [1} de Dios iba y venía sobre la superficie de las aguas." (Gen. 1:1–2; cf. Ex. 31:3; Jue. 15:14; Isa. 11:2).	«Ananías -le reclamó Pedro- ¿cómo es posible, que Satanás haya llenado tu corazón para que le mintieras al Espíritu... ¡No has mentido a los hombres, sino a Dios! (Hch. 5:3; cf. 2 Cor. 3:17).
Pluralidad de las personas de la Trinidad	El uso de los pronombres personales apunta a, o por lo menos sugiere, la pruralidad de personas dentro de la Trinidad en el Antiguo Testamento. "Luego dijo Djios, «Hagamos al hombre, a nuestra imagen, a nuestra semenjanza...» (Gen. 1:26).	El uso de la palabra en singular "nombre" cuando se refiere a Dios Padre, Hijo y Espíritu, indica unidad dentro de la Trinidad de Dios. «Por tanto, vayan y hagan discípulos de todas las, naciones, bautizándolos en el nombre del Padre y del Hijo y del Espíritu Santo» (Mt. 28:19).

cont. Apéndice

	Atributo	Padre	Hijo	Espíritu Santo
Personas de la misma esencia: Atributos aplicados a cada persona	Eternidad	Sal. 90:2	Jn 1:2; Ap. 1:8, 17	Heb. 9:14
	Poder	1 Pe.1:5	2 Cor. 12:9	Rom. 15:19
	Omnisciencia	Jer. 17:10	Ap. 2:23	1 Co. 2:11
	Omnipresencia	Jer. 23:24	Mt. 18:20	Sal. 139:7
	Santidad	Ap. 15:4	Hch. 3:14	Hch. 1:8
	Verdad	Jn 7:28	Ap. 3:7	1 Jn 5:6
	Benevolencia	Rom. 2:4	Efe. 5:25	Neh. 9:20
Igualdad con diferentes: Actividades Involucradas	Creación del mundo	Sal. 102:25	Col. 1:16	Job 33:4
	Creación del hombre	Gen. 2:7	Col. 1:16	Gen. 1:2; Job 26:13
	Bautismo de Cristo	Mat. 3:17	Mt. 3:16–17	Mt. 3:16
	Muerte de Cristo	Heb. 9:14	Heb. 9:14	Heb. 9:14

Recurso: Tomado de *Charts of Christian Theology and Doctrine* por H. Wayne House. Copyright © 1992 por H. Wayne House. Usado con permiso por Zondervan.

Preguntas de discusión

1. ¿Has estado pensando más en Dios como tu Padre en esta semana? Comparte lugares y circunstancias que te hayan recordado que Dios es tu Padre.

2. Comparte lo que has experimentado en los siguientes cuatro ejercicios de adoración del último estudio, mencionados a continuación.

• Luego de leer los pasajes de la Escritura en los que Dios habla acerca de su propia realidad ¿Qué verdades te impactaron?

• Tomando el tiempo para concentrarte en el poder y control de Dios, recuerda algunas de las cosas significativas que Dios ha hecho en tu vida, ¿Qué es lo que recuerdas?

• ¿Qué escribiste acerca de cómo se puede ver la mano de Dios en la historia humana?

• Comparte con el grupo tus experiencias al tomar el tiempo para considerar la belleza y creatividad de Dios, pensando u observando más de cerca su creación.

3. Es fácil reaccionar a la enseñanza acerca de la Trinidad con un sentimiento de, "A quién le importa eso…si sé que Jesús me ama." ¿Cómo te ha ayudado este estudio a comprender que la verdad acerca de la trinidad es importante?

- ¿Qué falsas enseñanzas acerca de Dios combate la enseñanza de la Trinidad?

- ¿Cómo puede (o podría) ayudarte esta verdad de forma personal?

4. ¿Cómo puede ayudarte a tratar con una situación específica que estés enfrentando ahora mismo, la verdad de que Dios es más que tiempo, espacio o circunstancias?

Líderes de Grupos Pequeños: Oren para tener una verdadera comprensión de que "Dios es mayor que cualquier cosa que podamos enfrentar", durante esta parte de la discusión.

5. Al llegar al final de nuestra revisión de la persona de Dios,

- ¿Qué cosa nueva aprendiste de Dios?

- ¿Qué cosa de las que aprendiste te hace sentir a Dios un poco más cerca, un poco menos distante?

- ¿Qué de lo aprendido acerca de Dios te hizo reír y te ayudó a disfrutarlo un poco más?

- ¿Qué de lo que aprendiste te hizo sentir más amado por Dios?

- ¿Qué de lo que aprendiste de Dios te ayudó a comprender su grandeza de una manera más clara?

- ¿Qué de lo que aprendiste de Dios, aumentó tu deseo de dedicar tu vida a Él?

- ¿Qué de lo aprendido incrementó tu sentido de seguridad en el diario vivir?

Líderes de Grupos Pequeños: No sientas que tienes que usar todas las preguntas anteriores. Sólo úsalas como ideas para ayudar a las personas a conversar acerca de lo que aprendieron y experimentaron en este estudio.

6. Las formas en que Dios actúa con nosotros son una guía obvia para que conozcamos la forma en que Dios desea que actuemos con los demás. Si no podemos tener muchas de las características de Dios (nadie de nosotros es todopoderoso o perfecto), todos podemos desarrollar más del carácter de Dios (compasión, amor, bondad, perdón) y desplegar estas virtudes al mundo que está alrededor de nosotros.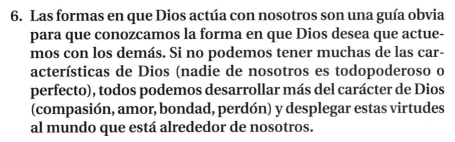

Dios desea que su carácter sea demostrado al mundo. Una de las formas en las que expresamos nuestra fe como creyentes es orando para que ese carácter sea revelado a través de nosotros en este mundo. Usa las siguientes preguntas para desarrollar una lista de oración que será parte de tu "lista grupal de oración" Una de las cosas más emocionantes que pueden experimentar como grupo es la forma en que Dios puede responder muchas de sus oraciones incluidas en esta lista.

- ¿En que cosas te gustaría que la gente reconociera la compasión de Dios en tu vida?

- ¿Quién esperas que se involucre en adquirir la sabiduría de Dios?

- ¿Con quién o en qué esperas que Dios te de más paciencia?

- ¿Qué relación quisieras que Dios arregle?

(Sean específicos con sus peticiones de oración. Si tu preocupación es por tu hermana, no digas "mi familia". Permite al grupo entrar en los detalles de aquello por lo que quisieras que oren.)

Líderes de Grupos: No vean esto como una lista de deseos. Mírenlo como una lista de oración, ayuden al grupo a observar que cuando nuestras peticiones de oración se basan en lo que Dios quiere hacer en nuestras vidas, estas oraciones son mucho más poderosas.

Para profundizar en el estudio

Elwell, Walter, ed. *Análisis Tópico de la Biblia.* Grand Rapids, Mich.: Baker, 1991.

Little, Paul. *Conoce lo que crees.* Wheaton, Ill.: Victor, 1987.

Packer, J. I. *Conociendo a Dios.* Downers Grove, Ill.: InterVarsity Press, 1973.

Rhodes, Ron. *El corazón del cristianismo.* Eugene, Ore.: Harvest House, 1996.

Sproul, R. C. *El carácter de Dios.* Ann Arbor: Vine, 1982.

Tozer, A. W. *La Búsqueda de Dios.* Camp Hill, Penn.: Christian Publications, 1982.

Zacharias, Ravi. *¿Puede el hombre vivir sin Dios?* Nashville: Word, 1994.

Jesús
1a Parte

Metas transformadoras.

- **Capacitarte para que llegues a conocer a tu mejor amigo, Jesucristo, mejor de lo que nunca lo has hecho.**

- **Animarte para que vivas basado en la verdad de que Jesús es tu mejor amigo, de una manera específica.**

Sumario de puntos principales de la enseñanza

¿Por qué es esto importante?

Los nombres de Jesús

Los detalles de la vida de Jesús

   ¿Qué hizo Jesús antes de nacer?

   La vida de Jesús en la tierra
El Cristo que existe por la eternidad

Este estudio trata sobre una relación. Mientras hablamos juntos acerca de Jesús, no quisiera que veamos este estudio como una revisión de la vida de alguien que vivió dos mil años atrás. Cualquier estudio doctrinal de Jesús, es sobre todo, un estudio para construir una relación. Cuando observamos lo que la Biblia dice de la persona de Cristo, tenemos en mente que lo hacemos como personas que han escogido tener una relación de por vida con Jesús.

La pregunta de discusión nº 1 puede usarse aquí.

Dado que este es un estudio acerca de una relación, permítame decirle cómo comenzó mi propia relación con Jesús. Yo (Tom Holladay) crecí toda mi vida escuchando e incluso estudiando a Jesús en la escuela dominical en la iglesia. A través de los años, desarrollé una idea de lo que significaba ser un cristiano. Para mí, ser cristiano significaba ir a la iglesia, tratar de ser una buena persona y creer que Jesús vivió, murió y resucitó dos mil años atrás. Sin embargo, al crecer comencé a sospechar que había algo de malo con mi definición de cristianismo. Cuando escuchaba a mis amigos acerca de sus creencias en Jesús, puedo decir que lo que ellos experimentaban era más personal y gozoso de lo que era para mí el ser cristiano. Pero era demasiado orgulloso para admitir que ellos sabían algo que yo desconocía y que tenían algo de lo que yo carecía. Así que no les pregunté por qué su experiencia era tan distinta de la mía. ¡Craso error! Mi orgullo me hizo esperar mucho más de lo necesario para comprender esa verdad.

Una noche, al fin, el mensaje me llegó. En una reunión en la iglesia, escuché a alguien explicar lo que quizá escuché miles de veces antes, pero esta vez, el mensaje se encarnó. El orador dijo que el cristianismo no es sólo asistir a la iglesia o tratar de ser bueno o incluso creer que Jesús caminó por esta tierra. El orador habló sobre una relación personal con Jesús, una relación que comienza cuando confío en Jesús para que perdone mi pecado y dirija mi vida. Oré esa noche expresando esta nueva creencia, y una vida nueva y una relación con Jesús comenzaron desde entonces. Una de las cosas que cambiaron inmediatamente para mí fue la idea de que tenía un verdadero propósito para mi vida, el propósito que estuve buscando toda mi vida. Finalmente había comenzado una relación con Jesucristo, relación que estaría construyendo por el resto de mi vida e incluso durante la eternidad.

Consejo práctico de enseñanza

Toma algo de tiempo para contar tu propia historia acerca de cuando conociste a Jesucristo. Una buena forma de hacerlo es usar el bosquejo que usó Pablo cuando dio su testimonio en el libro de los Hechos.

Mi vida antes de venir a Cristo.

Cómo conocí a Jesucristo.

Mi vida desde que lo conozco.

Asegúrate de tomar el tiempo para enfocarte en la relación que comenzaste con Jesús desde que te convertiste en un creyente; esta parte de tu historia concuerda con la idea de construir una amistad de por vida con Jesús, quien es el centro de este estudio.

A lo largo de este estudio, querrás hablar acerca de cómo continúas conociéndolo más. Haz esta parte lo más personal que sea posible. Recuerda que una de las claves para lograr que la doctrina llegue a la vida es "hacerla personal".

El objetivo de este estudio es simple: conocer mejor a Jesús. Quisiera que conozcas a tu mejor amigo, Jesucristo. La enseñanza se centra alrededor de conocer a Jesús de la misma manera en la que conocerías a cualquier otra persona. Primero conociendo sus

nombres, luego comprendiendo la historia de su vida y luego apreciando y disfrutando su personalidad.

¿Por qué es esto importante?

¿Por qué es esto importante? ¿Por qué vale la pena dedicar tiempo a conocer más acerca de Jesucristo? Aquí tienes dos razones:

1. Conocer a Jesús es una PRIORIDAD para toda la vida.

Filipenses 3:8 nos aclara esta verdad cuando dice, "Es más, todo lo considero pérdida por razón del incomparable valor de conocer a Cristo Jesús, mi Señor. Por él lo he perdido todo, y lo tengo por estiércol, a fin de ganar a Cristo" ¡Todo lo demás! Podríamos poner una lista de todo lo que poseemos en un gran libro y escribir una leyenda atravesando la hoja, que diga: "Sin valor". Todo pierde su valor, comparado con el incalculable valor de conocer a Cristo. Ese auto que conduces, esa casa en la que vives, aún las relaciones que tienes con tu familia y amigos, no se pueden comparar jamás al valor de la gracia, perdón, y la vida eterna que te son dados en tu relación con Cristo.

Una vez al año, la casa de subastas Christie en Nueva York, ofrece una tasación gratuita. Todas las personas traen sus artículos, los que guardaban atrás de su ropero o en una esquina de su ático, esperando descubrir la posesión de un tesoro escondido bajo su propio techo. A menudo, estos items son de poco valor, pero de vez en cuando…aún recordamos a la dama que trajo un rubí respecto del cual un joyero le había comentado que era una joya de colección. De acuerdo a Kathleen Guzman, presidenta de la casa de subastas, la pieza tenía un valor muy alto: "Confirmamos que esta joya fue hecha en 1904 por Tiffany & Co. y que aún tenía el bosquejo original de la pieza. Y consecuentemente, la pieza se subastó a esa empresa por $385,000. Pero esta dama, había guardado esta joya en la parte de atrás de su ropero, en un alhajero que le había regalado su abuela, y siempre estuvo convencida de que era una simple imitación". [1] Mantuvo una pieza de joyería de gran valor en un simple alhajero. Cuando escuché esta historia pensé, "Señor, ayúdame siempre a tratar mi relación contigo como algo invalorable y no como algo común. Quisiera poner en la caja adecuada, en una que diga 'cosas que no tienen precio', el hecho de que te puedo conocer".

2. El conocer a Jesús es el <u>RETO</u> continuo de todo creyente

Lean este versículo conmigo:

"Por medio del conocimiento que tienen de Dios y de Jesús nuestro Señor. Su divino poder, al darnos el conocimiento de aquel que nos llamó por su propia gloria y potencia, nos ha concedido todas las cosas que necesitamos para vivir como Dios manda".

—2 Pedro 1:2,3 (NVI)

Consejo práctico de enseñanza.

Como ya mencionamos, tu meta como maestro es establecer una conexión con las personas a las que hablas. Una manera de lograrlo es
compartiendo una historia personal, tal como ya lo has hecho con tu testimonio. Otra forma, discutida previamente, es haciendo preguntas que
ayuden a las personas a meterse en lo que les estás diciendo, preguntas que les ayuden a pensar en cómo lo que tú les dices se aplica a sus
vidas. Mientras enseñas los siguientes puntos, nota que pedirás a todos,
que piensen en el nombre de una persona que conozcan en cada uno de
los tres niveles relacionales. ¿A quién conocen sólo por el nombre? ¿De
quién conocen alguna historia de su vida aunque aún no sea su amigo?
¿A quién consideran sus amigos?

El conocer a Jesús es como cualquier otra relación; se debe desarrollar.
Mientras más desarrollamos nuestra relación con Cristo, más la valo-
raremos. Toma un momento para pensar en cómo se desarrollan nuestras relaciones. Supongamos que conoces alguien nuevo en la oficina o
en una clase. Quizá no lo sepas, pero esta persona podría convertirse
en tu mejor amigo (a). Obviamente que no es tu mejor amigo el día que
lo conoces. Primero aprendes su nombre. ¿A cuántas personas conoces
a este nivel – solo por su nombre? Pocos días o semanas después,
puedes aprender algunos detalles como cuántos hijos tiene o donde creció. Probablemente conoces a muchas personas a este nivel. ¿Qué nombres te vienen a la mente? Cuando una relación se desarrolla,
comenzamos a disfrutar y apreciar a la otra persona–por su personalidad, intereses y su corazón. ¿A quién cuentas como amigo?

¿Qué tiene que ver la forma en que nos relacionamos con la gente con
nuestro estudio de la persona de Jesucristo? ¡Pues TODO! ¿Será que
Jesús es alguien al que sólo conoces por su nombre? ¿Lo conoces sólo
como un personaje histórico? ¿O lo puedes contar como uno de tus
amigos?

Al estudiar a Jesús, estás aprendiendo acerca de alguien que desea ser
tu mejor amigo. A cualquier persona que piense que la doctrina es puro
conocimiento mental, yo le diría que no hay nada más relacional que un
estudio de la verdad acerca de Jesús. La meta de este estudio no
es solamente lograr que las personas estén mejor informadas sobre
Jesús, sino desarrollar una relación más profunda con Él. Mientras más
conozcas de Jesús, más real será para ti el profundo amor que te tiene
y la habilidad maravillosa de retribuir ese amor. Podemos aprender de
Jesús simplemente estudiando sus nombres.

Los nombres de Jesús

Una de las primeras formas en las que conocemos a otra persona es aprendiendo su nombre. Esto no es una tarea simple cuando hablamos de Jesús. El "Análisis Tópico de la Biblia" de Elwells, lista 184 diferentes nombres para Cristo en la Biblia.[2]

El predicador Billy Sunday contó aún más y dijo, "Hay doscientos cincuenta y seis nombres dados en la Biblia para el Señor Jesucristo, supongo que esto se da porque Jesús está infinitamente por encima de lo que cualquier nombre puede expresar". [3]

Podríamos hacer un estudio de toda la vida estudiando los nombres de Jesús.

Recuerda, siempre un nombre nos ayuda a identificar a alguien. Los nombres de Jesucristo, igualmente nos ayudan a identificar quién es Él.

Una palabra fresca

El nombre de una persona.

En la Biblia, los nombres tienen más significado que el que tienen hoy en día. Un nombre era el indicador de tres características de una persona:

1. Su propósito, 2. Su posición, y 3. Su promesa

Si a un pequeño niño se le daba un nombre que significaba "fuerte en batalla", su nombre señalaba su razón de vivir, su posición en la sociedad, y su promesa futura.

¡Ahora puedes entender por qué Jesús tiene tantos nombres! Su vida estaba llena de propósito, tenía una posición superior a los demás, y la promesa de su venida nos impacta aún el día de hoy.

Cuando observamos brevemente los nombres de Jesús, escuchemos cómo éstos expresan su propósito y posición, y su promesa en nuestras vidas.

• **El ángel dijo a María: Jesús (Lucas 1:31).**

Jesús significa "salvación de Dios."

El ángel le dijo a María, en Lucas 1:31, que le pusiera por nombre "Jesús". El nombre Jesús (Joshua en la lengua Aramea, que es la que hablaban) significa "salvación de Dios". ¿Qué otro nombre podría identificar más claramente el propósito de Jesús y el propósito de su vida?

No conozco a nadie que haya escrito con más pasión acerca de Jesús que Max Lucado. Escucha sus palabras acerca del nombre "Jesús".

Jesús.

"En los evangelios, éste es el nombre más común—usado casi seiscientas veces. Y era un nombre común... Si Jesús viniera ahora, su nombre podría haber sido Juan, Roberto o Santiago. Si Él estuviera aquí ahora, es dudoso que se hubiera hecho llamar con un nombre santo como Reverendo, Santo o Angélica Divinidad III. No, cuando Dios escogió el nombre que llevaría su Hijo, escogió un nombre humano. Escogió un nombre tan típico que hasta aparecería dos o tres veces en una lista de clase. "El Verbo se hizo carne", Juan dijo, en otras palabras. Él estaba al alcance, se lo podía tocar... "Sólo llámenme Jesús," casi se puede escuchar".4

- **Los ángeles dijeron a los pastores (Lucas 2:11):**

Cuando los ángeles aparecieron a los pastores, anunciaron que "un salvador," que era "Cristo el Señor," había nacido en Belén.

- **Salvador: mostrando el PROPÓSITO de Jesús.**

  Vino para salvar al mundo, para salvarnos a cada uno de nosotros de una vida de separación de Dios, tanto en esta vida como para la eternidad.

- **Cristo: mostrando la PROMESA de Jesús.**

  Recuerda, ¡Cristo no es el apellido de Jesús! ¡No era "Jesús Cristo, hijo de María Cristo y José Cristo". Cristo es el equivalente en griego de la palabra en hebreo Mesías, que significa: "el prometido de Dios". Muchos se llamaban Jesús en ese tiempo pero sólo había un Jesucristo.

- **Señor: Mostrando la POSICION de Jesús.**

  Aún desde su nacimiento, Jesús fue reconocido como el Señor del universo que en realidad es.

  Piénsalo: ¡para ti y para mí como creyentes, Jesús es ambas cosas, nuestro amigo y nuestro Señor! No es lo más común que las personas puedan tener una relación cercana con alguien que consideren su Señor. Tendemos a mantener distancia de aquellos que tienen tal poder sobre nuestras vidas. Conozco creyentes que se sienten tan emocionados por la cercanía que pueden tener con Jesús, que no toman su señorío seriamente. Son del tipo que busca la opinión de Jesús en lugar de su dirección. Otros creyentes tienen un sentido muy fuerte del poder de Jesús en sus vidas como Señor, pero se sienten muy distantes de Él en cuanto a su relación. Te reto y animo a caminar en esta difícil línea de que Jesús sea ambas cosas para ti, tanto amigo como Señor por el resto de tu vida. Disfruta con todo tu corazón la realidad de que Jesús desea ser tu mejor amigo. Comprométete totalmente a la verdad de que sólo Jesús es tu Señor soberano.

Podríamos seguir viendo todos los nombres de Jesucristo. Pero sólo el revisar estos pocos son suficientes para darnos cuenta de que Jesús es alguien que debiéramos conocer muy bien. Hay, sin embargo, personas que quisieran estar cerca de Jesús, pero aún no han dado el paso de comenzar una relación personal con Él. Algunas personas, muchas en realidad, conocen sólo la reputación de Jesús. Permíteme animarte, antes de que avances, a iniciar una relación con Él. Esto significa reconocer su propósito como Salvador de nuestras vidas y pedirle perdón. Esto significa darnos cuenta de su promesa a cada uno de nosotros de que fue enviado por Dios. Aceptar su posición como Señor (el Jefe, Gerente) en nuestras vidas.

Podrías comenzar tu relación con Jesús ahora mismo. Piensa que el comenzar a aprender acerca de Jesús sin tener una relación con Él sería una gran tragedia. No hablo de religión. Hablo acerca de una relación con Jesús para la cual fuimos creados, hablo de Jesús muriendo en la cruz por nosotros. Quisiera guiarte en una corta oración de compromiso a Jesús justo en este momento. Las palabras de esta oración están en tus notas. Pero las palabras exactas no son lo importante, lo importante es un corazón comprometido con Jesús.

> *"Jesucristo, ahora quisiera comenzar una relación contigo, no quiero sólo saber de ti; quiero conocerte personalmente. Te pido que me perdones por las cosas malas que he hecho. Quisiera que me enseñes cómo vivir. Escojo en este día comenzar a vivir bajo tu guía y dirección. No sé todo lo que esto implicará, pero confío en que tú me muestres el camino. En el nombre de Jesús, amén".*

Si acabas de hacer esta oración por primera vez, tienes un nuevo y mejor amigo, Jesucristo. Continuemos ahora conociéndolo mejor.

Perspectiva personal clave.

La Biblia hace mucho más que tan sólo dar una lista de los nombres de Jesús, ¡nos habla del poder de sus nombres!

Ciertos nombres tienen poder. Haz a continuación, una lista de algunos nombres asociados con el poder, la autoridad o la influencia.

Pon la lista en tu bosquejo y luego mencionen algunos.

Consejo práctico de enseñanza

Si nadie se ofrece a presentar un nombre de su lista, resiste la tentación de ofrecer tus propios nombres. No cometas el error de responder la pregunta por ellos. Si lo haces, pierdes la oportunidad de llevar al grupo dentro del estudio y luego será aún mucho más difícil responder a la siguiente pregunta. En lugar de eso, señala a algunos de los miembros del grupo para que inicien el proceso.

Miremos todos los nombres que hemos escrito. Pueden, si desean, agregar los nombres que quieran de los otros miembros, y que representen poder en este mundo, pero aún no merecerán un lugar al lado del nombre de Jesús. En la serie de televisión documental, "Biografías", se escogieron a las 100 personalidades del último milenio. La lista estaba liderada por Gutenberg, seguido de Isaac Newton, Martin Lutero, Carlos Darwin, William Shakespeare, Cristóbal Colón, Carlos Marx y Alberto Einstein. Coloca el significado frente a cada uno de estos y multiplícalo por toda otra persona de importancia e impacto que puedas recordar, y aún así no te acercarías al propósito, promesa e impacto que tiene el nombre de Jesucristo.

1. El nombre de Jesús está sobre todo nombre (Fil. 2:9–11).

Cuando parece que las palabras no son suficientes para expresar la grandeza del nombre de Jesús, se nos recuerda en la Palabra en Filipenses 2:9–11:

>"Por eso Dios lo exaltó hasta lo sumo y le otorgó el nombre que está sobre todo nombre, para que ante el nombre de Jesús se doble toda rodilla en el cielo y en la tierra y debajo de la tierra, y toda lengua confiese que Jesucristo es el Señor, para gloria de Dios Padre".
>
> —Filipenses 2:9–11

2. Como creyentes! Vivimos en su nombre!

   Somos ungidos (Santiago 5:14),

   perdonados (1 Juan 2:12),

   bautizados (Hechos 10:48),

   y justificados en su nombre (1 Cor. 6:11).

   Nos reunimos en su Nombre (1 Cor. 5:4),

   Descansamos en su Nombre (1 Pedro 4:16),

   Creemos en su Nombre (Juan 1:12),

   Y nos llamamos en su Nombre (1 Cor. 1:2).

   En su Nombre damos gracias (Efesios. 5:20),

   Tenemos vida (Juan 20:31),

   Predicamos (Hechos 8:12),

   Hablamos (Hechos 9:28),

   Y sufrimos (Hechos 21:13; 1 Pedro 4:16).

   Hacemos todo en su Nombre (Col. 3:17).

Plan de sesión dividida: Si estás enseñando este estudio en dos sesiones, termina la primera sesión ahora.

Los detalles de la vida de Jesús.

Supón que estas sentado esperando un trozo de pastel en tu restaurante favorito. Frente a ti, en la mesa, está Jesús. ¿De qué le hablarías? ¿Cómo tratarías de conocerle mejor? En un punto, (espero), le preguntarías algo más de la historia de su vida. Seguro, todos sabemos donde nació, pero, ¿cuánto conocemos realmente acerca de su familia o ministerio? ¿Qué sabes de su vida antes de que naciera aquí en la tierra? ¿Y qué conocemos de su vida después de la resurrección?

La vida de Jesús no comenzó con su nacimiento ni terminó con su muerte. Veremos ahora la vida de Jesús antes, durante y después de que estuvo aquí en la tierra. Si trazáramos una línea de tiempo de la vida de Jesús, su tiempo en la tierra sería solo un punto en el medio de una línea eterna. Nosotros la vemos como la parte más larga, pero en términos de tiempo real, es la parte más corta.

¿Qué hizo Jesús antes de nacer?
El Cristo Pre-encarnado

Pre-encarnado significa: "antes de venir a esta tierra como hombre". El término que usamos para decir que Jesús vino a esta tierra como hombre es encarnación. Encarnación viene de una palabra en latín que significa "en la carne". Jesús es Dios encarnado. ¡Dios hecho hombre! ¿Pero qué pasaba con Jesús antes de nacer en Belén?

- **El siempre existió: Él es eterno (Miqueas. 5:2; Juan 8:57–58).**

¿Qué hizo antes de nacer en este mundo? Ciertamente mucho más que esperar sentado en el cielo ese día.

- **Él CREO el universo (Col. 1:16).**

Uno de los "pequeños" trabajos que hizo Jesús antes de su nacimiento terrenal fue el universo en el que nacería (Col. 1:16).

- **Él MINISTRABA a las personas.**

¿Creó Jesús la tierra para luego tener que esperar a Belén para conectarse nuevamente con nosotros de una manera directa? No. Un acercamiento a la Biblia revela que antes de que Jesús naciera, Él ministraba directamente a la gente en el mundo.

La gente que Jesús ministró:

1. **Agar (Gen. 16:7–14):**

   "Allí, junto a un manantial que está en el camino a la región del Sur, la encontró el ángel del SEÑOR y le preguntó: -Agar, esclava de Saray, ¿de dónde vienes y a dónde vas? -Estoy huyendo de mi dueña Saray -respondió ella. Vuelve junto a ella y sométete a su autoridad -le dijo el ángel-. "De tal manera multiplicaré tu descendencia, que no se podrá contar".
   —Génesis 16:7, 9–10 (NVI)

2. **Moisés (Ex. 3:2–14):**

   "Estando allí, el ángel del SEÑOR se le apareció entre las llamas de una zarza ardiente..... Cuando el SEÑOR vio que Moisés se acercaba a mirar, lo llamó desde la zarza: -¡Moisés, Moisés!"
   —Éxodo 3:2, 4 (NVI)

3. **Abraham (Gen. 18:1–2; 22:11–12):**

   El SEÑOR se le apareció a Abraham junto al encinar de Mamré,..... Abraham alzó la vista, y vio a tres hombres de pie cerca de él
   —Génesis 18:1–2 (NVI)

Al leer estos pasajes hallarás una figura llamada "el ángel del Señor." ¿Por qué decimos que este ángel era en realidad Jesús?

Una palabra fresca.

El ángel del Señor.

Varias veces en el Antiguo Testamento, una figura llamada "el ángel del Señor" aparece a las personas. Pero es evidente que es mucho más que un ángel. Se habla de Él en términos que lo relacionan mucho más con Dios mismo. No hay una referencia bíblica respecto a la identidad del ángel del Señor, pero la gran mayoría de los maestros de la Biblia lo ven como apariciones de Cristo en la tierra, antes de su nacimiento como humano. No, no se veía como Jesús de Nazareth. Tampoco era un hombre como lo era cuando nació en Belén. Simplemente tomó la apariencia de un hombre.

En Génesis 16, el ángel que Agar vio le dijo que multiplicaría su descendencia; sólo Dios diría algo así. Y Agar reconoce a este ángel como "el Dios que me ve." La propia Biblia se refiere a Él como: "el Señor le habló."

En Éxodo 3 se nos dice, "El ángel del Señor se le apareció entre las llamas de una zarza…Dios lo llamó desde el arbusto ¡Moisés! ¡Moisés! Y Génesis 18:1–2 nos dice que el Señor se le apareció a Abraham, también en forma humana.

Consejo práctico de enseñanza.

Para material adicional respecto del ángel del Señor, revisa el apéndice al final de este estudio.

La vida de Jesús en la tierra.
Una historia corta.

Aunque Jesús es eterno, estamos más familiarizados con los 33 cortos años que caminó sobre esta tierra. Una parte del ser amigo de otra persona, es conocer ciertos hechos de él o ella: dónde nació, relaciones importantes, eventos memorables y otros. ¿Cómo calzan las historias de la vida de Jesús en la historia total de su vida? Al examinar los eventos de la vida terrenal de Jesús, tenemos la oportunidad de conocerlo mejor.

Regresemos al restaurante favorito del que hablamos algunos minutos atrás. Mientras hablas con Jesús, le dices, "Dime más acerca de ti", entonces su sorprendente historia comienza a desdoblarse. Escucha los siguientes hechos, no como trozos de una historia, sino como parte de la vida de alguien que amas.

Un vistazo a la vida de Jesús en seis grandes períodos

1. La INFANCIA de Jesús

   Comienzo: su nacimiento (Mat. 1–2; Lucas 1:1–2:38)

   Final: Jesús en el templo (Lucas 2:41–50)

   Eventos Significativos:

   Dedicación de Jesús en el Templo (Lucas 2:22–39)

   Huída a Egipto (Mateo 2:13–23)

   Visita al templo a la edad de doce años (Lucas 2:41–50)

Al comenzar su historia, Jesús comienza relatando su niñez, que da inicio con la tan familiar historia de su nacimiento. (Mateo 1-2; Lucas 1:1-2:38) y termina con la visita de Jesús al templo a la edad de doce años (Lucas 2:41-50). Imagina los ojos de Jesús, brillan mientras relata la esperanza expresada el día en que fue dedicado en el templo (Lucas 2:22-39) y la protección provista por su Padre cuando tuvo que huir con su familia a Egipto por las amenazas del Rey Herodes (Mateo 2:13-23), y de ese momento significativo en su visita al templo a la edad de 12 años (Lucas 2:41-50) .

La visita de Jesús al templo nos da una gran oportunidad para comprender lo humano y divino a la vez que era Jesús. Permíteme preguntarte, ¿Cómo te hubieras sentido si hubieras perdido al mismo Hijo de Dios? Podemos comprender cómo sucedió esto, si recordamos que a la edad de 12, los niños judíos se convierten en hombres. Como las caravanas, en ese tiempo viajaban con grupos separados de hombres y mujeres —los niños viajaban con las madres- no parece extraño que José y María no se dieran cuenta de la ausencia de Jesús por varios días. Ambos esperaban que estuviera con el otro. María pensó "Ahora debe ya estar con los hombres." Mientras José seguramente pensaba que Jesús estaba viajando con su madre.

Pero cuando se dieron cuenta, salieron apurados a Jerusalén para hallar a Jesús. Y allí estaba, en el templo, ¡enseñando a los maestros! También debemos conocer, que se esperaba que un judío de 12 años ya se involucrara en el trabajo de su padre. Es por eso, que cuando lo hallaron en el templo, hizo esa asombrosa declaración, " ¿no sabían que debía estar en la casa de mi Padre?" En ese punto, Él ya sabía que Dios era su Padre.

"Los años de silencio" de Jesús

La Biblia no nos dice nada acerca de la vida de Jesús entre su infancia y ese evento en el que ya tenía 12 años. Tampoco dice algo sobre lo que sucedió luego de su visita al templo, hasta que cumplió 30 años. Podríamos llamar a éstos "los años silenciosos de la vida de Jesús". Aunque la Biblia no nos dice nada directamente acerca de estos años, es sorprendente lo mucho que podemos aprender con una revisión detallada de las Escrituras.

- **Jesús creció como cualquier muchacho lo haría.**

  "Jesús siguió creciendo en sabiduría y estatura, y cada vez más gozaba del favor de Dios y de toda la gente".

  —Lucas 2:52 (NVI)

- **Su madre, María, estuvo con él en su nacimiento (Lucas 2:7), en su muerte (Juan 19: 25), presenció su resurrección y estuvo al iniciarse la iglesia en el día de Pentecostés (Hechos 1:14; 2:1).**

  ¡Pueden imaginar la vida de María! dio a luz al Mesías, al Salvador del mundo. Miró crecer a Jesús en su hogar, comenzar su ministerio público, y a las multitudes siguiéndolo. Lo vio morir y fue una de las que vio a Jesús después de su resurrecció; además, vio el surgimiento de la iglesia en el día de Pentecostés. ¡Qué vida tan increíble!

- **Su Padre, José, probablemente murió en algún punto entre la visita que hicieron al templo en Jerusalén y el inicio del ministerio público de Jesús a la edad de 30 años. José no es mencionado nunca más después de la experiencia en el templo; sin embargo, María está con Jesús muchas veces. No hubiera sido lo usual, si José hubiese estado vivo, que María viajara sola sin él.**

  El hecho de que José probablemente murió más joven significa que María fue una madre sola, tal vez sólo hasta cuando sus hijos crecieron, pero nada más que eso. Entonces, Jesús pasó un tiempo de su vida siendo parte de un hogar con un solo padre.

  ¿Qué hizo Jesús en esos años, entre los 12 y los 30? Como hijo mayor que era, debió haber un momento en el que se hizo cargo de su familia. El ejemplo de Jesús nos muestra que nuestro ministerio hacia nuestra familia es parte de nuestro ministerio al mundo. Jesús —Dios en forma humana- en realidad pasó mas tiempo preparándose para su ministerio y ministrando a su familia (30 años) que en el ministerio público (tres años).

- **Hubieron por lo menos siete hijos en la familia de Jesús: Jesús, cuatro medios hermanos y por lo menos dos medias hermanas (medios hermanos y hermanas porque Dios mismo era el padre de Jesús, mientras el padre de los otros era José). Esto lo** sabemos por Mateo 13:55–56: "¿No es acaso el hijo del carpintero? ¿No se llama su madre María; y no son sus hermanos *Jacobo, José, Simón y Judas? ¿No están con nosotros todas sus hermanas? ¿Así que de dónde sacó todas estas cosas?"

Muchas personas ven esto y piensan, "Nunca supe esto. Siempre pensé que Jesús era el único hijo." Pero la Biblia es muy clara, Jesús venía de una familia muy grande.

¿Qué se habrá sentido ser uno de los hermanos o hermanas de Jesús? ¿Qué se sentiría tener un hermano que nunca hiciera nada mal y su madre lo supiera de antemano?

La verdad es que la propia familia de Jesús luchaba con la idea de tener fe en Él. En el Nuevo Testamento, frecuentemente se ve que lo acusan de ignorarlos y hay un fuerte sentimiento oculto de celos. Pero eso no se quedó así.

- **Su hermano Judas escribió un libro del Nuevo Testamento, el libro de Judas.**

- **Su hermano Santiago, también escribió otro libro en el Nuevo Testamento. ¿Adivina como se llama? ¡Claro .....Santiago! Judas y Santiago se mostraban escépticos hasta que vieron a Jesús después de su resurrección (Juan 7:5; Hechos 1:14; 1 Cor. 15:7). Santiago llegó a ser un líder de la iglesia de Jerusalén (Hechos 12:17; 15:13–21).**

Sería fácil pasar semanas enteras estudiando cualquiera de esos períodos de la vida de Jesús. Hemos dedicado algo más de tiempo enfocándonos en el tiempo de la infancia de Jesús, ahora tomemos algunos minutos para cada uno de los siguientes segmentos de su vida. Primeramente quisiera revisar qué eventos, con los que estamos familiarizados, calzan en la línea completa de su vida.

2. **Inicio del <u>MINISTERIO</u> de Jesús**

Cuatro eventos significativos marcan el inicio del ministerio público de Jesús a sus 30 años:

- **El ministerio de Juan Bautista (Marcos 1:1–8; Lucas 3:1–18)**

- **El bautismo de Jesús (Mateo 3:13–17; Marcos 1:9–11)**

- **La tentación de Jesús en el desierto (Lucas 4:1–13; Mateo 4:1–11)**

- **La transformación del agua en vino (Juan 2:1–11)**

El ministerio de Jesús comienza con la preparación de Juan el Bautista, la afirmación de su Padre en su bautismo, su tentación por parte de Satanás con las tres grandes pruebas en el desierto, y la declaración pública de su deidad cuando convierte el agua en vino en las bodas de Caná de Galilea.

3. **El ministerio de Jesús en <u>JUDEA</u>**

Comienzo: Purificación del templo (Juan 2:13)

Final: Conversación con la mujer samaritana en el pozo (Juan 4:1–42)

Eventos significativos: Conversación con Nicodemo (Juan 3)

Judea, como recordarán, estaba ubicada en la parte sur de Israel. La ciudad de Jerusalén sería el centro de actividades de Jesús en Judea. Estos eran los centros de poder (Nicodemo era uno de los líderes religiosos más prominentes de esos días) y pronto todos tuvieron que lidiar con la luz que Jesús traía a este mundo.

4. **Ministerio de Jesús en <u>GALILEA</u>**

Comienzo: Sanidad del hijo del hombre noble en Capernaúm (Juan 4:46–53)

Final:

> Declaración de fe de Pedro (Mateo 16:13)
>
> Transfiguración de Jesús (Mateo 17:1; Lucas 9:28)

Eventos significativos:

El Sermón del Monte (Mateo 5–7)

Llamado de los discípulos (Lucas 5:1–11; Marcos 2:13–14; Lucas 6:12–16)

Alimentación de los 5,000 (Mateo 14:13–21; Marcos 6:30–44)

Jesús se dirigió hacia el norte de Israel para un fructífero período de ministerio. Este período comienza con la sanidad del hijo de un noble en Capernaúm (Juan 4:46–53) y pasa por la confesión de Pedro de Jesús como "el Cristo" (Mateo 16:13) y la transfiguración de Jesús (Mateo 17:1; Lucas 9:28). Los eventos significativos familiares durante este segmento de ministerio incluyen: el Sermón del Monte (Mateo 5–7), el llamado a los discípulos (Lucas 5:1–11; Marcos 2:13–14; Lucas 6:12–16), y la alimentación de los 5,000 (Mateo 14:13–21; Marcos 6:30–44).

Una de las cualidades de Jesús que surge de las páginas de la Biblia es su amor por la gente. Incluso antes de que diera su vida por los demás en la cruz, dió su vida a la gente en sus actividades diarias. En su Libro, "El Jesús que nunca conocí", Philip Yancey escribe sobre el amor de Jesús por las personas:

> Jesús era "el hombre para los demás", en la frase de Bonhoeffer. Siempre se mantuvo libre, libre de otra persona. Jesús aceptaba casi toda invitación a cenar, y como resultado, ninguna figura pública tuvo lista de amigos más diversa, desde gente rica, pasando por centuriones romanos y fariseos, hasta recolectores de impuestos, prostitutas, leprosos y víctimas. A la gente le gustaba estar con Jesús, donde Él estaba, había alegría.

5. **Viaje de Jesús a <u>JERUSALÉN</u>**

   Comienzo: Jesús estaba "resuelto a ir a" Jerusalén (Lucas 9:51)

   Final: María unge su cuerpo para la sepultura (Juan 12:1; Mateo 26:6–13)

   Eventos significativos:

   Conflictos con los Fariseos (Lucas 14; Lucas 16:14)

   La Resurrección de Lázaro (Juan 11:1)

   Conoce a Zaqueo en Jericó (Lucas 19:1)

   En Lucas 9:51 se nos dice que Jesús estaba "resuelto a ir a Jerusalén" con lo que comienza un nuevo capítulo en su vida. Es un tiempo en el que crece la tensión y el conflicto, y finaliza con la unción del cuerpo de Jesús para la sepultura por parte de María, la hermana de Lázaro (Juan 12:1). Los eventos significativos de estos días fueron sus conflictos con los fariseos (Lucas 14; Lucas 16:14), la resurrección de Lázaro de los muertos (Juan 11:1), y la reunión de Jesús con un pequeño recolector de impuesto llamado Zaqueo en Jericó (Lucas 19:1).

6. **La muerte, sepultura y resurrección de Jesús**

   Comienzo: La entrada triunfal a Jerusalén (Mateo 21:1–11)

   Final: La ascensión al cielo (Lucas 24:50–51)

   Eventos significativos:

   Purificación del templo, El Jardín de Getsemaní, los juicios (Lucas 19:45–46; Juan 17–18)

   Jesús muere en la cruz (Mateo 27:31–50; Lucas 23:26–46)

   Jesús es enterrado en una tumba (Marcos 15:42–47; Juan 19:38–42)

   Jesús está vivo (Mateo 28:2–15; Marcos16:1–17; Lucas 24:1–7; Juan20:1–18)

   No hay semana de la vida de Jesús que nos sea tan familiar como esta. Comienza con su entrada triunfal en Jerusalén (Mateo 21:1–11) y termina con su resurrección de entre los muertos. Durante esta semana hay eventos inolvidables que sucedieron en el templo, cuando Jesús habló con los líderes religiosos; en el aposento alto, cuando lavó los pies a sus discípulos y luego les ofreció pan y vino como símbolo de su cuerpo y sangre, y en el jardín de Getsemaní cuando derramó su corazón en oración. Toda una vida podríamos tomar estudiando las pocas horas que Jesús pasó en la cruz, dando su vida por nosotros. ¿No es asombroso que aunque hayas escuchado miles de veces la historia de su resurrección al tercer día, aún sea una historia que tiene el suspenso de la novedad? Intuitivamente sabemos que este es el momento en el que todo cambió. La muerte fue derrotada y la vida garantizada para todo aquel que confía en Él.

Perspectiva personal clave

Jesús es parte de la historia. En la Enciclopedia Británica, formulando una discusión acerca de algunos escritos sobre Jesús que están fuera del Nuevo Testamento, se hace la siguiente declaración: "Estos registros independientes prueban que en tiempos antiguos, aún los opositores al cristianismo nunca dudaron acerca de la historicidad de Jesús, que se disputó por primera vez en terrenos inadecuados por varios autores al finalizar el siglo 18, durante el siglo 19 y al comenzar el siglo 20". [6]

H. G. Wells personaliza las bases históricas de la vida de Jesús.

"Más de 1900 años después, un historiador como yo, que no me puedo llamar cristiano, hallo que el centro de todo es la vida y carácter del hombre más significativo… La prueba de los historiadores a la grandeza de un individuo es: ¿qué dejaron a la posteridad?' ¿Acaso logró que las personas piensen de una manera fresca con un vigor que persista después de su desaparición? En esta prueba Jesús es el primero". [7]

Jesús vivió en realidad. Jesús realmente murió. Y … ¡no puedo hallar una mejor expresión del impacto personal que los eventos en la vida de Jesús tuvieron sobre nuestras vidas, que el texto en Juan 3:16!

"Porque tanto amó Dios al mundo, que dio a su Hijo *unigénito, para que todo el que cree en él no se pierda, sino que tenga vida eterna".
—Juan 3:16 (NVI)

Dado que Jesús vivió, tú y yo, que creemos en Él, tenemos vida —vida abundante y eterna. ¡Qué regalo indescifrable!

Consejo práctico de enseñanza.

Al llegar a Juan 3:16 en las notas de estudio, dile al grupo que vas a leer algo que es muy familiar —pero les debes pedir que escuchen como si fuera la primera vez. Luego lee el versículo: ¡lentamente y con gozo!

El Cristo que existe eternamente.

Te has preguntado alguna vez ¿Qué estará haciendo Jesús ahora mismo? Sabemos por Hechos 1 que ascendió al cielo, pero, ¿qué es lo que está haciendo allá? Contestemos juntos dos preguntas acerca de lo que Jesús está haciendo en el cielo.

¿Qué aspecto tiene Jesús?

Toda la evidencia apunta a que Jesús existe en su <u>CUERPO RESUCITADO</u> en el cielo:

- **Ascendió al cielo en cuerpo (Hechos 1:9).**

- **Él regresará en cuerpo (Hechos 1:11).**

- **Estéban lo vio en cuerpo en el cielo (Hechos 7:55–56).**

- **Pablo indicó que Jesús tiene ahora un cuerpo glorificado (Fil. 3:21).**

Esta es, por supuesto, una parte de los grandes misterios de la grandeza de Dios, que Jesús viva en el cielo, con un cuerpo resucitado. Pero más allá del misterio, toma un momento para pensar en la realidad de esta verdad. Esto significa que un día podremos ver sus manos horadadas por los clavos. Podremos ver sus ojos llenos de gozo. Podremos caminar a su lado y hablar acerca de la eternidad. Significa que un día podré poner mis brazos a su alrededor y darle un gran abrazo; y decirle ¡gracias por todo lo que has hecho por mí!

> Las preguntas de discusión 2 y 3 pueden usarse aquí.

¿Qué está haciendo Jesús?

Este mundo puede ser un lugar muy inseguro. Cuando vemos lo que Jesús está haciendo justo ahora en el cielo, eso nos da algunas verdades de oro sólido de las cuales sujetarnos.

- **Está <u>GOBERNANDO</u> a la diestra de Dios (Efesios 1:20–22; 1 Pedro 3:22).**

- **Está <u>ORANDO</u> por nosotros (Rom. 8:34).**

- **Mantiene el <u>UNIVERSO</u> unido. (Col. 1:16–17).**

- **Está <u>ESPERANDO</u> ansiosamente para que estemos con Él (Juan 14:1–3; 17:24).**

Toma aire y déjalo salir lentamente. Piensa ahora en lo grande del amor de Jesús por ti. Hazlo nuevamente. Considera el hecho de que Jesús te ama más de lo que jamás podrías imaginar. Sorpréndete con la verdad de que no tenemos la capacidad para comprender lo grande de su amor por nosotros. Permite que ese amor sea tu consuelo y motivación esta semana.

**Actuando
conforme a la Verdad**

Jesucristo quiere ser tu mejor amigo. Piénsalo- tu mejor amigo es el que gobierna a la diestra de Dios y quien mantiene al universo junto. Permíteme animarte a disfrutar el hecho de que Jesús es tu amigo en esta semana, escoge actuar como si Él fuera tu mejor amigo. Aquí hay tres formas de hacer esto:

1. Debes decirte a ti mismo, "Él me acepta, aún si no me siento aceptable". Recuérdate a ti mismo durante esta semana que eres amigo de Jesús por su gracia, no porque de alguna forma merezcas esta amistad.

2. Habla con ÉL—como un amigo. Esto es la oración. Por lo menos una vez en esta semana toma unos minutos para decirle a Jesús lo que está sucediendo en tu vida, igual que lo harías con tu mejor amigo. Seguro que Jesús ya conoce lo que te sucede. Pero a ti te cambiará la vida el hablarle como amigo acerca de los que enfrentas cada día.

3. Escúchalo—como a un amigo. Cuando leo la Biblia, estoy leyendo el libro que Jesús me dio. En esta semana, escucha mientras lees. ¿Qué te está diciendo Dios acerca de su amor por ti?

Las preguntas de discusión 4 y 5 se pueden usar ahora.

**Comienza a trabajar con la tarjeta de memorización 3,
"La verdad acerca de Jesús".**

Apéndice: Recursos para el Maestro

El ángel del Señor

Como maestro, recuerda que el objetivo de este estudio es simplemente introducir la idea del ángel del Señor. Cuando la curiosidad de los que quieren aprender más en el grupo aparece, diles que éste tema puede ser motivo de un estudio por sí solo. El siguiente material del concepto del ángel del Señor es para un estudio privado y personal. Hay dos preguntas principales que probablemente escucharás acerca de este tema:

Primero: ¿Cómo sabemos que no es simplemente un ángel más poderoso, sino un ángel que se identifica directamente con Dios mismo? Estos son los hechos más convincentes para afirmarlo:

1. Se le dan nombres divinos y Él los reclama para sí (Gen. 16:13; 18:1, 17, 20, 26, 33; Ex. 3:2–7; compara Ex. 13:21 con 14:19; y compara Josué 5:13 con 6:2).

    Agar lo llama Dios (Gen. 16:13), Jacob también (Gen. 32:30), y Moisés (Ex. 3:4, 6), y Dios mismo lo hace (compara Gen. 31:13 con 31:11 y compara Ex. 3:6 con 3:2).

2. Se le reconocen atributos divinos.

    Poder creativo. Prometió a Agar: "Te daré una descendencia que sea tan numerosa que no se pueda contar" (Gen. 16:10).

    Le dijo a Abraham, "Dentro de un año volveré a verte -dijo uno de ellos-, y para entonces tu esposa Sara tendrá un hijo. Sara estaba escuchando a la entrada de la carpa, a espaldas del que hablaba." (Gen. 18:10).

    Soberanía. El ángel se dice capaz de responder la oración y de hacer su voluntad, acerca de Sodoma y Gomorra (Gen. 18:17–33).

    Juicio. En Génesis 18:25, Abraham da al ángel del Señor un asombroso título, ¡Lejos de ti el hacer tal cosa! ¿Matar al justo junto con el malvado, y que ambos sean tratados de la misma manera? ¡Jamás hagas tal cosa! Tú, que eres el Juez de toda la tierra, ¿no harás justicia? (Gen. 18:25).

La segunda pregunta es cómo saber si el "ángel del Señor" es identificado con Jesús y no con el mismo Padre. Este punto no está tan claro bíblicamente como el anterior. Por simple deducción esperamos que sea Jesús la persona de la Trinidad que de alguna forma aparezca en la tierra. Uno de sus propósitos primordiales es ser el mediador entre Dios y los hombres. Es interesante notar las similitudes entre los ministerios del ángel del Señor y los de Jesús.

- El ángel del Señor realizó Milagros; igual que Jesús (ver Juan 2:9; Mateo. 8:3; Lucas 7:14; Mateo 15:32–38).

- El ángel del Señor enseñó e instruyó a la gente; a Jesús se lo llamó varias veces "maestro o Rabboni" (Juan 20:16).

- El ángel del Señor es juez de la humanidad; en Juan 5:22 vemos "Además, el Padre no juzga a nadie, sino que todo juicio lo ha delegado en el Hijo"

- Nadie ha visto nunca al Padre (Juan 1:18; 5:37) y el Espíritu Santo es invisible. Por lo tanto el ángel del Señor no era probablemente el Espíritu.

El término que los teólogos usan para una aparición de Cristo en la tierra antes de su nacimiento en Belén es "cristofanía". Una teofanía es una manifestación de Dios que se hace tangible a los sentidos humanos. Cristofanía, es entonces, una aparición de Jesús antes de su nacimiento.

Preguntas de discusión.

1. ¿Qué significa para ti "tener una relación con Jesús"?

2. Cuando llegues al cielo y estés frente a frente con el Jesús eterno:

- ¿Qué quisieras decirle?

- ¿Qué te gustaría preguntarle?

- ¿Qué emociones crees que experimentarías?

Líderes de Grupos Pequeños: Permite al grupo responder a estas tres preguntas por unos pocos minutos antes de hacer la pregunta de seguimiento que está a continuación.

Esta pregunta de seguimiento no es una pregunta simple – es muy probable que alguien en el grupo luche con ella por un momento. Recuerda que como líder de grupo pequeño, el silencio puede ser a veces tu mejor amigo. Puede significar que la gente está pensando en cómo una verdad afecta sus vidas. Con preguntas de reto como esta, es bueno dar al grupo algo de tiempo antes de responder, (algunos líderes cuentan mentalmente hasta treinta) Los pocos momentos de silencio generan algo de tensión, y eventualmente alguien hablará. Y cuando lo hacen, se puede lograr una discusión profunda y fructífera.

3. Esto es lo importante: ¿Qué es lo que nos impide decirle, preguntarle o experimentar esas emociones ahora mismo? ¿Qué obstáculo se presenta para sentir que Jesús es nuestro mejor amigo ahora mismo? (Habla acerca de las formas en las que podrías haber sobrepasado algunas de esas barreras.)

4. ¿Qué cosa nueva de Jesús has aprendido en este estudio?

5. Al finalizar este estudio vimos tres formas de actuar acerca de la verdad de que Jesús es nuestro mejor amigo durante esta semana: recuérdate a ti mismo esta aceptación de Jesús como tu amigo, háblale como a un amigo, y escúchalo como a un amigo. ¿Cuál de estos puntos crees que te ayudará más a comprender y apreciar mejor tu amistad con Jesús? ¿Por qué?

Jesús

2a Parte

Metas transformadoras.

Desarrollar una comprensión de la naturaleza de Jesús, como Dios y como hombre, te protegerá de falsas enseñanzas y te dará la confianza para poner en Jesús tus necesidades específicas.

Sumario de puntos principales de la enseñanza

Jesús es Dios

¿Cómo sabemos que Jesús es Dios?

1. Jesús dijo que era Dios.

2. Otros dijeron que era Dios.

3. Se le adoró como Dios.

4. Él hacía cosas que sólo Dios puede hacer

¿Qué evidencia apoya el hecho de que Jesús es Dios?

Evidencia 1: Cumplimiento de la profecía

Evidencia 2: Sus milagros

Evidencia 3: Su resurrección

Jesús es hombre

Jesús es totalmente Dios y totalmente hombre

Jesús se autolimitó.

Jesús no se redujo.

Consejo práctico de enseñanza.

¿Cómo construyes tu confianza en que Dios usará lo que enseñas para hacer una diferencia en las vidas de las personas? Este es uno de los asuntos más importantes para cualquier maestro. Cualquier persona que haya enseñado la Biblia, aún pocas veces, sabe que la confianza es mucho más que un asunto de "pensar positivamente" o "levantar tu autoestima". Estas técnicas pueden funcionar a la hora de una presentación de negocios, pero no son suficientes cuando enfrentamos los sentimientos de inadecuación que son inevitables cuando tratamos de comunicar la verdad de Dios. Como lo dijo el Apóstol Pablo, "Nada hay en nosotros que nos permita decir que somos capaces de hacer este trabajo" (2 Cor. 3:5 gnt- traducido). Y termina este versículo diciendo: "nuestra capacidad viene de Dios".

¿Cómo te enfocas con fe en aquello que Dios tiene la capacidad de lograr, en lugar de enfocarte en la realidad de que tú no te sientes capaz? Recuerda estas dos declaraciones cada semana mientras te preparas y comienzas a enseñar.

La oración es vital para mantener tu fe enfocada. Dile a Dios que confías que lo que vas a decir tendrá un impacto duradero en la vida de alguien por el poder de Su Palabra. Jesús nos dijo que pidiéramos específicamente —así que pídele que trabaje en formas específicas mientras enseñas.

Cambia tus sentimientos de inadecuación por la decisión de ser vulnerable. Pablo dijo en 2 Corintios 4:7, "Pero tenemos este tesoro en vasijas de barro para que se vea que tan sublime poder viene de Dios y no de nosotros". Cuando te sientas inadecuado, lo mejor que puedes hacer es admitir que somos inadecuados—eres una "vasija de barro" que Dios usa de formas maravillosas.

Las preguntas de discusión 1 y 2 pueden ser usadas aquí.

¿Qué significa decir que Jesús es tanto hombre como Dios?

Antes de ver lo que Dios dice de su Hijo en la Biblia, toma un momento para responder la pregunta a continuación. No temas dar la respuesta equivocada. Muchos de nosotros no hemos pensado jamás acerca de la naturaleza de Jesús.

Jesús es ...

- ¿Un hombre que se hizo Dios?

- ¿Dios viviendo dentro de un hombre?

- ¿Dios aparentando ser un hombre?

- ¿Un espíritu al que Dios ordenó que se convirtiera en hombre?

- ¿Totalmente Dios y totalmente hombre?

¿Recuerdas la escena en la tercera parte de la película de Indiana Jones, en la que Indy es retado a escoger la copa del Santo Grial (la copa mítica en la que supuestamente Cristo bebió durante su última cena) de entre docenas de copas de varios tamaños, formas y apariencias? Un sorbo de la copa verdadera llevaría a la persona a la vida eterna. Pero un sorbo de la equivocada lo mataría. Uno de los enemigos de Indiana Jones sostenía la copa que intuitivamente le parecía la correcta. Era de oro puro y con incrustaciones de piedras preciosas. El hombre bebió el agua con avaricia y murió al instante. En una de las líneas más memorables de la película, el anciano caballero cruzado que vigilaba las copas mira a Indiana Jones y le dice irónicamente: "escogió…pobremente".

Pasemos la película juntos. Supongamos que eres tú el que tiene que escoger de entre las cinco respuestas anteriores para definir quién es Jesús en realidad. Cuatro copas representan creencias destructivas, pues llevan a la muerte espiritual. La quinta copa representa la verdad acerca de quién es Jesús, el agua viva que nos lleva a la vida eterna. ¿Cómo escoger la copa correcta? Nuestra intuición o razonamiento no son suficientes y fácilmente nos pueden llevar al lugar equivocado. Las opiniones de los demás también nos pueden guiar mal —no importa lo llenos de confianza que parezcan al hablar. Nuestras opiniones en este asunto no valen mucho. El único que nos puede decir la verdadera naturaleza de Jesús es el propio Dios.

En el mismo centro de lo que Dios nos dice acerca de Jesús está esto: Jesús es Dios y es hombre. Es totalmente Dios y es totalmente hombre. Miremos lo que estos versículos de Juan y 1ª Juan tienen que decirnos.

"En el principio ya existía el *Verbo, y el Verbo estaba con Dios, y el Verbo era Dios".
—Juan 1:1 (NVI)

"En esto pueden discernir quién tiene el Espíritu de Dios: todo profeta que reconoce que *Jesucristo ha venido en cuerpo humano, es de Dios"
—1 Juan 4:2 (NVI)

Hoy nos enfocaremos en la verdad de que Jesús es Dios y hombre. Tú y yo necesitamos saber esto para protegernos de las falsas enseñanzas acerca de Jesús. Necesitamos saber esto para darnos cuenta de lo libremente que podemos recurrir a alguien que no sólo comprende nuestras necesidades, sino que además puede satisfacerlas.

Jesús es Dios

¿Cómo sabemos que Jesús es Dios?

1. Jesús dijo que era Dios.

Miren estos versículos:

"Llamó a Dios su propio Padre, haciéndolo a Él igual a Dios".

—Juan 5:18 (NVI)

"Yo y el Padre somos uno".

—Juan 10:30 (NVI)

"Cualquiera que me ha visto, ha visto al Padre".

—Juan 14:9 (NVI)

"Ciertamente les aseguro que, antes de que Abraham naciera, ¡yo soy!"

—Juan 8:58 (NVI)

Pon un círculo alrededor de las palabras "yo soy". Como recordarás, este es el nombre santísimo de Dios; en Exodo 3:13-14, Dios le dice a Moisés que cuando los israelitas preguntaran quién lo enviaba, él debía responder "yo soy me envía" y ese es el nombre que Jesús está utilizando refiriéndose a sí mismo en Juan 8:58. Algunos dicen que Jesús no quería usar esas palabras en ese sentido. Pero los fariseos en Juan 8:59, ciertamente comprendieron lo que estaba diciendo. Tomaron piedras y quisieron matarlo porque se refirió a sí mismo como "Yo soy", y este es el nombre de Dios. Jesús comprendió y sus enemigos comprendieron que Él se estaba llamando a sí mismo Dios.

C. S. Lewis escribe estas líneas clásicas acerca de Jesús diciendo quién es Él en realidad.

"Estoy tratando de evitar que alguien diga acerca de Jesús lo que a menudo dicen, aunque es realmente tonto: 'Estoy listo para aceptar a Jesús como un gran maestro de moralidad, pero no acepto que se auto nombre Dios'. Esto es algo que no deberíamos decir. Un hombre que es meramente un hombre y dice cosas como las que Jesús dijo no es sólo un maestro de moral. Puede ser un lunático de los que decimos que tienen rayado el mate o es el mismo demonio del infierno. Debes tomar una decision. O este hombre fue y es el Hijo de Dios; o fue un loco o algo peor… Puedes tratar de acallarlo como a un tonto, puedes escupirle o llamarlo demonio; o puedes caer a sus pies y llamarlo Dios y Señor. Pero no salgamos con sinsentidos acerca de que Jesús fue un gran maestro humano. Esa no es una opción que Jesús nos haya dejado abierta. No deseó hacerlo". [1]

—C. S. Lewis

Josh McDowell dice que Jesús es "un mentiroso, un lunático o el Señor."[2]

2. <u>OTROS</u> dijeron que era Dios.

Esto se inició con las profecías acerca del nacimiento de Jesús antes de que estuviera con nosotros.

"Y lo llamarán ... Dios Fuerte".

—Isaías 9:6 (NVI)

Continúa con los que estuvieron cerca de Él, sus discípulos.

"para que ante el nombre de Jesús se doble toda rodilla en el cielo y en la tierra y debajo de la tierra, y toda lengua confiese que Jesucristo es el Señor, para gloria de Dios Padre".

—Filipenses 2:10–11 (NVI)

Compara Filipenses 2:10–11 con lo que se dice de Dios en Isaías.

"Vuelvan a mí y sean salvos, todos los confines de la tierra, porque yo soy Dios, y no hay ningún otro… Ante mí se doblará toda rodilla, y por mí jurará toda lengua".

—Isaías 45:22–23 (NVI)

Recuerda que antes de que Pablo se convirtiera en creyente, Él mismo era un fariseo y conocía el Antiguo Testamento al revés y al derecho. Cuando él explicó el Señorío de Jesús a los creyentes en Filipos, deliberadamente escogió parafrasear las palabras de Isaías acerca de la grandeza de Dios. Para Pablo, hubiese sido una blasfemia usar estas palabras para alguien que no es Dios. Toda rodilla se doblará delante de Jesús ¡porque Jesús es Dios!

"Toda la plenitud de la divinidad habita en forma corporal en Cristo".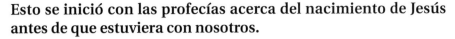

—Colosenses 2:9 (NVI)

"En el principio ya existía el Verbo, y el Verbo estaba con Dios, y el Verbo era Dios. Él estaba con Dios en el principio".

—Juan 1:1–2 (NVI)

3. Él es <u>ADORADO</u> como Dios (Mateo 14:33; Fil. 2:10; Heb. 1:6).

- Muchos lo adoraron: un leproso sanado (Mateo 8:2), mujeres (Mateo 15:25), la madre de Santiago y Juan (Mateo 20:20), el endemoniado gadareno (Marcos 5:6), y un ciego (Juan 9:38).

- Él aceptó esa adoración (Juan 20:28–29; Mateo 14:33; 28:9–10).

- Sus discípulos le oraron a Él (Hechos 7:59).

Y nunca vemos a Jesús diciendo "No, están equivocados. No me adoren." Cuando Tomás lo adoró como "mi Señor y mi Dios"en Juan 20:28, Jesús afirmó a Tomás por su creencia. Pablo y Bernabé dijeron a las personas en Listra que trataron de adorarlos como a dioses griegos:

"Señores, ¿por qué hacen esto? Nosotros también somos hombres mortales como ustedes". (Hechos 14:15). Si Jesús no fuese Dios, Él hubiera rechazado la adoración humana de la misma manera que ellos. Pero en su lugar Él la aceptó y bendijo a los que lo adoraron.

4. Él hace cosas que <u>SÓLO DIOS</u> puede hacer.

Esto volvió completamente locos a los líderes religiosos que se oponían a Jesús. No querían aceptar a Jesús como Dios porque eso iba a cambiar radicalmente su mundo – y ellos no querían esos cambios. Pero Jesús siempre estuvo haciendo cosas que para las propias creencias de los líderes religiosos, sólo Dios podría lograr.

- **Tenía el poder para perdonar pecados (Marcos 2:1–12).**

- **Todo el JUICIO estaba en sus manos (Juan 5:27; Hechos 17:31).**

- **Envió al Espíritu Santo (Juan 15:26).**

- **Se levantaría de entre los muertos (Juan 5:25).**

- **Es el CREADOR (Juan 1:3; Col. 1:16; Heb. 1:10).**

- **Es el sustentador— de todo y de todos (Col. 1:17; Heb. 1:3).**

Estos son hechos, hechos que descansan sobre evidencias.

¿Qué evidencia apoya la pretensión de Jesús de ser Dios?

Antes de que Jesús viniera, los profetas dijeron que Él sería Dios. Cuando estuvo en la tierra Jesús mismo dijo "Yo SOY Dios". Y luego de su muerte y resurrección, sus seguidores se mantuvieron señalando que Él era Dios.

Pero, ¿Cómo podemos saber que lo que Él decía era verdad? ¿Dónde está la evidencia que apoya estas repetidas afirmaciones de deidad?

Obviamente cualquiera puede "decir" que es Dios. La diferencia con Jesús es que su vida misma respaldó tales afirmaciones.

Supón que estás en una corte escuhando un caso y tratando de probar que Jesús es Dios. Testigo tras testigo afirma que Jesús es Dios. Los profetas, los discípulos de Jesús y el propio Jesús han tomado su lugar en el estrado para decir "Damos la palabra en esto…"

Además del abrumador peso de su testimonio personal hay tres poderosas evidencias de que Jesús es Dios y ahora están ante nosotros.

Evidencia 1: <u>CUMPLIMIENTO</u> <u>DE</u> <u>LA</u> <u>PROFECIA</u>

[Jesús] les dijo: "Cuando todavía estaba yo con ustedes, les decía que tenía que cumplirse todo lo que está escrito acerca de mí en la ley de Moisés, en los Profetas y en los Salmos".

—Lucas 24:44 (NVI)

Observemos la cantidad de profecías que Jesús cumplió. Contemplemos lo detallado de algunas de estas profecías.

Los versículos del Antiguo Testamento son la Profecía. El Nuevo Testamento proclama su cumplimiento.

1. Nacido de una virgen (Isaías. 7:14; Mateo 1:21–23).

2. Un descendiente de Abraham (Génesis 12:1–3; 22:18; Mateo 1:1; Gal. 3:16).

3. De la Tribu de Judá (Génesis 49:10; Lucas 3:23, 33; Hebreos 7:14).

4. De la Casa de David (2 Samuel 7:12–16; Mateo 1:1).

5. Nacido en Belén (Miqueas 5:2; Mateo. 2:1; Lucas 2:4–7).

6. Tomado de Egipto (Oseas. 11:1; Mateo 2:14–15).

7. La matanza de los infantes por parte de Herodes (Jeremías. 31:15; Mateo 2:16–18).

8. Ungido por el Espíritu Santo (Isaías 11:2; Mateo 3:16–17).

9. Anuciado por el mensajero del Señor (Juan el Bautista) (Isaías 40:3; Mal. 3:1; Mateo. 3:1–3).

10. Que haría milagros (Isa. 35:5–6; Mateo 9:35).

11. Que predicaría las buenas nuevas (Isa. 61:1; Lucas 4:14–21).

12. Que ministraría en Galilea (Isa. 9:1; Mateo 4:12–16).

13. Que purificaría el templo (Mal. 3:1; Mateo 21:12–13).

14. Que entraría en Jerusalén como rey sobre un burrito (Zacarías 9:9; Mateo 21:4–9).

15. Sería rechazado por los judíos (Salmo 118:22; 1 Pedro 2:7).

16. Moriría de una forma humillante (Salmo 22; Isaías 53) lo que implicó:

    a. Ser rechazado (Isaías. 53:3; Juan 1:10–11; 7:5, 48).

    b. Traicionado por un amigo (Salmo 41:9; Lucas 22:3–4; Juan 13:18).

    c. Vendido por 30 piezas de plata (Zacarías 11:12; Mateo 26:14–15).

    d. Haber guardado silencio frente a sus acusadores (Isa. 53:7; Mateo 27:12–14).

    e. Haber sido puesto en ridículo (Salmo 22:7–8; Mateo 27:31).

    f. Haber sido golpeado (Isa. 52:14; Mat. 27:26).

    g. Escupido (Isa. 50:6; Mateo 27:30).

h. Sus manos y pies mutilados (Salmo 22:16; Mateo 27:31).

i. Crucificado con ladrones (Isa. 53:12; Mat. 27:38).

j. Haber orado por sus perseguidores (Isa. 53:12; Lucas 23:34).

k. Su costado atravesado (Zacarías 12:10; Juan 19:34).

l. Que se le dio a beber vinagre (Salmo 69:21; Mateo 27:34; Lucas 23:36).

m. Que ninguno de sus huesos fue roto (Salmo 34:20; Juan 19:32–36).

n. Que fue enterrado en la tumba de un hombre rico (Isa. 53:9; Mat. 27:57–60).

o. Que echaron suertes sobre sus vestidos (Salmo 22:18; Juan 19:23–24).

17. Que se levantaría de los muertos (Salmo 16:10; Marcos 16:6; Hechos 2:31).

18. Que ascendería al cielo (Salmo 68:18; Hechos 1:9).

19. Que se sentaría a la diestra de Dios (Salmo 110:1; Heb. 1:3).

 ## Una mirada más de cerca

Algunas personas llaman al cumplimiento de todas estas profecías "un accidente estadístico". "Simplemente se dió que naciera en Belén". O que fuera de la línea de David, etc. Hay dos respuestas a ese argumento. Primero, estas predicciones fueron mucho más que un asunto de oportunidad. "Simplemente sucedió", que abriera los ojos a los ciegos. "Simplemente se dió", que se levantara de los muertos. ¡Pero todo esto va mucho más allá de una probabilidad estadística!

La segunda respuesta es la gran cantidad de profecías que fueron cumplidas. Peter Stoner en su libro "La Ciencia Habla", ha calculado las probabilidades de que sólo ocho de estas profecías se cumplieran en un solo hombre.

El halló que la posibilidad de que cualquier hombre cumpliera en él esas ocho profecías era de 1 en 10^{17}.

Es decir, una en 100,000,000,000,000,000. Para que podamos comprender esta asombrosa probabilidad, Stone la ilustra con el siguiente ejemplo:

Si tomamos 10^{17} dólares de plata y los ponemos sobre la superficie del estado de Texas, cubrirán todo el estado con un alto de casi un metro.

> Ahora, marcamos una moneda y la mezclamos en el montón y ponemos toda la masa de monedas sobre el estado. Luego vamos a un hombre y le decimos que puede ir lo lejos que quiera pero que debe hallar el dólar marcado. ¿Qué posibilidades tendría el hombre de hallarlo? Justo la misma que los profetas tendrían de escribir estas 8 profecías y luego ver cumplidas todas ellas en un solo hombre, desde su época al tiempo presente, suponiendo, claro, que escribieron todo de su propio peculio. [3]

Y Jesús no sólo cumplió 8 profecías, ¡Él cumplió más de 300 profecías específicas de su vida registradas en el Antiguo Testamento!

¿Cuáles son las probabilidades de que una sola persona cumpla las 300 profecías? En lugar de que el ejercicio fuera hallar una sola moneda en todo Texas, ahora sería la posibilidad de escoger al azar un átomo de todos los átomos del universo que estuviera marcado con una X microscópica.

Evidencia 2: Sus <u>MILAGROS</u>

Cuando se le pidió una prueba, Jesús señaló sus milagros.

> Cuando los discípulos de Juan vinieron a Jesús, le preguntaron, "Juan el Bautista nos ha enviado a preguntarte: ¿Eres tú el que ha de venir, o debemos esperar a otro? En ese mismo momento, Jesús sanó a muchos que tenían enfermedades, dolencias y espíritus malignos, y les dio la vista a muchos ciegos. Entonces les respondió a los enviados: -Vayan y cuéntenle a Juan lo que han visto y oído: Los ciegos ven, los cojos andan, los que tienen lepra son sanados, los sordos oyen, los muertos resucitan y a los pobres se les anuncian las buenas nuevas."
> —Lucas:20, (NVI)

Esta es una lista de lo que estaba hablando Jesús – los lugares en los que realizó los milagros de los que habla.

"los ciegos reciben la vista" (Mateo 9:27–31; Lucas 18:35–43; Marcos 8:22–26)

"los cojos andan" (Mateo 9:2–7)

"los leprosos son sanados" (Mateo 8:2–3; Lucas 17:11–19)

"los sordos oyen" (Marcos 7:31–37)

"los muertos resucitan" (Mateo 9:18–19, 23–25; Lucas 7:11–15; Juan 11:1–44)

"a los pobres se les anuncian las buenas nuevas" (Mateo 11:5)

Enfoquémonos en uno de esos milagros, cuando Jesús levantó a Lázaro de entre los muertos, en Juan 11.

Jesús era un buen amigo de Lázaro y de sus hermanas, María y Marta. Los tres vivían en Betania, sólo a unas pocas millas fuera de Jerusalén. Cuando Jesús estaba de camino a Jerusalén, siempre se detenía allí para comer algo o pasar la noche. (¡Y siempre estaba con sus 12 discípulos!) La Biblia nos dice que cuando Jesús escuchó que Lázaro estaba cerca de morir, hizo algo asombroso. En lugar de ir corriendo a Betania, se quedó donde estaba durante dos días. Veremos por qué en sólo un momento. Cuando Jesús finalmente llegó, Marta corrió hacia Él y le dijo, "Señor, si hubieses estado aquí, mi hermano no hubiese muerto". ¡Ella le expresó fe y reproche al mismo tiempo! (No me mires diciendo que nunca has hecho eso con Dios) La Biblia nos dice que cuando Jesús vio a María y a los judíos venir a él llorando, se quebrantó y lloró. El dolor por lo que la muerte y el luto hacen al corazón humano lo abrumó.

Jesús caminó hacia la tumba e hizo tres cosas. Primero ordenó que la piedra fuera removida. Marta protestó porque Lázaro ya había estado allí por cuatro días y el olor probablemente sería terrible. Jesús le recordó que confiara en Dios. Segundo, Él oró en beneficio de aquellos que estuvieron allí viendo todo. En su oración dijo, "Padre, te agradezco porque me has escuchado. Sé que siempre me escuchas, pero lo digo por el bien de los que están aquí, para que crean que tú me has enviado." Luego de esto, Jesús hace la tercera cosa. En voz fuerte ordena: "Lázaro ¡ven fuera!". Y Lázaro, aún con su vendaje mortuorio, que incluso cubría su cara, sale caminando de su tumba ¡vivo!

¡Había permanecido en esa tumba por cuatro días! Recuerda que Jesús mismo se tomó su tiempo para llegar a Lázaro. Una de las razones para ello sería algo así como, "Lázaro no estaba muerto…solo tomaba una siesta". Pero no creo que podamos decir algo así. Cuando Jesús lo levantó de los muertos, Lázaro ya había estado muerto y enterrado por cuatro días. Y docenas, sino cientos de personas estaban presentes para ser testigos de este milagro. Este no era un rumor de un gran milagro realizado en algún lugar remoto. Lázaro salió caminando de esa tumba vivo, a sólo unos kilómetros de Jerusalén.

Jesús te dice ahora, " ¿Eres de esas personas que necesitan pruebas? Entonces mira los milagros".

Consejo práctico de enseñanza.

Cuando sientes que la atención del grupo se está desvaneciendo. ¿Qué haces? Muchos maestros internalizan estos sentimientos y se sienten desanimados de ellos mismos y de sus habilidades e incluso de cómo enseñan. Esto es exactamente lo que Satanás quiere que hagas. Ahora estas enfocándote en ti mismo y no en la verdad que estás enseñando, o en la gente a la que instruyes. Cuando el grupo parece perder el interés, las tres palabras que debes recordar son: HACER ALGO DIFERENTE.

Cambia de lugar, tal vez más cerca del grupo, o a un lado. Habla de forma diferente. Puedes acelerar o hablar más lentamente. Haz que el grupo haga algo diferente. Lean un versículo de la Biblia juntos, tomen turnos y discutan una pregunta, o (en una session larga) pueden tomar un momento para ponerse de pie y estirarse.

Evidencia 3: Su <u>RESURRECCIÓN</u>

La Resurrección es uno de sus milagros y el cumplimiento de una profecía. Necesitamos enfocarnos en ella por separado.

Una cosa fue para Jesús el traer a Lázaro de vuelta de la tumba. Pero es infinitamente más grande el resucitarse a sí mismo. Aún cuando Lázaro salió de la tumba, él moriría nuevamente algún día. ¡Pero Jesús se resucitó a sí mismo con un nuevo cuerpo que viviría para siempre!

Jesús no sólo predijo su resurrección, ¡incluso afirmó en cuántos días lo haría!

"Destruyan este templo -respondió Jesús-, y lo levantaré de nuevo en tres días."

—Juan 2:19 (NVI)

"Porque así como tres días y tres noches estuvo Jonás en el vientre de un gran pez, también tres días y tres noches estará el Hijo del hombre en las entrañas de la tierra".

—Mateo 12:40 (NVI)

"Luego comenzó a enseñarles: -El Hijo del hombre tiene que sufrir muchas cosas y ser rechazado por los ancianos, por los jefes de los sacerdotes y por los maestros de la ley. Es necesario que lo maten y que a los tres días resucite".

—Marcos 8:31 (NVI)

¡Lo anticipó! Vivimos en tiempos en los que nos asombramos cuando un entrenador predice un triunfo en un partido de fútbol. ¡Pero eso es nada comparado con la predicción de Jesús de que haría algo que nadie había hecho antes ni lo haría después!

Jesús reclamó la autoridad que estaba detrás de la resurrección.

"Por eso me ama el Padre: porque entrego mi vida para volver a recibirla. Nadie me la arrebata, sino que yo la entrego por mi propia voluntad. Tengo autoridad para entregarla, y tengo también autoridad para volver a recibirla".

—Juan 10:17–18.

No sólo dijo que su resurrección sucedería; Jesús dijo que sucedería pero por su elección y por su poder.

Las preguntas de discusión 3 y 4 pueden ser usadas ahora.

Thomas Arnold (Profesor de Historia en Oxford) escribe acerca de la resurrección desde una perspective histórica: "No conozco otro hecho en la historia de la humanidad que haya sido mejor probado, lleno de evidencias de todo tipo, para el entendimiento de cualquier interesado, que la gran señal que Dios nos ha dado de que Cristo muriera en una cruz y luego se haya levantado de entre los muertos".[4]

Simon Greenleaf, profesor y uno de los pioneros de la escuela de Leyes de Harvard, escribe desde un punto de vista legal acerca de la evidencia dada por los discípulos de Jesús en la Biblia: "Es entonces imposible que ellos hayan persistido en afirmar las verdades narradas, si Jesús no se hubiera levantado de entre los muertos, y ellos no hubiesen conocido con certeza este hecho como conocían cualquier otra realidad".[5]

El cumplimiento de la profecía… los milagros … La resurrección – Todas evidencias claras de que Jesús es quien dijo ser. Jesús vino a este mundo como Dios mismo encarnado.

Lee Strobel, un reportero del Chicago Tribune, se había declarado un ateo durante toda su vida. Para él, ésta era la creencia más razonable. Los eventos de su vida, sin embargo, lo llevaron a tener una leve sospecha de que podría haber algo de verdad en lo que la Biblia dice acerca de Jesús. Lee hizo algo que requería de mucha valentía. Decidió investigar y buscar la verdad. Ahora escuchen sus palabras acerca de a dónde lo llevó su búsqueda.

La fecha: 8 de noviembre de 1981. Era un domingo. Estaba encerrado en mi oficina en casa y pasé la tarde repasando la jornada espiritual por la que había transitado a lo largo de 21 meses…

Lo admitiré. Estaba emboscado por la cantidad y calidad de la evidencia de que Jesús es el único Hijo de Dios. Al sentarme en mi escritorio ese domingo por la tarde, mi cabeza se paralizó de asombro. ¡He visto a acusados ir a parar a la cámara de gases con mucha menos evidencia! Los hechos acumulados y todos los datos señalaban con toda seguridad hacia una conclusión con la que no me sentía tan cómodo …

Me di cuenta de que mi mayor objeción contra Jesús fue acallada por la evidencia de la historia. Me hallé pensando en cómo las cosas habían cambiado.

A la luz de los hechos convincentes que aprendí durante mi investigación, frente a esta abrumadora avalancha de evidencia en el Caso de Cristo, la gran ironía era esta: ¡se necesitaba mucha más fe para seguir siendo ateo que para poner la confianza en Jesús de Nazaret!…

Hablé con Dios con una oración desde el corazón, una oración inédita. En ella admití y decidí cambiar mi accionar equivocado y recibir el regalo del perdón y la vida eterna a través de Jesús. Le dije también que con su ayuda quería seguirle a Él y a sus mandatos desde ahora en adelante.

No hubo luz, ni respuesta audible, tampoco sensaciones raras. Sé que hay mucha gente que siente una sensación de emoción en momentos como este; pero para mí, sin embargo, había algo más que era igualmente estimulante; era la sensación de la razón.[6]

Plan de Sesión dividida: Si estás enseñando este estudio en dos sesiones, termina la primera ahora.

¡Jesús es totalmente Dios, Jesús es totalmente hombre!

Créase o no, muchos de nosotros tenemos más problemas con la segunda parte de lo que acabo de decir que con la primera. Hallamos fácil aceptar el hecho de que Jesús es Dios y no tanto el *creer* que Él realmente fue un hombre, un ser humano como tú y yo.

He hallado que antes de que seamos creyentes, tenemos dificultades con aceptar la realidad de que Jesús sea 100 por ciento Dios. También he visto que una vez que nos convertimos en creyentes, se vuelve más difícil entender que Jesucristo era también 100 por ciento un hombre.

La verdad es que necesitamos mantenernos firmes en las dos creencias para poder poner nuestros ojos en el Jesús verdadero. ¡Es importante que cada día conservemos nuestros ojos fijos en ÉL!

Lo que capta tu atención, te tiene a tí. ¿Has notado lo fácil que es que nuestras vidas caigan en la rutina, y cómo nuestras narices están fijas en lo que hacemos a diario? Anne Ortlund, escribiendo acerca de esta tendencia humana, nos compara con ovejas:

> Sabes como es una oveja. Con su cabeza abajo va mordisqueando, mordisqueando, mordisqueando.
>
> Con el rabo del ojo la oveja ve un nuevo pasto; se mueve a la derecha y se pone de nuevo a comer, comer y comer…...
>
> ¿Cuando has visto a una oveja subir a un árbol para ver el horizonte, ver de dónde vino y hacia donde se dirige, bajar y luego partir? Nunca. ¿Te identificas con una oveja? ¿Vives casi siempre con tu cabeza abajo?
>
> ¿Te estás identificando con una oveja? ¿Casi siempre andas con tu cabeza abajo?
>
> Ahora es tiempo de trabajar ...
>
> No debes olvidar llevar los pantalones y los limpiadores ...
>
> Las cinco de la tarde; pensar qué hacer para cenar ...
>
> Es jueves, debo regresar mil libros a la biblioteca ...
>
> Faltan cinco minutos para que llegue el autobus…
>
> ¿Pastar, comer, mordisquear...?
>
> ¿Qué te consume? ¿A dónde vas? ¿Has errado tu meta? ¿Tiene tu vida un objetivo específico?
>
> En lo profundo de tu interior sabes lo que necesitas.
>
> Poner tus ojos en Jesús.[7]

¡Poner tus ojos en Jesús! Esta es la meta de este estudio. Mucha gente trata de poner sus ojos en Jesús sin tomarse el tiempo para ver quién es realmente. Si vas a enfocar tu atención en la persona de Jesús, debes asirte a la enseñanza de que Jesús es tanto hombre como Dios. Esto es importante porque ¡es el centro de quién es Jesús!

Jesús es hombre.

Sólo por un momento, imagina conmigo que estás en el colegio con Jesús ¿Cómo sería eso? Realmente arruinaría el promedio ¿verdad? Supón además que eres del tipo competitivo y que por eso estás intentando obtener una mejor calificación que Jesús. ¿Cómo ganarle en geografía? (Él creó el mundo y todo lo que hay en él). ¿Superarlo en estudios bíblicos? (Él escribió la Biblia). ¿Y de la historia? (Él observó el desarrollo de toda la historia) ¿y de Educación Física? ¡ni hablar, Jesús lanza la pelota a 200 por hora!

Esto da lugar a una pregunta. ¿Era Jesús un tipo de super-hombre con una fuerza de hombre de acero? No, era un ser humano real. Cuando golpeó su pulgar con un martillo en el taller de su padre, le dolió tal como nos hubiese dolido a cualquiera de nosotros. (¡Aunque seguramente diría algo completamente diferente a lo que nosotros decimos!) Jesús era totalmente Dios y totalmente hombre.

¿Cómo sabemos que Jesús es un hombre?

1. <u>NACIÓ</u> como humano (Isa. 7:14–16; Mateo 1:23; Gal. 4:4).

   (Nacimiento virginal)

   Jesús vino a este mundo de la misma forma en que nosotros vinimos: nació como un bebé. Cuando pensamos en lo vulnerables, y dependientes que son los bebés, podemos ver la increíble humildad que Jesús tuvo al escoger nacer como humano.

2. Mostró un <u>CRECIMIENTO</u> humano (Lucas 2:52).

   Nota las cuatro maneras humanas en las que Jesús creció:

   "En sabiduría, estatura y favor para con Dios y los hombres." Jesús creció:

   - <u>INTELECTUALMENTE</u>
   - <u>FÍSICAMENTE</u>
   - <u>ESPIRITUALMENTE</u>
   - <u>SOCIALMENTE</u>

   Jesús no nació como un super bebé, lleno de conocimiento desde el inicio. Tuvo que aprender tal como nosotros tuvimos que hacerlo. Tuvo que memorizar el Antiguo Testamento que Él mismo escribió. Tuvo que aprender de la creación que Él hizo. Jesús era perfecto, pero eso no significa que no tuviera que crecer ...

3. Experimentó <u>EMOCIONES</u> humanas

Es por esto que me disgustan las películas que muestran la vida de Jesús. Todas muestran a Jesús como una persona sin emociones. Jesús simplemente imagina la vida en un tipo de trance místico. ¡No es ¡verdad! Jesús estaba lleno de emociones ¡lleno de vida!

Jesús sintió:

- **Dolor (Juan 11:35)**

  Jesús creció en una cultura judía que sabía cómo expresar una emoción. Cuando los judíos sollozaban, no era una pequeña lágrima resbalando por su mejilla. Lo hacían abiertamente y en alta voz. Incluso rasgaban sus ropas para expresar su sufrimiento.

- **Pesar (Mateo 26:38)**

- **Asombro (Mateo 8:10)**

- **Amor (para un no creyente: Marcos 10:21; por sus amigos: Juan 11:5; por sus discípulos: Juan 13:1; por su madre: Juan 19:26–27)**

- **Admiración (Marcos 6:6)**

- **Angustia (Marcos 14:33)**

- **Compasión (Marcos 1:41)**

- **Ira (Marcos 3:5)**

  La Ira es una emoción, no un pecado. Nuestra ira es a menudo pecaminosa, pero no tiene por qué serlo. Jesús se enojó, pero nunca pecó.

4. Tuvo <u>EXPERIENCIAS</u> y <u>NECESIDADES HUMANAS</u>

 20

- **Estuvo cansado (Juan 4:6; Marcos 4:38).**

  Imagina pasar todo el día con multitudes, sirviendo, enseñando, sanando y escuchando. Jesús se cansaba.

- **Tenía hambre (Mat. 4:2).**

- **Tenía sed (Juan 19:28).**

- **Estuvo en agonía (Lucas 22:44).**

- **Fue tentado (Mateo 4:1–11).**

  El no cayó en tentación—pero fue tentado.

- **Murió (Lucas 23:46).**

  Jesús pasó por la más humana de todas las experiencias – la de la muerte física.

¿Por qué lo haría? Por qué dejar la perfección del cielo y venir a convertirse en un simple hombre? ¡Por su amor por ti!

Una palabra fresca

Encarnación

La palabra *encarnación* viene del latín "en la carne". Cuando Jesús nació en Belén, era la encarnación de Dios en este mundo. Dios viniendo a nosotros en carne y hueso.

Las preguntas de discusión 5 y 6 pueden usarse aquí.

Jesús es totalmente Dios y totalmente hombre

 21

El concilio de Calcedonia se reunió en el año 451 D.C. para tratar con las falsas enseñanzas acerca de la naturaleza de Cristo en aquellos días. Veamos su famosa afirmación de la verdad de que Jesús es totalmente Dios y totalmente hombre.

Jesús existe "en dos naturalezas que existen sin confusión, sin cambios, sin division, sin separación, la diferencia de las naturalezas, sin embargo, no ha sido anulada por la unión, por el contrario, las propiedades de cada una han sido preservadas y ambas naturalezas concurren en una sola persona".

¡GUAUU! ¿Qué significa todo esto?

* Jesús es 100 por ciento Dios y 100 por ciento hombre el 100 por ciento del tiempo (Cierto que esto no es matemática pura, pero sí excelente teología).

* Jesús no fue Dios viviendo dentro de un hombre. Tampoco era un hombre que se convirtió en Dios. Tampoco fue Dios que aparentaba ser un hombre. Jesús combinó ambas naturalezas en una sola personalidad: era totalmente Dios y totalmente hombre.

* Jesús es perfectamente humano y cubierto de una completa deidad.

Una palabra fresca

Unión hipostática.

La unión de una deidad completa, sin disminuciones y una humanidad perfecta, en una sola persona. Esto significa que

---

Jesús no sólo era Dios y hombre sino que siempre sería Dios y hombre.

1. **Jesús siempre ha sido Dios (Juan 1:2).**

2. **Jesús se hizo hombre mientras seguía siendo Dios (Juan 1:14).**

3. **Jesús sigue existiendo como Dios y hombre (Hechos 1:9–11).**

El hecho de que Jesús es tanto Dios como hombre es tan profundo, que fácilmente podría volverse engorroso.

Es fácil cometer el error de pensar que Jesús es de alguna forma una "mezcla" de hombre y Dios. El hecho de que Jesús fuera hombre, de ninguna manera disminuye la realidad de que es Dios, y su realidad de Dios tampoco anula en nada la posición de ser totalmente hombre. Jesús no es hombre y Dios por separado; es totalmente las dos cosas: hombre y Dios.

Espera un minuto. ¿No es que el tomar forma humana restó de alguna forma su naturaleza de Dios? Dios puede estar en todos los lugares al mismo tiempo, pero Jesús, mientras vivió en la tierra, podía estar en un solo lugar al mismo tiempo. Jesús hizo una elección. Permíteme explicartelo de esta manera:

Jesús se limitó a sí mismo— se convirtió totalmente en hombre.

Pero ...

Jesús no se disminuyó—siempre se mantuvo totalmente como Dios

Se limitó a sí mismo, pero no se disminuyó. Ahora tomemos unos pocos minutos para ver esta realidad un poco más de cerca.

Jesús se limitó a sí mismo.

 22

Después de un estudio bíblico acerca de la oración de Jesús, un muchacho de cuarto grado preguntó: " Hablamos de Jesús orando en esta tierra, pero si Él es Dios ¿no sería eso como si se hablara a sí mismo?" GUAUU, ¡este joven sí que era un pensador! La verdad de la encarnación es que Jesús, cuando vino a la tierra, decidió limitarse a sí mismo de algunas maneras.

- **Tomando forma de hombre (Filipenses 2:6–8)**

- **Limitando su presencia a un solo lugar a la vez.**

- **Tomando una posición en la que el Padre era "mayor" (Juan 14:28)**

- **Limitando su entendimiento (Mateo 24:36)**

Jesús no se hizo en nada menor a Dios decidiendo limitarse en estas cosas. Al caminar en esta tierra, todavía poseía los atributos que le hacían Dios: omnisciencia, omnipresencia y omnipotencia. En realidad, hubo veces en las que mostró su omnisciencia, su habilidad de conocerlo todo, incluso al vivir como hombre. Por ejemplo en Marcos 2:8 dice, "En ese mismo instante supo Jesús en su espíritu que esto era lo que estaban pensando. -¿Por qué razonan así? -les dijo-". El pudo haber ejercitado cualquiera de sus atributos en cualquier momento, pero había decidido limitarse a sí mismo.

La idea de que Jesús se limitara y aún así siguiera siendo Dios, es muy difícil de comprender. Es una de esas ocasiones en las que es mejor darnos cuenta de que Dios es mucho mayor que nosotros y que algunas de las verdades acerca de Él son difíciles de comprender para nosotros.

Hay una palabra que describe bien la decisión de Jesús de limitarse, y es amor. ¿Te has limitado alguna vez por amor? Probablemente sí. Padres ¿Se han limitado ustedes por amor? Seguro que lo han hecho. Tal vez te encantaría conducir un convertible pero tienes una minivan, ¡Te has limitado a ti mismo! Quizás quisieras estar en un hermoso restaurant pero estás en un McDonald's. Te has limitado a ti mismo. Con estos pequeños ejemplos, podemos entonces comprender a Jesús en su decisión de autolimitarse cuando vino a esta tierra para satisfacer nuestras necesidades.

Jesús no se disminuyó.

 23

- **Seguía siendo totalmente Dios mientras anduvo por esta tierra.**

- **La decisión de nacer como hombre, caminar por la tierra y morir en una cruz fue suya, como parte de la Trinidad.**

Aún estando en la tierra, Jesús se limitó a sí mismo por su propia elección: Pudo haber convertido las piedras en panes cuando Satanás lo tentó (Lucas 4:3). Pudo haber llamado a 10.000 ángeles para salvarse de la cruz (Mateo 26:53), pero escogió no hacerlo.

No quisiera dejar este tema sin revisar lo que Dios quiere que aprendamos de la elección que hizo Jesús de limitarse a sí mismo para convertirse en un hombre.

Perspectiva Personal clave.

Filipenses 2:5–11 es uno de los pasajes más emocionantes acerca de la disposición de Jesús de ser un hombre. Notemos que para comenzar, el pasaje nos dice: "Tu actitud debe ser la misma que la de Cristo". ¿De qué está hablando Pablo? ¿Qué actitud se revela en la disposición de Jesús a ser un hombre?

Versículos 3–4 comparten algunos aspectos específicos acerca de esta actitud:

- **No hacer nada por ambición personal.**
- **No actuar de forma arrogante o vanidosa.**
- **Considerar a los otros como superiores a uno mismo.**
- **No ver sólo nuestras necesidades.**
- **Velar por los intereses de los demás.**

La actitud es <u>HUMILDAD</u>.

> La cruz dice algo que probablemente nos deje pasmados. Y es esto: Dios es humilde. A Dios le costó mucho más redimir nuestro mundo que lo que le tomó crearlo. Dios lleva todo el universo a sus espaldas con facilidad, pero cuando llevó esa cruz al Calvario, ¡tropezó y cayó! Dios puede llevar a Orión y toda la Vía Láctea en los dedos de la mano, pero cuando llevó la carga del pecado de la humanidad y su culpa, sudó gotas de sangre; (¡recuerda!) El Padre Celestial sufrió todos los sufrimientos en su hijo encarnado.[8]

Philip Yancey escribe:

> En una memoria acerca de los años de la Segunda Guerra Mundial, Pierre Van Paassen nos cuenta un acto de humillación realizado por soldados Nazis, que habiendo capturado a un anciano judío, que era un rabino, lo llevaron a sus cuarteles. Al fondo de la misma habitación, dos colegas de ellos golpearon a otro judío hasta matarlo, pero los captores del rabino decidieron divertirse un poco con él. Lo desnudaron y le ordenaron predicar el sermón que había preparado para el sábado siguiente en la sinagoga. El rabino preguntó si podía usar su yarmulke y los nazis accedieron. Eso añadiría algo de burla. El tembloroso rabino procedió a decir su sermón con su voz rugosa; hablaba sobre lo que significa caminar en humildad delante de Dios, y durante todo el tiempo recibió golpes y empujones por parte de los nazis, además de que estuvo acompañado por los gritos de su vecino al final del cuarto.

> Cuando leo los relatos bíblicos de la prisión, tortura y ejecución de Jesús, pienso en este rabino desnudo, de pie, humillado en la estación de policía. Aún después de haber visto películas del tema y de leer los evangelios vez tras vez, no puedo llegar a comprender la indignidad y la vergüenza que soportó el hijo de Dios en la tierra, desvestido, desnudo, golpeado, y coronado con espinos.[9]

Jesús se humilló, se convirtió en hombre, estuvo dispuesto a sufrir el ridículo en público y una muerte en la cruz. Todo lo hizo para salvarnos, pero también para darnos un ejemplo de cómo debemos tratar a los demás. Jesús estaba dispuesto a hacer esto por mí, y puedo aprender de su ejemplo e imitar su disposición. Puedo humillarme a mí mismo a favor de los demás: mi esposo (a), mis compañeros de trabajo, mis hijos y mis amigos.

¿Dónde podemos, tú y yo obtener la fuerza para actuar como Jesús y vivir como Él? La obtenemos de Él mismo- del hecho de que es totalmente hombre y totalmente Dios.

Siendo totalmente hombre, Jesús nos muestra que <u>COMPRENDE</u> nuestras necesidades.

Siendo totalmente Dios, Jesús nos muestra que puede SATISFACER todas nuestras necesidades.

Para recibir la fortaleza de Jesús, ¡necesito saber que Él comprende mis necesidades! Ayuda el saber que hay por lo menos una persona que comprende completamente por lo que estoy pasando. (Por cierto, Jesús obviamente comprendía todas nuestras necesidades incluso antes de venir a esta tierra. Siendo Dios, Él conocía todo. Pero al venir a esta tierra como hombre, nos mostró cuán profundamente nos comprende)

Pero el comprender no es suficiente. También necesitamos que alguien pueda hacer algo al respecto. Jesús no vino a esta tierra sólo para darnos una palmada en la espalda y decirnos, "Me compadezco contigo y con lo que estás pasando" Él vino a mostrarnos que tiene el poder para hacer una diferencia en nuestras vidas diarias y nuestras necesidades de cada día.

Ese es Jesús, totalmente hombre y totalmente Dios. Este es el fundamento de todo lo que creemos. Si dejamos este fundamento, de que Jesucristo es Dios y hombre, todo el resto se cae. ¿La cruz? No significaría nada porque no hay poder en ella para lograr establecer una diferencia.

¿Y el Día de Pentecostés? Sería sólo un show.

¿Y todos los libros del Nuevo Testamento? Cada uno de ellos sería una mentira. Si esta verdad no es verdad, todo el resto se cae desde Belén hasta el Calvario y el Día de Pentecostés.

Pero no se ha caído. Esta verdad es la realidad sobre la cual descansa toda la historia. Jesucristo –Dios encarnado- vino a este mundo. Jesús vivió por nosotros y murió por nosotros. Jesús resucitó por nosotros. ¡Puedes jugarte la vida por esto!

La pregunta de discusión 7 se puede usar aquí.

Terminen de memorizar la tarjeta 3, "La Verdad acerca de Jesús."

Preguntas de discusión.

1. ¿Cómo te ha ayudado tu amistad con otros creyentes a ver el amor de Dios de formas frescas y nuevas?

2. Comparte tus experiencias en esta última semana, actuando en la verdad de que Jesús es nuestro mejor amigo. ¿De qué formas sentiste la cercanía y amistad de Jesús como parte de tu vida diaria? ¿En qué te sentiste frustrado y hubieras deseado recordar lo cercano que está Jesús? (No temas compartir tus frustraciones; eso animará a otros que hayan enfrentado los mismos sentimientos durante la última semana).

3. ¿Cuál de las tres evidencias para comprobar que Jesús es Dios es para ti la más fuerte? ¿Por qué consideras esta evidencia como la más importante?

   Líder de Grupo Pequeño: Recuerda a tu grupo que no existe una sola respuesta para esta pregunta. Hay oportunidad para que cada uno diga cuál de estas evidencias fortalece su fe más claramente.

4. Incluso con esta evidencia, mucha gente aún lucha con creer. ¿Cuál es la diferencia entre las pruebas físicas y la fe personal? ¿Es acaso la fe algo que podemos tener sin ninguna prueba? ¿Son las pruebas la garantía de que tenemos fe?

   Líder de Grupo Pequeño: Ayuda al grupo a ver que no existe una cantidad definida de pruebas que les permita tener fe. La fe es un asunto de confianza, no de pruebas científicas. Esta evidencia es sólo el apoyo de nuestra fe, ¡no su corazón! La evidencia nos puede fortalecer la fe que tenemos o retarnos con la necesidad de tener fe en Dios, pero nunca puede *producir* fe. La fe viene a nuestras vidas como un regalo de la gracia de Dios. Es una decisión de la *voluntad*, no del *intelecto*. Por otro lado, nuestra fe no carece de evidencia. Dios no nos pide perder nuestro sentido racional cuando ponemos nuestra fe en Él. La diferencia entre la fe cristiana y la que algunos líderes de sectas piden, es que el cristianismo tiene pruebas tangibles como fundamento de nuestro compromiso de fe.

5. ¿Qué te resulta más difícil ver como real: la realidad de que Jesús es completamente Dios o la realidad de que es completamente hombre?

   Generalmente, los no creyentes tienen más dificultades en ver a Jesús como Dios, mientras los creyentes tienen dificultad en verlo como humano.

6. Sabemos que Jesús se puede identificar con nuestras luchas y debilidades gracias a que se hizo hombre. Menciona una o dos áreas en las que te sientes feliz de que Jesús se identifique contigo.

Fatiga-Tentaciones- Emociones- Desilusión- Traición- Relaciones- Estrés- Otras: _____

7. La vida de Jesús consistía siempre en servir a los demás. Aquellos que se acercaban a Él, siempre terminaban pareciéndosele cada vez más. Deseando servir a los demás. ¿Quién podría necesitar de tu servicio en el nombre de Jesús en esta próxima semana? No tiene que ser algo grande o notable.

En Mateo 10:42 Jesús dice, "Y quien dé siquiera un vaso de agua fresca a uno de estos pequeños por tratarse de uno de mis discípulos, les aseguro que no perderá su recompensa".

Esta semana busca, de igual manera, formas de servir y ministrar en el nombre de Jesús. No tienes que decirle a las personas que sirves que lo haces en el nombre de Jesús. "¡Te estoy pasando esta tasa de café desinteresadamente, en el nombre de mi Señor y Salvador Jesucristo!" ¡No lo hagas de esta forma! Debes simplemente hacerlo sin atraer la atención hacia ti.

Para Profundizar en el estudio

Edersheim, Alfred. *La Vida y Tiempos de Jesús el Mesías*. McLean, Va.: MacDonald, n.d.

Elwell, Walter, ed. *Análisis Tópico de la Biblia*. Grand Rapids, Mich.: Baker, 1991.

Little, Paul. *Conoce aquello en lo que crees*. Wheaton, Ill.: Victor, 1987.

Lucado, Max. *Dios se ha acercado*. Portland, Ore.: Multnomah Press, 1987.

McDowell, Josh. *Más Evidencia que exige un veredicto*, Nashville: Nelson Reference, 1999.

Rhodes, Ron. *El corazón del cristianismo*, Eugene, Ore.: Harvest House, 1996.

Strobel, Lee. *El caso de Cristo*. Grand Rapids, Mich.: Zondervan, 1998.

Yancey, Philip. *El Jesús que nunca Conocí*. Grand Rapids, Mich.: Zondervan, 1995.

El Espíritu Santo
1a Parte

Metas transformadoras.

- Experimentar un nuevo sentido de seguridad en tu relación con Dios, basada en la presencia del Espíritu en tu vida.

- Ver con los ojos de la fe cómo obra el Espíritu en tu vida.

Sumario de Puntos principales de la Enseñanza

Trasfondo Histórico

¿Cuál es el rol del Espíritu Santo hoy en día?

El Espíritu Santo me regenera.

El Espíritu Santo me bautiza.

1. El bautismo del Espíritu Santo pone al cristiano dentro del cuerpo de Cristo y dentro del propio Cristo.

2. El bautismo del Espíritu Santo es un evento que se da una sola vez, al momento de la salvación.

3. El bautismo del Espíritu Santo es una experiencia universal para todos los creyentes

El Espíritu Santo mora en mí

El Espíritu Santo me ha sellado

El Espíritu Santo es el depósito de la promesa de Dios

Cierra tus ojos por un momento e imagina algunas cosas que te pediré. Cuando digo: "Dios el Padre" ¿Qué viene a tu mente? Ojalá que no una mecedora. Dios no es el anciano celestial que a veces vemos en cuadros. Para muchos, Dios es una luz gloriosa. ¿Y que tal Jesús el Hijo?

Esa es sencilla, hemos visto retratos de Jesús en pinturas y películas. Pero que tal si pregunto por el Espíritu Santo, ¿qué viene a tu cabeza? La Biblia nos da algunas descripciones, pero son difíciles de visualizar. En Juan 3, Jesús dice que el Espíritu Santo es como el viento. Puedo ver lo que hace el viento, pero es muy difícil imaginar al viento en sí. Es una fuerza invisible. Jesús está diciendo que el Espíritu es la persona invisible de Dios que trabaja en nuestras vidas. No es visible pero es real y poderoso.

El Espíritu Santo tiende a ser el miembro negado de la Trinidad. Muchas personas piensan que el Espíritu Santo es una fuerza impersonal. En este estudio, quisiera presentarles a la persona del Espíritu Santo.

Cuando hablo de Dios Padre o Hijo, es natural que los imaginemos como personas —todo padre e hijo que hemos conocido son personas. Pero cuando escuchas la palabra "espíritu", no piensas en una persona sino en algo como Gasparín el fantasmita amigable. Pero todos tenemos un espíritu y todos somos personas. En realidad, el Espíritu es la parte más importante de nuestro ser.

Cierra tus ojos una vez mas por un momento. Esta vez imagínate a ti mismo, pero obsérvate diferente de como eres ahora. Estás creciendo en tu fe como nunca antes, incluso en tiempos difíciles. Tienes una conciencia clara y firme del amor de Dios por ti en el centro de tu ser. Si alguien te pidiera describir la experiencia de tu vida diaria, una de las palabras que usarías sería "gozo" y dirías, "Sé que estoy muy lejos de ser perfecto, pero una buena parte del tiempo vivo en la realidad de que estoy viviendo la vida que Dios quiere que viva".

Estás entonces viendo al Espíritu Santo, viendo en tu mente el impacto personal que Él puede hacer en tu vida diaria.

Al comenzar nuestra mirada al Espíritu Santo, recordémonos a nosotros mismos la verdad de la Trinidad de Dios que estudiamos unas semanas atrás.

Revisión de algunas verdades acerca de Dios:

1. **Dios se relaciona con nosotros como una Trinidad, tres personas en un ser.**

2. **Dios es uno, no son tres dioses, sino un solo Dios (Deut. 6:4).**

3. **El Padre es Dios, el Hijo es Dios y el Espíritu es Dios.**

4. **Los tres son diferentes uno del otro, separados pero uno.**

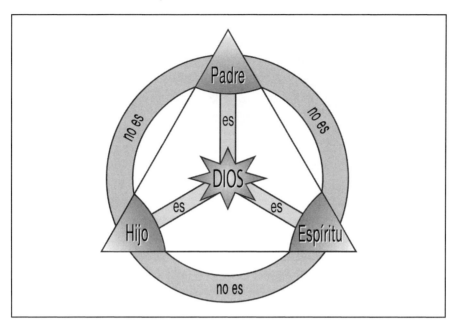

Cuando hablamos del Espíritu estamos hablando de Dios. No estamos hablando de una parte de Dios o de cómo Dios actúa o se siente. Estamos hablando del mismo Dios.

Algo de trasfondo histórico te ayudará a comprender lo que la Biblia enseña acerca de la obra del Espíritu Santo en tu vida.

Trasfondo histórico.

En el Antiguo Testamento, el Espíritu Santo venía sobre las personas en momentos <u>VARIADOS</u> y para cumplir propósitos <u>ESPECÍFICOS</u>. Nunca habitó dentro de una persona

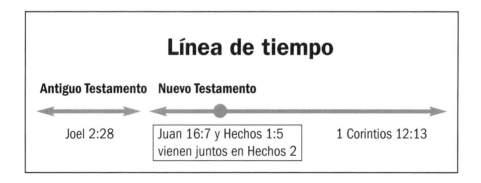

Mira esta línea de tiempo. Esta es una simple expresión del terremoto espiritual que cambió todo cuando Jesús vino.

Antes de que Jesús viniera a la tierra, en el Antiguo Testamento, el Espíritu Santo estaba presente en el mundo, pero no habitaba permanentemente en las vidas de los creyentes. Venía sobre los creyentes pero sólo en ciertas ocasiones y para tareas específicas. Pero Dios tenía algo diferente en mente. En el Antiguo Testamento está la promesa de algo nuevo que Dios estaba preparando. Joel lo expresó en las palabras que el Señor le dio, diciendo: Después de esto, derramaré mi Espíritu sobre todo el género humano. (Joel 2:28).

Jesús mismo señaló nuevamente esta promesa cuando dijo a sus discípulos en Juan 16:7, "Pero les digo la verdad: Les conviene que me vaya porque, si no lo hago, el Consolador no vendrá a ustedes; en cambio, si me voy, se los enviaré a ustedes.

Veamos detenidamente Hechos 1:5 y 1 Corintios 12:13. En Hechos, Jesús promete que íbamos a ser bautizados con el Espíritu Santo. En Corintios, Pablo nos dice que todos los creyentes habían sido bautizados con el espíritu. ¿Qué pasó entre Hechos 1 y 1 Corintios 12? ¡Pues, Hechos 2! En Hechos 2, el Espíritu de Dios viene a morar en todos los creyentes, y en ese momento ¡todo cambió! En uno de los eventos más importantes de la historia humana, el Espíritu de Dios vino a morar permanentemente en los creyentes. El significado único de este evento se puede ver en el hecho de que Dios envió un gran viento y lenguas como de fuego marcaron el momento. ¡Podríamos decir que Dios tiene sus propios fuegos artificiales! Siete semanas después de la resurrección de Jesús, el sonido de un gran viento irrumpió en el aposento alto donde 120 creyentes estaban reunidos. Había lenguas como de fuego que salían de arriba de sus cabezas. Cuando salieron a las calles, hallaron que podían comunicarse en todas las lenguas de las personas que estaban en ese momento en Jerusalén para celebrar el día de Pentecostés. ¡Dios se estaba asegurando de que nadie olvidara ese día!

Consejo práctico de enseñanza.

Siempre es un reto contar una historia de una forma emocionante. Posiblemente recuerdas a ese maestro en el colegio que hacía de la parte más emocionante de una historia, una aburrida lectura del directorio telefónico. ¡Cuenta la historia que te presentamos de manera emocionante! La única manera de hacerlo es estando realmente entusiasmado con lo que dices. Cuenta esto como si estuvieras relatando la ruptura de un record mundial. La verdad es que la historia de lo que sucedió en el día de Pentecostés es más emocionante que eso. Es una verdad que impactará tu vida por la eternidad.

La emoción se expresa a través de nuestro lenguaje corporal tanto como de la forma en que hablamos. Los estudios muestran que más o menos la mitad de lo que comunicamos lo hacemos a través de nuestro lenguaje corporal, estas son algunas cosas que puedes hacer:

Puedes moverte fuera del púlpito o atril.

Párate de frente a la audiencia.

Párate en las puntas de tus pies, con un sentido de anticipación.

Usa movimientos largos de los brazos. No los muevas como si fueras un molino de viento, pero tampoco temas hablar con tus manos. Esto es lo que hacemos cuando estamos emocionados por algo.

Expresa con tus ojos y el tono de tu voz, tu emoción acerca de lo que Dios ha hecho por nosotros. (El tono de voz es un 30 a 40 por ciento de tu comunicación. Un tono de voz emocionado no tiene que ser alto, sólo necesita tener pasión)

Pregunta: ¿Debemos tener una experiencia como la de Hechos 2 para ser llenos del poder del Espíritu Santo? ¡Claro que no! Estos discípulos tuvieron una experiencia única porque el Espíritu Santo estaba comenzado a habitar en la vida de los creyentes por primera vez en aquél día de Pentecostés. Pero la realidad es que nuestras experiencias serán únicas y eso no debería limitar nuestra expectativa de lo que el Espíritu Santo puede hacer en nuestras vidas.

Hay dos maneras en las que limitamos al Espíritu hoy en día:

Primero, decimos que el Espíritu "no puede hacerlo de esa manera". Tengo una respuesta profundamente espiritual para eso: ¡pamplinas! Él es Dios y por lo tanto puede hacer las cosas de la manera que Él quiera. (El Espíritu nunca obrará de una forma inconsistente con el carácter de Dios o con su palabra.)

Segundo, decimos que tiene que hacerlo "de esta manera" igual a lo que sucedió con los discípulos en el libro de los Hechos; pero la Biblia no dice eso. No tienes que hablar en lenguas para probar que estás lleno del Espíritu. No tienes que tener fuego sobre tu cabeza, o tener el poder para sanar o predicar y que 3.000 se conviertan.

La pregunta importante es, ¿Qué dice la Biblia acerca de cómo obra el Espíritu en la vida de cada creyente? Veremos cuatro formas específicas en las que el Espíritu de Dios obra en nuestras vidas.

Las preguntas de discusión 1 y 2 se pueden usar aquí.

¿Cuál es el rol del Espíritu Santo ahora?

El Espíritu Santo me REGENERA.

Definición: DARME UN NUEVO NACIMIENTO

El término más común para regenerar es "nacer de nuevo".

La frase "nacer de nuevo" viene directamente de la Biblia. Jesús la usó con Nicodemo en Juan 3.

"De veras te aseguro que quien no nazca de nuevo no puede ver el reino de Dios -dijo Jesús".

—Juan 3:3 (NVI)

Tito 3:5 nos habla acerca del nuevo nacimiento que nos da el Espíritu.

"El nos salvó, no por nuestras propias obras de justicia sino por su misericordia. Nos salvó mediante el lavamiento de la regeneración y de la renovación por el Espíritu Santo"

—Tito 3:5 (NVI)

Esta es la simple verdad:

Antes de que viniera Cristo, estaba ESPIRITUALMENTE MUERTO.

Ahora estoy ESPIRITUALMENTE VIVO a través del nuevo nacimiento.

"Lo que nos da vida es el Espíritu de Dios; el poder humano no tiene utilidad para nada. El Espíritu da vida; la *carne no vale para nada. Las palabras que les he hablado son espíritu y son vida".

—Juan 6:63 (NVI)

¿Qué significa estar espiritualmente muerto? ¿o espiritualmente vivo? Nuestro espíritu es la parte interior de cada uno de nosotros que se relaciona con el Dios que nos hizo.

Cuando Adán y Eva fueron creados, estaban espiritualmente vivos; tenían una relación profunda e íntima con Dios. Caminaban con Dios y hablaban con Él. Estaban conectados con el Dios que los había hecho. Cuando escogieron pecar, comer el fruto del árbol que Dios les había prohibido, murieron espiritualmente. Los resultados fueron inmediatos: tuvieron miedo de Dios, se escondieron de Dios, y sabían que se habían separado de Dios.

Si la batería de tu auto está muerta, el auto no arrancará, debes colocar una batería nueva si quieres que el auto camine de nuevo. ¡Algo dentro de nosotros está muerto! (¡no le digas a la persona a tu lado "sabía que te veías raro!) Verás que por más que lo intentemos y lo intentemos, no podemos conectarnos con Dios de la forma en que sabemos que debemos. El deseo está dentro de muchos de nosotros, pero la habilidad para hacerlo no la tenemos. Somos como esa persona dentro del auto sin batería pensando, "Será que si doy vuelta con más fuerza a la llave una vez más, el auto se encenderá".

Pero por nuestro pecado estamos espiritualmente muertos. No hay batería.

Pero necesitamos algo más que un "repuesto". Necesitamos convertirnos en nuevas personas. Así que Dios nos envía a la persona de su Espíritu a nuestras vidas. A través de nuestra fe en Jesucristo, Dios toma a los que están espiritualmente muertos y los regenera a través de la obra de su Espíritu Santo proveyéndoles una nueva vida espiritual.

Esta es, a menudo, una transacción "escondida". Dios no tiene que exhibirse para hacer algo poderoso. Cuando el Espíritu Santo vino a tu vida y te salvó, ¿qué sucedió? ¿temblaste todo? ¿se te puso la piel de gallina? Muchos de nosotros no sentimos nada de eso. No es que de repente tengamos un halo. Jesús nos dijo que el Espíritu es como el viento. Como el viento. No puedes ver el Espíritu, pero ¡qué impacto tiene!

En esta sección hemos visto una corta historia acerca de la obra del Espíritu en nuestro mundo y el poder regenerador del Espíritu Santo. Antes de dejar el tema, quisiera invitarte a tomar unos minutos y cimentar en tu corazón la idea de cuán poderosas son para una persona estas verdades. El resultado final de la obra histórica del Espíritu Santo es que por nuestra fe en Jesús tenemos el Espíritu de Dios viviendo en nosotros.

El resultado final de la obra regeneradora del Espíritu Santo es, que basado en tu confianza en Jesús, eres una nueva persona.

Tengo amigos que me han dicho, "Sé que el Espíritu Santo vino a mi vida cuando me convertí en creyente, pero esto recién me lo dijeron hace algunos años; y hasta aquel momento, nadie me lo había dicho".

No quisiera que nadie salga de este estudio sin saber que el Espíritu Santo está en su vida, que es quien nos hace espiritualmente vivos, y está disponible para cuando lo necesitamos.

Plan de sesión dvidida: Si estás enseñando este estudio en dos sesiones, termina la primera sesión ahora.

Mientras pasamos de la tarea regeneradora del Espíritu al bautismo del Espíritu, permíteme tomar un momento para tratar con algunos sentimientos que pueden enfrentarse acerca de este tema. Cuando nos enfrentamos cara a cara con la verdad de que el Espíritu Santo ha venido

2. Lean lentamente. Para leer al unísono, deben hacerlo lentamente y hacer las pausas más frecuentemente mientras leen el verso.

Otro consejo: Es sorprendente cómo un pequeño cambio en nuestra forma de expresión puede capturar la atención de las personas cuando se les invita a leer. En lugar de decir simplemente, "pueden leer este versículo conmigo" prueba, por ejemplo lo siguiente: "Pueden leer este versículo con entusiasmo...", o "Pueden leer este versículo como si su vida dependiera de ello".

"Todos fuimos bautizados por un solo Espíritu para constituir un solo cuerpo -ya seamos judíos o gentiles, esclavos o libres-, y a todos se nos dio a beber de un mismo Espíritu".

—1 Corintios 12:13 (NVI)

Un Espíritu. Un cuerpo. Ser bautizados por el Espíritu Santo es una clara figura de unidad en el Cuerpo de Cristo - la Iglesia. Si pudiéramos ver con ojos espirituales, hubiéramos visto que en el momento en que nos convertimos en creyentes, instantáneamente quedamos unidos a cualquier otro creyente en este mundo como parte del Cuerpo de Cristo. Esto significa que como cristiano, no tienes por qué estar solo. Incluso con gente de países cuya lengua no conocemos o cuya cultura es totalmente diferente, existe una conexión casi tangible cuando conocemos a otro creyente. En ese instante sentimos esa conexión instantánea porque los dos somos parte del mismo cuerpo, el cuerpo de Cristo.

Estamos ahora juntos "en Cristo".

Hay 150 referencias en el Nuevo Testamento acerca de estar "en Cristo" (Efesios 1:13).

El Espíritu de Dios nos coloca "en Cristo". No tienes que hacer nada para colocarte en Cristo. En el momento en que eres salvo, Dios mismo te pone en Cristo a través de su Espíritu. ¿Qué significa estar en Cristo? Significa que cuando Dios nos ve, lo hace a la luz de nuestra fe en su Hijo.

Permíteme ponerlo de esta forma. Este trozo de papel en mi mano representa tu vida. Obviamente el papel no está limpio ni en blanco, (nadie es perfecto). Se ha ensuciado por nuestro egoísmo y llenado de lodo por nuestros hábitos pecaminosos, doblado por nuestros grandes errores, y rasgado por nuestros intentos de ser Dios, pero sin Sus fuerzas. Si sostengo este trozo de papel para que todos lo puedan ver, es un cuadro poco agradable.

En mi otra mano tengo una Biblia. Esta Biblia representa a Cristo. Deslizo este papel dentro de la Biblia y la cierro. Aunque el papel está dentro de la Biblia, lo único que puedo ver es la Biblia. Poner este papel dentro de la Biblia es igual a lo que sucede cuando Dios nos pone en Cristo. Cuando Dios nos ve ahora, lo que ve es la Gloria de su Hijo a nuestras vidas para hacernos nuevas personas, uno de los pensamientos que tenemos es, "pero me veo y actúo como el mismo/a". Tenemos los mismos sentimientos, luchamos con los mismos pensamientos equivocados y nos sentimos igualmente débiles. Si Dios está en mi vida a través de su Espíritu, ¿ yo no debería ser totalmente diferente?

Buena pregunta. Una pregunta honesta. Estas son las preguntas que deberías estar haciéndote, ahora que estás pensando en cómo calzan estas verdades en tu vida. Imagina el poder de lo que el Espíritu está haciendo en tu vida con estas palabras: El Espíritu Santo quiere hacer un cambio del tamaño del Gran Cañón en tu vida ¡así de grande! Cuando las poderosas aguas del Río Colorado comenzaron a fluir en el área que es ahora el Gran Cañón, quizá no hubiera sido evidente para nosotros que algo estaba sucediendo. No hubieran existido expresiones de asombro. Quizá hubieras pensado, "Sólo es un río como los otros." Pero lentamente y quizá imperceptiblemente, pero segura y poderosamente, este río fue cavando el Gran Cañón. A Dios le encanta trabajar de esa manera. No se ve que esté sucediendo mucho a los ojos humanos, pero Él está cambiando y transformando todo.

La vida cristiana es una vida de fe. Por la fe sabemos que no hay fuerza más poderosa obrando en este mundo que la del Espíritu en nuestras vidas. ¡No hay poder mayor en el mundo!

A la luz de esa fe, hablemos ahora acerca de la verdad del bautismo del Espíritu Santo.

El Espíritu Santo me <u>BAUTIZA</u>.

¿Qué significa que el Espíritu nos bautiza? ¿Cómo sucede esto? ¿Cuándo sucede esto? ¿qué significa esto?

Un teólogo escribe:

> "¿Qué es el bautismo impartido a nosotros por Cristo? Algunas veces escuchamos esto como si Él nos hubiese bautizado con algo diferente de Él mismo, algún tipo de influencia, poder o sentimiento. La verdad es que el Espíritu mismo es el bautismo".1

La persona de Dios viene a nuestras vidas a través de su Espíritu.

Tan simple como suena, esto es un problema y fuente de muchos desacuerdos entre creyentes; es el tema del bautismo en el Espíritu. El Espíritu fue enviado para darnos unidad, pero hemos creado desunión discutiendo acerca de la obra del Espíritu de Dios. Si piensas en esto, suena loco ¿verdad?

Permíteme tomar un momento para abordar esto. Es importante comprender que a menudo, permitimos que nuestras propias experiencias individuales y personales se conviertan en argumentos de cómo debería hacer las cosas el Espíritu. Permíteme ilustrarlo.

¿Recuerdas cómo Jesús sanó a la gente ciega? A algunos simplemente los tocó y fueron sanados (Mateo 9:29). En otros casos escupió en sus ojos (Marcos 8:23). En otros, Jesús puso lodo en sus ojos y estos fueron abiertos cuando les mandó a enjuagarse (Juan 9). Con frecuencia me he preguntado qué hubiese sucedido si hubiéramos juntado a todas esas personas a las que Jesús sanó unos años después. Uno diría "Cuando Jesús sana la ceguera lo hace inmediatamente, sólo con un toque." Otro argumentaría, "Mi experiencia es que la forma en que Jesús sana la ceguera es escupiendo; es un Dios que escupe". El hombre de Juan 9 podría decir, "No, cuando Jesús sana, siempre toma lodo y lo pone en los ojos". Puedo imaginar a este último iniciando una nueva denominación llamada la "Iglesia del lodo".

Dios no nos bautizó con su Espíritu para crear un Espíritu de contienda, fue exactamente para lo contrario. Dios esperaba que el bautismo del Espíritu fuera un punto de unidad y seguridad. Estamos perdiendo el propósito del Nuevo Testamento cuando nos permitimos entrar en discusiones acerca de la obra del Espíritu y las experiencias personales de alguien en particular. En realidad, cuando hacemos esto, estamos siendo instrumentos de Satanás. Dios nos envió su Espíritu para darnos unidad y seguridad. Dios no desea que nos preguntemos si su Espíritu está o no en nuestras vidas. Él escribió que tenemos que estar seguros de la presencia de su Espíritu en nuestras vidas, del hecho de que como creyentes, estamos inmersos en su Espíritu. Esta seguridad es una parte vital para poder vivir la vida cristiana.

Enfoquémonos en esa seguridad.

1. **El bautismo del Espíritu Santo es la ubicación del cristiano en el <u>CUERPO DE CRISTO</u> y en <u>CRISTO MISMO</u>.** 10

Leamos este versículo juntos:

Consejo práctico de enseñanza.

Leer un versículo juntos es una de las formas en las que puedes enfocar la atención de un grupo. Hay dos cosas para recordar al leer juntos:

1. Que todos lean de la misma versión. Todos hemos cometido el error, como maestros, de pedir a un grupo que abran sus Biblias y lean un versículo, sólo para escuchar una serie de ruidos desordenados de un grupo de personas intentando leer al unísono 9 o 10 versiones diferentes. Cuando lean de la Guía de Estudio, todos estarán leyendo de la misma versión.

porque estamos dentro de Él. Cuando Dios te ve ahora, ¿Qué es lo que ve? ¿Este papel doblado y dañado o esto (la Biblia donde el papel está metido)? Dios te ve "en Cristo".

Consejo práctico de enseñanza.

Al enseñar esto, debes usar un trozo de papel y una Biblia como ejemplos prácticos. Siempre que vayas a usar ejemplos prácticos por primera vez, es una buena idea mostrarlos a unas pocas personas individualmente (¡practica!) antes de usarlos con el grupo completo.

2. **El bautismo del Espíritu Santo es un <u>EVENTO DE UNA SOLA VEZ</u> que ocurre en el momento de la salvación.**

En la siguiente sesión, veremos que necesitamos tener muchas llenuras del Espíritu, pero un solo bautismo en nuestras vidas. En 1 Corintios 12:13, cuando Pablo les dice a los creyentes que "todos fueron bautizados" lo pone en tiempo pasado. Como algo que ya había sucedido.

Retrocedamos a nuestro estudio de la Trinidad de Dios, la verdad de que Dios es uno. Esta es una importante verdad cuando estudiamos el bautismo de Dios en el Espíritu. Dios es uno. No se nos otorga el Espíritu en cuotas, un poco ahora y el resto después, dependiendo de nuestra calidad de vida. El ser bautizados por el Espíritu, no es el resultado de "merecerlo" por nuestras acciones o "desearlo" con nuestras emociones. Ser bautizados por el Espíritu es un regalo de la gracia de Dios.

3. **El bautismo del Espíritu Santo es una <u>EXPERIENCIA UNIVERSAL</u> para todos los creyentes.**

Encierra en un círculo cada vez que aparece la palabra "todo" en estos dos versículos.

"Todos ustedes son hijos de Dios mediante la fe en Cristo Jesús, 27 porque todos los que han sido bautizados en Cristo se han revestido de Cristo".

—Gálatas 3:26–27 (NVI)

"Todos fuimos bautizados por un solo Espíritu para constituir un solo cuerpo - y a todos se nos dio a beber de un mismo Espíritu".

—1 Corintios 12:13 (NVI)

El bautismo del Espíritu Santo es un regalo universal para los creyentes. En ninguna parte de la Biblia se nos instruye a que, como cristianos, deseemos o busquemos el bautismo del Espíritu Santo. No debemos orar por eso, o buscarlo, o tratar de lograrlo. En realidad ya lo tenemos.

Billy Graham escribe:

> "Todos los creyentes son bautizados con el Espíritu Santo. Esto no significa, sin embargo que son llenos o están controlados por el Espíritu. Lo importante es esa gran verdad medular —Cuando llego a Cristo, Dios me da su Espíritu".[2]

Como creyentes en Cristo, todos tenemos una medida igual de su Espíritu en nuestras vidas, y esa medida es todo. No hay ciudadanos de segunda clase en el Reino de Dios, no existen los privilegiados y los desposeídos. Nunca debemos pensar, "tengo más del Espíritu de Dios en mi vida que aquel", o decirle a alguien "permíteme explicarte cómo obtener más del Espíritu de Dios en tu vida como lo tengo yo". En lugar de esto estamos para animar a otros a vivir la llenura del Espíritu que de hecho ya tenemos en nuestras vidas.

¿Qué de los cristianos que aún luchan por vivir una vida cristiana? Según Pablo, los corintios, habían sido todos bautizados con el Espíritu de Dios y eran de los peores grupos de creyentes que se podía encontrar. Eran celosos, siempre discutían entre ellos, aceptaban la inmoralidad sexual en su iglesia. Incluso tenían banquetes como parte de sus celebraciones de la cena del Señor, lo que les llevaba a la ebriedad y a las continuas peleas de unos con otros. ¡Aún así, Pablo les escribe y les dice que han sido bautizados en el Espíritu de Dios! Obviamente no vivían por el poder del Espíritu de Dios en ellos. Pablo les escribe para decirles, "Vivan lo que Dios les ha llamado a ser en Cristo, a través de su Espíritu". La realidad es que el Espíritu Santo nos bautiza en el momento en que creemos. Aunque es cierto que muchos creyentes no reconocen inmediatamente la verdad de su presencia.

Nota: Mucha de la confusión acerca del bautismo del Espíritu Santo viene por el error de no hacer la distinción entre el bautismo del Espíritu y la llenura del Espíritu. El bautismo del Espíritu es algo que Dios nos da al establecer nuestra relación con Jesucristo. La llenura del Espíritu es la experiencia diaria de dejar que el Espíritu tome control de nuestras vidas. Discutiremos acerca de la llenura del Espíritu Santo en detalle, en la siguiente sesión.

¿Has tenido alguna vez un profundo deseo de tener una experiencia con Dios, después de la cual nunca vuelvas a ser el mismo/a? Una experiencia que logre enamorarte del Señor a cada momento del día. Una experiencia que te lleve a un lugar en el que el pecado pierda totalmente su atractivo para ti. Muchos cristianos se sienten así. Tienen un profundo sentido de que debe haber algo más por vivir como cristiano. Están buscando una experiencia, compromiso o paso para dar que los lleve a ese lugar que tanto ansían.

Permítanme decir dos cosas al respecto: Primero, esa experiencia no será totalmente nuestra antes de que lleguemos al cielo. No existen cristianos perfectos en este mundo, sólo creyentes que caminan hacia la perfección. Ese deseo en tu corazón es uno de los anhelos que está en el corazón de todo verdadero creyente. Dios nos hace crecer mientras estamos en este mundo, pero es un proceso lento. Recuerda el gran Cañón. Segundo, si bien es cierto que no llegamos a ser lo que quisiéramos ser inmediatamente, tenemos a Dios en nosotros por su Espíritu; es verdad que el proceso es lento, ¡pero la promesa es grande!

> La pregunta de discusión 3 puede usarse aquí.

El Espíritu Santo *HABITA* en mí.

En el Antiguo Testamento, ¿En qué lugar o lugares habitaba Dios?

Consejo práctico de enseñanza.

Las preguntas pueden convertirse en una barrera para la comunicación en lugar de un punto de conexión con las personas a las que enseñas. Esto sucede cuando el grupo sabe que tú mismo vas a responder a las preguntas, y entonces se "desconectan" al escuchar la pregunta. Una manera simple de cambiar esto es permitirles responder unas pocas preguntas. Toma una pausa, o diles " ¿Qué piensan?" No se puede hacer esto con todas las preguntas, pero es sorprendente cómo el hacerlo aunque sea una vez cada sesión, cambia la manera de responder de la gente al escuchar la pregunta.

Sí, los lugares donde Dios permitía a los judíos experimentar su presencia, eran el tabernáculo y el templo en Jerusalén. En realidad, había un lugar específico en el templo en el que habitaba la presencia de Dios —era la habitación interna del templo, el lugar santísimo.

La razón por la que la gente viajaba tan a menudo por los polvorientos caminos hacia Jerusalén, era para estar en el lugar donde moraba la presencia de Dios. Debido a la Santidad de Dios, la gente no podía simplemente entrar en este lugar, pero el estar cerca de él era lo suficientemente bueno para ellos. En realidad, la única persona autorizada para ingresar a este lugar santo donde estaba la presencia de Dios era el Sumo Sacerdote, y lo hacía sólo una vez al año. Luego de purificarse de sus propios pecados, entraba a ofrecer sacrificios por los pecados de la gente. Al entrar se le ataba una cuerda. De esta forma, si moría en el lugar Santísmo podrían arrastrarlo fuera. Ellos sabían que si alguien más entraba, aunque fuera a sacar al Sumo Sacerdote, también moriría. Así de Santo era este lugar donde habitaba la presencia de Dios.

Cuando Jesús murió en la cruz, algo muy significativo sucedió en ese lugar santísimo ¿recuerdas? Había una cortina que separaba al lugar

Santísimo del resto del templo. Al morir Jesús, el cielo se oscureció, y al momento mismo de su muerte, la tierra tembló, las piedras se movieron y muchos santos fueron levantados de la muerte y salieron de sus tumbas. Pero el hecho más significativo y asombroso fue lo que le sucedió a la cortina. Al momento de morir, la cortina fue cortada en todo su largo. Dios estaba enviando al mundo su nuevo domicilio. Dios nos estaba diciendo "Ya no viviré más aquí". El Nuevo Testamento nos enseña que Dios ya no habita en un templo, sino en su pueblo (1 Cor. 6:19).

"¿Acaso no saben que su cuerpo es templo del Espíritu Santo, quien está en ustedes y al que han recibido de parte de Dios?"
—1 Corintios 6:19 (NVI)

¡El Espíritu Santo viviendo en nuestras vidas!

¡Ahora el Espíritu habita en nosotros! Esta experiencia de la presencia de Dios es la experiencia diaria de cada creyente. Esto es algo a lo que nunca nos acostumbraremos y que siempre nos asombrará.

A veces nos familiarizamos demasiado con esta verdad. En ocasiones, paso un día e incluso varios días sin pensar en la presencia de Dios viviendo en mi vida a través de su Espíritu. En la siguiente sesión hablaremos acerca de cómo lograr un sentido más continuo de la presencia del Espíritu de Dios en nuestras vidas.

Se puede usar la pregunta de discusión 4 ahora.

El Espíritu Santo me ha SELLADO.

"En él también ustedes, cuando oyeron el mensaje de la verdad, el evangelio que les trajo la salvación, y lo creyeron, fueron marcados con el sello que es el Espíritu Santo prometido".
—Efesios 1:13 (NVI)

En algunas envolturas, aún en estos días, podemos encontrar un sello de cera en la parte de atrás. En los días en que se escribió la Biblia, el sello no era sólo decorativo, era más bien una seguridad. Si alguien abría la carta antes de llegar a su destino, sería evidente que el sello había sido roto.

Asímismo, el Espíritu de Dios nos ha sellado hasta que alcancemos nuestro destino final en la eternidad con Él.

¿Qué significa esto exactamente?

El sellar implica PERTENENCIA y PROTECCIÓN.

El sello de cada persona tenía su propio diseño, era su marca; era único y exclusivo de ella. Era algo así como la estampa de un notario de esos días. Un sello sobre un documento era una garantía de que no había sido falsificado. Dios decidió marcar nuestras vidas con el sello de su propio Espíritu. Nada puede ser más personal o más poderoso.

El sello del Espíritu proclama que ya no nos pertenecemos a nosotros mismos. Fuimos comprados por un precio. Dios es ahora nuestro dueño. Puedes ser una de esas personas que sienten que no tienen herencia, que no encajan en ningún lugar. ¡Estás equivocado! Eres parte de la familia de Dios.

El sello es también una forma de protección de Dios. El sello en el sobre protegía el documento para que no fuera abierto o falsificado durante su trayecto. Dios ha puesto su protección espiritual sobre nuestras vidas; Dios ha puesto su Espíritu en nuestras vidas. Está siempre y nos dice "estoy contigo" en todas las circunstancias que enfrentamos en nuestro camino de la vida.

> Se puede usar la pregunta de discusión 5 aquí.

El Espíritu Santo es el _DEPÓSITO DE LA PROMESA DE DIOS._

Lean conmigo Efesios 1:14 y 2 Corintios 5:5:

"... Éste garantiza nuestra herencia hasta que llegue la redención final del pueblo adquirido por Dios, para alabanza de su gloria".
—**Efesios 1:14 (NVI)**

"Es Dios quien nos ha hecho para este fin y nos ha dado su Espíritu como garantía de sus promesas".
—**2 Corintios 5:5 (NVI)**

En términos sencillos, la Biblia nos está diciendo que el Espíritu Santo es el "depósito de garantía" de Dios en nuestras vidas.

Dios nos dice, "tengo esta gran promesa del cielo para tí, y lo que deseo que sepas es que no fallaré en cumplir esta promesa. Y para que sepas que la promesa es real, quisiera darte algo ahora mismo, un depósito que garantiza lo que vendrá." ¿Y qué es eso que nos da? ¡Se dió a sí mismo!

Lo profundo del compromiso de Dios con esta promesa, está más allá de la creencia. Un depósito es algo que se da como garantía de una promesa, dinero que garantiza que se mantendrá una promesa. Cuando se escribió la Biblia, este depósito se tomaba muy en serio. Si la promesa no se mantenía, el dinero dado como depósito se perdía. Si ponías dinero de depósito por tierras y luego te retractabas del acuerdo, perdías el dinero. Si dabas un anillo de compromiso como muestra de tu intención de casarte con alguien y luego rompías el acuerdo, perdías ese anillo.

Dios ha garantizado nuestra salvación eterna con nada menos que ¡Él mismo! Obviamente ¡éste es un depósito que no se puede perder! Esto refleja lo serio que se nos asegura que Dios no quitará su Espíritu de nosotros. La Biblia nos dice en 2 Timoteo 2:13.

"si somos infieles, Él sigue siendo fiel, ya que no puede negarse a sí mismo".

—2 Timoteo 2:13 (NVI)

Dios se ha puesto a sí mismo como la garantía de nuestra vida eterna a su lado. Él nos garantiza nuestra salvación con su existencia. Así de profundo es su compromiso con nosotros como creyentes. ¡Ha puesto su propio Espíritu en nuestras vidas!

¿Cómo te sientes con una garantía como ésta? Piensas, "¡Guau, mi salvación está garantizada de una forma tan poderosa y por un Dios tan amoroso que creo que viviré para mí mismo hasta llegar al cielo!" ¡Claro que no! Cuando comprendemos la verdad del Espíritu de Dios morando en nosotros, nos sobrecoge un sentimiento de gratitud y gozo. Mientras más comprendemos la obra del Espíritu en nuestras vidas, menos viviremos para nosotros mismos. Ya no servimos a Dios para ganarnos crédito. Ahora lo servimos para alabarle.

Hagamos esto personal para cerrar la sesión.

Perspectiva personal clave.

1. **Puede que te hayas dado cuenta de que nunca has nacido de nuevo, nunca has experimentado la regeneración del Espíritu Santo. Ven a Dios, arrepiéntete de vivir una vida para auto agradarte y pídele a Dios que te dé un nuevo nacimiento y la vida eterna en Él.**

2. **Puede que hayas estado confundido acerca del bautismo del Espíritu Santo. Quizá hayas orado y añorado otra experiencia con Dios que te cambie para siempre. Ahora viste que ese milagro ya sucedió. Agradece a Dios por haberte puesto por Cristo, allí donde perteneces, la familia de Dios. Agradece a Dios por su obra, tan poderosa y completa, que ya nunca tendrás que repetirla. Agradece a Dios por estar en Cristo y porque ahora Dios te ve cubierto por la justicia de Jesús. Eres puro, sin mancha, y santo delante de Él.**

3. **Agradece a Dios que sus promesas son fieles y que su garantía de mantenerte en Él siempre es real. Agradece al Espíritu Santo por sellarte y darte la seguridad de que nunca perderás tu salvación. Toma un tiempo para pensar en el momento en que recibirás lo que te ha sido prometido; cuando el anillo de compromiso de Dios se convierta en un anillo de bodas, y puedas sentarte en la Cena del Cordero en el cielo.**

La pregunta de discusión 6 se puede usar aquí.

**Comienza a trabajar en la tarjeta de memorización no. 4,
"La verdad acerca del Espíritu Santo."**

Apéndice

El Espíritu Santo comenzó una nueva obra en el Día de Pentecostés, obra que ha continuado desde entonces hasta el presente. Antes de la resurrección de Jesús y su ascensión al cielo, el Espíritu Santo vino a la gente de vez en cuando, pero nunca habitó o vivió dentro de una persona.

El profeta Joel profetizó que un día Dios "derramaría su Espíritu en toda la gente" (Joel 2:28). Jesús prometió a sus discípulos que enviaría a su Santo Espíritu después de que regresara a su Padre.

> "Pero les digo la verdad: Les conviene que me vaya porque, si no lo hago, el Consolador no vendrá a ustedes; en cambio, si me voy, se lo enviaré a ustedes".
> —Juan 16:7 (NVI)

"Diez días después de que Jesús ascendiera al cielo, 120 creyentes se reunieron en el aposento alto para esperar y orar. De repente, vino el sonido de un viento que llenó el lugar y lenguas de fuego se posaron sobre cada creyente. Todos ellos fueron llenos con el Espíritu Santo y comenzaron a hablar en otras lenguas que el Espíritu les daba para que hablasen..." (Hechos 2:1–4).

"Arrepiéntase y bautícese cada uno de ustedes en el nombre de Jesucristo para perdón de sus pecados -les contestó Pedro-, y recibirán el don del Espíritu Santo". (Hechos 2:38).

La comprensión de Pedro de la profecía de Joel era doble: no sólo se trataba de la salvación prometida a aquellos que Dios había llamado, sino además para aquellos que recibirían el bautismo del Espíritu. Tres mil personas respondieron ese día y fueron bautizadas en agua. (Hechos 2:41).

Los tres mil de aquel día no parecían haber experimentado el mismo fenómeno milagroso (viento, lenguas de fuego o hablar en otras lenguas) como los 120 del aposento alto. ¿Cuál era la diferencia? Los 120 eran ya creyentes y recibieron el bautismo del Espíritu Santo, meses o años después de que comenzaron a seguir a Jesús. Los tres mil, en cambio, no eran creyentes y recibieron el perdón de sus pecados y el don del Espíritu Santo simultáneamente. Esta distinción es de gran importancia porque la norma para la experiencia cristiana en el presente es la que experimentaron los tres mil y no los ciento veinte. El hecho de que la experiencia de los 120 se diera en dos distintas fases simplemente se debió a circunstancias históricas – no podían haber recibido el regalo del Pentecostés antes del Pentecostés. Pero desde el día de Pentecostés hasta la fecha, el perdón de los pecados y el don (bautismo) del Espíritu Santo se reciben juntos.

Hay dos "excepciones" que confunden a los creyentes en Hechos 8 y Hechos 19

En Hechos 8: 5–17, Felipe predicaba en Samaria y muchos creyeron y fueron bautizados. Pero lo que es poco usual es que cuando los apóstoles en Jerusalén lo escucharon, enviaron a Pedro y Juan para verificar la experiencia. Una de las razones es porque estos creyentes eran samaritanos y en ese entonces los judíos "no trataban con los samaritanos" (Juan 4:9). Su rivalidad tenía ya siglos y probablemente continuaba, causando una gran división en la Iglesia. Posiblemente Dios retuvo el don de su Espíritu de los creyentes samaritanos hasta que los dos apóstoles investigaran y por la imposición de sus manos confirmaran lo genuino de la conversión de los samaritanos. Ni las dos fases ni la imposición de manos son la norma para recibir el Espíritu hoy en día.

En Hechos 19:1–7, los doce hombres que Pablo conoció no parecían ser cristianos. Se los llamaba "discípulos", pero la historia revela que eran discípulos de Juan el Bautista. Pablo les pregunta si han recibido ya el Espíritu Santo, cuando creyeron, indicando que él pensó al principio que eran creyentes. Pero ellos nunca habían escuchado del Espíritu Santo, y ese "que había de venir", era Jesús. Pablo no sólo puso sus manos sobre ellos, primero tuvo que bautizarlos en el nombre del Señor Jesús. ¿Puede alguien que nunca ha escuchado del Espíritu Santo o haya sido bautizado en el nombre de Cristo ser llamado cristiano? Pues no. Estos discípulos de Juan no podían ser considerados como cristianos promedio el día de hoy.

No conseguimos a Dios a plazos. Dios no es tres dioses; es uno. Tenemos a Jesús cuando tenemos a Dios, y a su Espíritu Santo. No recibimos a cada uno y por partes. Son tres en uno; vienen todos juntos.

El objeto de las tres "venidas" del Espíritu Santo en el libro de Hechos es que Dios quería mostrar que tanto los judíos, los samaritanos (mezcla de judíos y gentiles) y los gentiles, todos tenían un lugar en Su cuerpo. La cristiandad no era sólo una secta de la religión judía. Esto confirma la realidad de Hechos 1:8, de que el evangelio sería anunciado en Jerusalén, Judea y Samaria y hasta los confines de la tierra.

Preguntas de Discusión

1. Es sencillo enfocarnos en nuestro crecimiento espiritual o en lo lejos que debemos ir, en lugar de ver hasta dónde hemos llegado. Comparte con los demás del grupo uno o dos ejemplos de la obra que Dios ha hecho en tu vida.

2. ¿Por qué piensas que caemos en la idea de creer que el Espíritu Santo es impersonal (en lugar de una persona) e incluso a veces, lo vemos como una parte "menor" de la trinidad?

3. Mira nuevamente en Juan 3:1–16. ¿Por qué piensas que era tan difícil para un hombre religioso como Nicodemo, comprender el nuevo nacimiento espiritual? ¿Acaso las palabras de Jesús para él, te han ayudado a ti a comprender lo que significa nacer del Espíritu?

   Líderes de Grupos Pequeños: A veces nuestra religión nos impide ver lo que es realmente espiritual. Alguien llamó a la religión el intento del hombre por alcanzar a Dios. Cuando nuestra relación con Dios está estructurada en base a reglas hechas por hombres y tradiciones, se dificulta ver lo que está haciendo el Espíritu. Jesús animó a Nicodemo a regresar a las verdades más simples, comenzando desde el nacimiento.

4. La palabra "bautizado" significa literalmente "totalmente inmerso." ¿Qué significa para ti estar totalmente inmerso en el Espíritu de Dios? ¿Afecta esto tu perspectiva hacia otros creyentes cuando te das cuenta de que todos estamos totalmente inmersos en el Espíritu de Dios?

5. El sello del Espíritu Santo es una tremenda fuente de seguridad en nuestras vidas como creyentes. ¿En qué área de tu vida necesitas tomar en cuenta esta seguridad regularmente?

   Líderes de Grupos Pequeños: La gente en tu grupo puede conversar acerca de la seguridad que necesitan como padres, o en su trabajo, o para testificar, o para enfrentar un temor. Ayúdalos a recordar que no nos ganamos el amor de Dios por lo que hacemos. Hacemos lo que hacemos como respuesta al gran amor y seguridad que Dios ya nos ha dado.

6. Segunda Corintios 3:3 nos recuerda:

   "Es evidente que ustedes son una carta de Cristo, … escrita no con tinta sino con el Espíritu del Dios viviente; no en tablas de piedra sino en tablas de carne, en los corazones".

   —2 Corintios 3:3 NVI)

   ¿Ves a Dios escrito en "los corazones" de los miembros de tu grupo? Toma un tiempo para hacer de esto una expresión personal de ánimo.

Formen un círculo y compartan con una persona, diciendo: "esta es una forma en la que veo al Espíritu de Dios en tu vida". Compartan por lo menos con dos o tres personas. Esto puede ser un poco incómodo al principio, pero si aplaudimos y animamos a alguien por una promoción en su trabajo o por lograr una hazaña deportiva, es mucho más importante reconocer la obra de Dios en las vidas de los demás.

El Espíritu Santo

2a Parte

Metas transformadoras.

- Lograr una comprensión clara de la diferencia entre el bautismo del Espíritu Santo y la llenura del Espíritu Santo.

- Reconocer inmediatamente y vivir, la verdad de que estamos llenos del Espíritu Santo.

Sumario de los puntos de enseñanza.

Nuestra necesidad de la llenura del Espíritu Santo.

La Biblia dice que todos estamos en una de estas tres posiciones espirituales:

El hombre natural

El hombre espiritual

El hombre carnal

Qué es la llenura del Espíritu Santo.

Cuatro verdades de Efesios 5:18–21

Señales de la llenura del Espíritu Santo.

¿Cómo podemos ser llenos del Espíritu Santo?

1. Reconocer tu sed de la llenura y desearla.

2. Arrepentirte de tus pecados y recibir la limpieza de Dios.

3. Dejar todo tu ser bajo el control del Espíritu Santo.

4. Confiar en que Dios te llenará de la forma en que lo ha dicho.

Lo que cuenta es lo de "adentro".

Un auto debe, supuestamente, estar lleno de gasolina. No lo podemos llenar con agua (aunque sea mucho más barato), porque si lo hacemos el auto no hará lo que se espera de él.

Una piscina, en cambio, está hecha para llenarse de agua. Si la llenamos con arena, no sería una experiencia tan refrescante.

Si llenara este caro jarrón con hierbas malas, sería un desperdicio. Una de las figuras que usa la Biblia para representarnos a ti y a mí es la de un recipiente. Necesitamos ser llenados con algo.

¿Con qué llenas tu vida? Existen muchas elecciones que se pueden hacer. Fácilmente puedes llenar tu vida con tu trabajo, hobbies, familia, o actividades en la iglesia, recreación, o miles de otras cosas. Muchas de estas cosas son muy importantes; podemos llenar nuestro horario con ellas y aún así tener una vida vacía. Los ítems de nuestro calendario no pueden llenar nuestra vida. Estamos hechos para ser llenos de la presencia de Dios.

Chuck Swindoll nos presenta esta figura.

"Lo mismo que el combustible para el auto, es el Espíritu Santo para los creyentes. Nos da energía para mantenernos en el camino. Nos motiva a pesar de los obstáculos. Nos empuja a seguir caminando cuando el camino se vuelve áspero, es el Espíritu el que nos conforta en nuestra ansiedad, y que nos calma en momentos de calamidad, es nuestro compañero en la soledad y dolor, el que nos lleva de la intuición a la acción, quien llena nuestras mentes con discernimiento cuando estamos confundidos en cierta decisión. Él es, en una palabra, nuestro combustible espiritual".[1]

Antes de que comencemos nuestra revisión de la llenura del Espíritu Santo, hagamos un breve recordatorio de lo que hablamos en la sesión anterior.

Revisión.

Antes de la resurrección de Jesús y su ascensión al cielo, el Espíritu Santo venía sobre ciertas personas en momentos especiales y sólo por razones específicas. Nunca se quedó dentro de una persona permanentemente. Pero la profecía del Antiguo Testamento de Joel 2:28 se cumplió en el Día de Pentecostés, cuando el Espíritu Santo se derramó sobre los creyentes. A partir de ese momento, todos los cristianos han sido bautizados con el Espíritu Santo desde el momento de su salvación.

Vimos cuatro aspectos de la obra del Espíritu en nosotros: regenerar, bautizar, habitar, y sellar.

1. La regeneración significa "nuevo nacimiento". Cuando vengo a Cristo obtengo un nuevo nacimiento; nací nuevamente.

2. El bautismo del Espíritu Santo es:

    a. Que Dios me pone en el cuerpo de Cristo (la iglesia) y en Cristo mismo.

b. Un evento único que ocurre una sola vez al momento de la salvación.

c. Una experiencia universal para los creyentes (1 Cor. 12:13).

d. Recibir al Dios trino de una sola vez; no es que reciba a Dios un día, a Jesús después y finalmente a su Espíritu Santo. Dios es una trinidad - tres en uno.

3. El hecho de que el Espíritu habita en mí, significa que Dios vive personalmente en mí.

4. Ser sellado por el Espíritu Santo significa que Dios pone su marca de pertenencia y protección en mi vida.

5. Como un depósito, el Espíritu Santo de Dios, además garantiza que todo lo que Dios me ha prometido, será mío un día.

En este estudio veremos juntos lo que es la llenura del Espíritu Santo.

Nuestra necesidad de la llenura del Espíritu Santo.

Permíteme hacerte una importante pregunta para comenzar. ¿Ha habido algún momento de tu vida en el que hayas estado más cerca de Dios de lo que estás justo ahora?

Si es así, ¿recuerdas cómo era eso? ¿Qué sucedió para que perdieras esa cercanía? Sino, ¿qué es lo que crees que haya sucedido para lograr esa cercanía que estás experimentando justo ahora?

La triste realidad es que muchos creyentes tienen ya solucionado su pasado y futuro – sus pecados ya han sido perdonados y su futuro asegurado en el cielo- pero ahora en el presente, sus vidas se caracterizan por:

Experiencias "arriba y abajo" (van de las alturas espirituales a los bajones)

Vida de oración débil (no oran o nunca ven las respuestas a sus oraciones)

Estudio inconsistente de la Biblia.

Un sentimiento de que la iglesia es una carga y una obligación.

Temor de decirles a otros, que son creyentes.

No tienen gozo y paz reales.

Cumplen con la fachada, disimulan. Actúan como cristianos, firman como creyentes, pero los sentimientos en sus corazones les dicen que no hay diferencia en si eres o no cristiano.

Malas actitudes- criticones, celosos, orgullosos, amargados.

Dudas constantes acerca de Dios y su bondad.

Repetidas derrotas en los mismos pecados.

Si te acabo de describir, puede que francamente seas así porque aún no eres un cristiano de verdad. Quizá estás todavía tratando de ganarte el cielo haciendo buenas obras o de trazarte tu vía al cielo asistiendo a la iglesia o fingiendo que eres creyente y actuando como uno de ellos. Pero nada de esto funciona. Necesitas del perdón de Dios ¡que sólo Jesús puede darte!

Por otro lado, conozco muchas personas que sí son creyentes de verdad, pero se sienten así. Tienen sus vidas en el Señor, y confían en Él para su perdón y creen que es su Señor y quieren seguirlo.

Estos sentimientos son como una gran señal de alerta roja en sus tableros. Una luz que titila cada vez más rápido y les indica que algo está terriblemente mal con sus vidas cristianas. ¡No ignores esa luz! Si esa la luz roja pudiera hablar te diría: "Alerta, estás tratando de vivir en tus propias fuerzas".

La Biblia nos dice que toda persona está en una de estas tres posiciones espirituales:[2]

El hombre NATURAL

"En otro tiempo ustedes estaban muertos en sus transgresiones y pecados, en los cuales andaban conforme a los poderes de este mundo. Se conducían según el que gobierna las tinieblas, según el espíritu que ahora ejerce su poder en los que viven en la desobediencia". —Efesios 2:1–2(NVI)

"El que no tiene el Espíritu no acepta lo que procede del Espíritu de Dios, pues para él es locura. No puede entenderlo, porque hay que discernirlo espiritualmente". —1 Corintios 2:14 (NVI)

¿Has tratado de explicar alguna vez una verdad de la Biblia a un incrédulo, solo para sentir al final que están en sintonías espirituales totalmente diferentes? ¡Claro! Efesios 2:1-2 nos recuerda que antes todos éramos solamente hombres naturales y estábamos separados de Dios. 1 Corintios 2:14 nos dice que sin el Espíritu de Dios no podemos jamás comprender a Dios.

Bill Bright, fundador de Cruzada Estudiantil para Cristo, fue usado grandemente para ayudar a los creyentes a comprender cómo es la vida llena del Espíritu. Esta ilustración ha ayudado a millones a comprender la diferencia entre estas tres condiciones espirituales. [3] Para el hombre natural, la "S" representa el "sí mismo" en el trono de su vida. Tú te impones tus propias metas. La cruz está entonces fuera de tu vida. Los puntos representan las diferentes actividades y áreas de tu vida, que están fuera de control. No podría ser de otra manera porque no estamos diseñados para vivir nuestras vidas en nuestras propias fuerzas o conocimiento. Es sorprendente como una vida sin Dios, incluso la más exitosa, tiene ese sentimiento de vacío y falta de control.

El hombre ESPIRITUAL

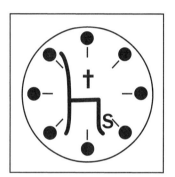

"En cambio, el que es espiritual lo juzga todo, aunque él mismo no está sujeto al juicio de nadie"
—1 Corintios 2:15 (NVI)

"La mentalidad pecaminosa es muerte, mientras que la mentalidad que proviene del Espíritu es vida y paz".
—Romanos 8:6 (NVI)

El hombre espiritual ("hombre" refiriéndose a la especie humana, hombres y mujeres por igual) es el opuesto al hombre natural. No es alguien perfecto, pero Dios le ha dado la facultad de comprender Su obra, en su vida y en el mundo (1 Cor. 2:15). En lugar de estar él mismo en el trono, Cristo ocupa ese lugar en su vida. Si eres una persona espiritual, las prioridades de tu vida se clarifican, y las actividades de tu vida se alinean de mejor manera. Ya no tienes que hacer las cosas para sentirte bien con tu vida; haces las cosas en respuesta al asombroso amor de Dios por ti. Comienzas a experimentar Romanos 8:6, "La mente controlada por el Espíritu es vida y paz".

Existe un tercer tipo de persona: el cristiano que lucha con esas experiencias y sentimientos que describimos hace unos momentos.

El hombre CARNAL

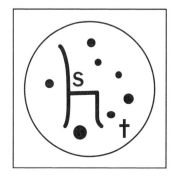

"Yo, hermanos, no pude dirigirme a ustedes como a espirituales sino como a inmaduros, apenas niños en Cristo. Les di leche porque no podían asimilar alimento sólido, ni pueden todavía, pues aún son inmaduros. Mientras haya entre ustedes celos y contiendas, ¿no serán inmaduros? ¿Acaso no se están comportando según criterios meramente *humanos?"
—1 Corintios 3:1–3 (NVI)

Lean conmigo 1 Corintios 3:1–3. La Biblia nos dice que aún siendo personas salvas, podemos tomar la decisión de actuar como "hombres simples" o personas del mundo. ¿Qué significa esto?

Miren al tercer círculo. Aunque Cristo está en nuestras vidas, el YO está de vuelta en el trono. Esto no tiene mala intención, es una decisión que tomamos diciéndonos a nosotros mismos que tenemos buenas razones. Necesitamos "ayudar a Dios". "Dios necesita intentarlo más." Esto nos hace sentir mejor, "estar en control". A veces, incluso nos engañamos, pensando que estando nosotros mismos en el trono, lograremos más que si Cristo estuviera a cargo.

Obviamente, eso no funciona. Las actividades y prioridades de nuestras vidas se trastocan y tratamos más y más. Pero mientras más tratamos de vivir en nuestras fuerzas, en más líos nos metemos.

Chuck Swindoll dice:

"Una cosa es ser creyente. Pero otra cosa totalmente diferente es ser un creyente lleno del Espíritu. La tragedia es que muchos se convierten pero muy pocos son llenos del Espíritu. Cuando esto sucede, estas personas se pierden lo mejor que Dios nos ofrece aquí en la tierra".[4]

Hay muchos cristianos que viven en esta situación de "luchar en el lugar de Dios", lo cual se vuelve un círculo vicioso ¿Cómo salir de esto?

Permíteme leerte una nota de un creyente que sentía la frustración de tratar de vivir una vida apartado del poder de Dios.

"No entiendo lo que me pasa, pues no hago lo que quiero, sino lo que aborrezco. Pero, en ese caso, ya no soy yo quien lo lleva a cabo sino el pecado que habita en mí.

Yo sé que en mí, es decir, en mi naturaleza pecaminosa, nada bueno habita. Aunque deseo hacer lo bueno, no soy capaz de hacerlo. De hecho, no hago el bien que quiero, sino el mal que no quiero. Y si hago lo que no quiero, ya no soy yo quien lo hace sino el pecado que habita en mí. Así que descubro esta ley: que cuando quiero hacer el bien, me acompaña el mal. Porque en lo íntimo de mi ser me deleito en la ley de Dios; pero me doy cuenta de que en los miembros de mi cuerpo hay otra ley, que es la ley del pecado. Esta ley lucha contra la ley de mi mente, y me tiene cautivo. ¡Soy un pobre miserable! ¿Quién me librará de este cuerpo mortal?"

Vaya descripción de la lucha que todos enfrentamos. Pero no nos desanimemos porque todos tenemos que enfrentar esta batalla. La carta que acabo de leerles son las palabras del apóstol Pablo (Romanos 7:15, 17–24).

En Romanos 7, Pablo expresa su gran frustración, aunque Romanos 8 es uno de los pasajes de más confianza y seguridad espiritual en toda la Biblia. No es tan difícil comprender lo que hace la diferencia.

En Romanos 7, la palabra "Yo"... se usa 27 veces. En Romanos 8 la palabra "Espíritu" se usa unas 19 veces. ¿Cuál es la diferencia entre la derrota que caracteriza a Pablo en el capítulo 7 y la victoria que describe en el capítulo 8 del libro de Romanos? Es la llenura del Espíritu Santo.

> Se pueden usar las preguntas de discusión 1 y 2 ahora.

¿Qué es la llenura del Espíritu Santo?

El pasaje doctrinal clave que se refiere a la llenura del Espíritu Santo es Efesios 5:18-21.

"No se emborrachen con vino, que lleva al desenfreno. Al contrario, sean llenos del Espíritu. Anímense unos a otros con salmos, himnos y canciones espirituales. Canten y alaben al Señor con el corazón, dando siempre gracias a Dios el Padre por todo, en el nombre de nuestro Señor Jesucristo. Sométanse unos a otros, por reverencia a Cristo".
—Efesios 5:18–21 (NVI)

Recuerda, el griego, la lengua en la que fue escrita el Nuevo Testamento, es una lengua muy precisa. Es mucho más exacta que una lengua moderna como el español. En estos versículos, el estudio del idioma griego nos da claridad acerca del significado.

Cuatro verdades de Efesios 5:18–21

La construcción gramatical de estos versículos implica cuatro verdades:

1. El verbo usado para "lleno" está en plural, implicando que <u>TODOS PUEDEN SER LLENOS</u>.

Esta es una verdad para todos los cristianos. Yo debo ser lleno del Espíritu Santo. Tú debes ser lleno con el Espíritu Santo. Todos debemos ser llenos de su Espíritu.

2. El verbo usado para "lleno", en el tiempo presente, implica una, <u>ACCIÓN CONTINUADA</u>.

Una acción repetida. Algo que haces vez tras vez durante todos tus días, como respirar.

Todos necesitamos aire para vivir, pero la única forma de obtenerlo para nuestros pulmones es a través de la acción continua de respirar, tomar aire y soltarlo, inhalar y exhalar. Una persona promedio toma unas 21,600 respiraciones diarias.

Bill Bright compara la llenura del Espíritu Santo a una respiración espiritual.[5] Sacar el aire (espiritualmente), es reconocer el hecho de que Dios ha perdonado tus pecados. Y tomar aire (espiritualmente), es reconocer la verdad de que el Espíritu de Dios puede ahora controlar y dirigir tu vida.

Exhalar (Dios, gracias por perdonarme por mi pecado).

Inhalar (Dios, lléname con tu Espíritu).

Exhalar... inhalar... exhalar... inhalar... y así durante todo el día.

Hagámoslo juntos. Exhala: "Gracias Dios por haber perdonado los pecados en mi vida, los pecados que vienen ahora a mi mente". Inhala: "Lléname con tu Espíritu, toma tú el control".

Hay dos valores en esta figura. Nos recuerda que es algo que necesitamos hacer donde sea que estemos durante el día —respiramos donde sea que estemos. Además, nos muestra que no debe haber orgullo espiritual ligado al hecho de que Dios nos llena con su Espíritu. No puedes decir: "Mírenme todos, ¡estoy respirando! Noten que bien lo hago". Todos sabemos respirar y todos sabemos que es por la gracia de Dios que tomaremos la siguiente bocanada de aire. De igual manera, el Espíritu de Dios llena a todo creyente que confía en Él. El confiar en Dios para que nos llene debería ser algo tan natural en nuestra vida cristiana como el respirar lo es para nuestra vida física.

3. El verbo usado para "lleno" es pasivo, implicando que la llenura es algo que NOS ES DADO.

Los verbos en tiempo pasivo en el griego, usualmente indican algo que se ha hecho por nosotros en lugar de algo que hacemos por nosotros mismos. Es la obra de Dios lo que provoca la llenura del Espíritu Santo en nuestras vidas.

¿Cómo saber cuál es mi parte y cuál la de Dios para ser lleno del Espíritu? Piensa en una esponja llena con agua. Cuando metemos la esponja en un tazón de agua, tenemos una figura de la inmersión, que representa el ser bautizado en el Espíritu. La esponja representa a la persona y el agua el Espíritu. Cuando pongo la esponja dentro del agua, el agua "llena" la esponja. Se podría decir que la esponja está ahora "bautizada" en el agua. Recuerda que bautizada significa "inmersa". Y ¿Qué tal si mantengo la esponja bajo el agua y la exprimo? La esponja sigue en el agua, pero mi esfuerzo consiste en lograr que el agua en la que está inmersa la esponja no la llene en ese momento. Para que la esponja se vuelva a llenar ¿qué debería hacer yo?, Correcto, lo único que debería hacer es soltar la esponja.

Bautismo con el Espíritu Santo	Llenura del Espítu Santo
Una verdad posicional*	Una verdad experimental*
No mandamiento	Mandato
Evento de una sola vez	Evento continuo
Coloca al creyente en una posición de recibir poder	Poder en sí mismo

*Una verdad posicional es lo que somos por nuestra fe en Jesucristo. Una verdad experimental es cómo vivimos basados en esa posición. La una es la raíz, la otra el fruto.

La experiencia de ser lleno del Espíritu es exactamente como esto: tú decides dejar el control a Dios. Mientras más fuerte mantengas sostenida tu vida, planes e ideas, más exprimirás lo que Dios te da y lo que quiere hacer con tu vida. Pero cuando dejas el control, su Espíritu comienza a evidenciarse en tu vida. No pienses que el ser lleno del Espíritu es una experiencia mística y extraña. Piensa en ella como una forma natural de vida que procede del hecho de ser creyente.

4. **El verbo para "lleno" es imperativo, lo que implica <u>UNA ORDEN</u>.**

Dios nos manda a ser llenos del Espíritu, es el mandato de Dios para todos los creyentes, ser llenos del Espíritu todo el tiempo, no sólo parte del tiempo. Recuerda que el bautismo del Espíritu Santo nos coloca en la posición de recibir poder; la llenura permite que día a día caminemos en su poder.

Señales de la llenura del Espíritu Santo.

A menudo hay confusión sobre las señales que indican que el Espíritu Santo ha llenado a alguien. Veremos esto en tres secciones: experiencias que pueden o no acompañar a la llenura, ideas falsas acerca de la llenura, y señales verdaderas de la llenura del Espíritu Santo.

Aunque ser llenos del Espíritu Santo, es en última instancia un asunto de confiar en que Dios hará lo que dijo que haría, hay algunas indicaciones que muestran si estás lleno del Espíritu. El problema es que a menudo, vemos las señales equivocadas. Aclaremos algo de esta confusión.

Experiencias personales que pueden acompañar o no la llenura del Espíritu.

Emocionalismo: la emoción o sentimientos no son necesariamente parte de la llenura.

Algunos dicen que para probar que estamos llenos del Espíritu, debes saltar de gozo, llorar lágrimas de cocodrilo y gritar. Pero la gente responde a las grandes experiencias de diferentes maneras. Para comprobarlo solo hace falta estar en algunas bodas. Algunas familias son muy formales durante la ceremonia, otras lloran todo el servicio, otras ríen, y aún otras no dejan de hablar. El decir "tienes que sentir esto" es imponer la personalidad tuya en la relación de otros con Dios.

Habilidad excepcional: Dios obra dentro del marco de nuestras limitaciones y habilidades naturales.

Cuando estás lleno del Espíritu tienes una gran "S" en tu pecho, que quiere decir "Súper Santo" Eres un ganador, puedes ganar a cualquier persona de tu oficina para Cristo. Así es como funciona.

Si el ser lleno del Espíritu es parte de nuestras vidas, debe entonces ser también parte de nuestra rutina. Puedo ser lleno del Espíritu y lavar la vajilla. (Mi esposa me dice que cuando lo haga estaré más lleno del Espíritu que nunca.) La idea de que ser lleno del Espíritu significa que no puedes estar en casa jugando con tus hijos o amando a tu esposa o esposo, o haciendo tareas rutinarias, es una mentira que a Satanás le encantaría que creyéramos.

Carisma personal: Se mal interpreta como llenura.

Algunas personas tienen personalidades más atractivas que otras. Pero eso no tiene nada que ver con el ser llenos del Espíritu.

Tranquilidad de mente y espíritu: Creyentes con gran llenura del Espíritu, también experimentaron, frustraciones, desánimo y desilusiones.

¿Son las personas llenas del Espíritu, personas que nunca se desaniman o frustran? Mira a Pablo en 2 Corintios o a David en los Salmos. Escritos bajo la inspiración del Espíritu, hablaron de sus temores, frustraciones y desánimo. El Espíritu Santo nos ayuda a manejar las frustraciones y el desánimo de una manera diferente, pero todo esto sigue siendo parte de nuestras vidas.

Lenguas: A través de la historia, algunos creyentes hablan en lenguas cuando han sido llenos del Espíritu, otros no.

¿Algunos hablan en lenguas cuando son llenados con el Espíritu? Claro que sí. Solo lean Hechos 2. ¿Tienen que hablar en lenguas todos los que han sido llenos del Espíritu? Claro que no. Solo léanlo en Hechos 9. (cuando Pablo fue lleno del Espíritu) El hablar en lenguas es uno de los muchos dones que da el Espíritu. Siempre que ponemos a un don sobre los otros en importancia, hacemos que algunos se sientan orgullosos de tener ciertos dones y otros duden porque no los tienen.

Falsas enseñanzas acerca de lo que acompaña la llenura.

No tener problemas: La llenura no hace que todos los problemas desaparezcan; nos da la fortaleza y sabiduría para enfrentarlos de mejor manera. El Apóstol Pablo es un ejemplo de esto (2 Cor. 6:3-10).

Jesús estuvo lleno del Espíritu durante toda su vida. ¿Tuvo problemas? Claro que sí. Fue criticado. No tuvo donde reclinar su cabeza. Fue perseguido. Fue crucificado.

Libertad total de la tentación: Jesús enfrentó uno de los momentos de tentación más grandes, luego de que el Espíritu viniera sobre ÉL después de su bautismo. Algunas personas que han sido llenas del Espíritu, experimentan más tentación que cuando no lo eran.

Pensamos, "Estoy lleno". Tengo esta burbuja espiritual a mi alrededor. Satanás no puede ya enviar tentaciones a mi vida". ¡Estás equivocado! Seguirás siendo tentado (como lo fue Jesús), pero tienes un nuevo poder para decirle ¡no! a esas tentaciones.

Perfección sin pecado: obviamente esto no es verdad. Todo creyente peca y por ello debe confiar en el perdón de Dios y pedirle una llenura renovada cada día.

Señales bíblicas y universales de la llenura del Espíritu.

Los dones del Espíritu:

"Un don espiritual nos es dado a cada uno de nosotros con el fin de ayudar a toda la iglesia."
—1 Corintios 12:7 (NLT-TRADUCCIÓN)

A cada uno se le da una manifestación especial del Espíritu para el bien de los demás. Uno de los signos más importantes de la llenura es la disposición a servir a otros.

El fruto del Espíritu:

"En cambio, el fruto del Espíritu es amor, alegría, paz, paciencia, amabilidad, bondad, fidelidad, humildad y dominio propio".
—Gálatas 5:22–23 (NVI)

Es nuestro crecimiento en el amor, el gozo que experimentamos y la bondad que expresamos, lo que nos hace ver los resultados de la obra del Espíritu en nosotros. El fruto no sale maduro al árbol, ¡crece y madura en él! Cuando veas creciendo estas características específicas de tu carácter, entones tienes una señal de la presencia del Espíritu en tu vida. En Gálatas 5, la vida llena del Espíritu se presenta como lo opuesto a una vida orgullosa y pecaminosa. ¡Al ser lleno del Espíritu Santo tu carácter cambiará!

El poder el Espíritu:

El Espíritu Santo nos da el poder para testificar (Hechos 1:8; Efesios. 3:20).

Los apóstoles no eran impetuosos ni orgullosos, pero tenían confianza y eran audaces debido a la llenura del Espíritu (Hechos 4:29).

Puede que no te sientas poderoso, y sin embargo veas a Dios obrando poderosamente a través de tu vida. De hecho, Pablo nos recuerda en 2 Corintios 12, que a menudo, cuando más débiles nos sentimos y obedecemos a Dios, es cuando Él puede hacer mejor su obra. "Porque mi poder se perfecciona en la debilidad". (2 Cor. 12:9)

Antes de pasar este tema, tomemos un momento para hacer esto personal. El Espíritu de Dios es personal. La persona de Dios vive dentro de nosotros. (No puedo pensar en algo más personal que eso) Al ver estas señales de la presencia del Espíritu en nuestras vidas, es muy posible que no las estés experimentando a todas o que no las estás viviendo en el grado que deseas. ¿Significa eso que Su Espíritu no habita en tu vida? No. Si has confiado a Jesús tu vida, no existe duda de aquello. Pero estamos en un proceso, su Espíritu está en nosotros, y estamos caminando hacia la meta.

Enfócate conmigo por un momento en la obra que Dios desea hacer en tu vida. Piensa en el gozo de permitir a Dios que trabaje en tu vida y lograr un impacto en este mundo, más allá de lo que puedes imaginar. Este es el resultado de los dones del Espíritu.

Piensa en el profundo sentimiento de realización personal que viene cuando ves que tu carácter ha cambiado. Ya no eres tan enojón como antes, sientes una de paz que nunca antes tuviste, te preocupas por la gente como nunca. Este es el fruto del Espíritu.

Mírate a ti mismo poniendo a un lado un pecado que ha marcado tu vida por años. El Espíritu de Dios te da el poder de admitir el pecado, la valentía de buscar ayuda, y el gozo de comprobar el cambio. No es que nunca más serás tentado nuevamente, pero has hallado un nuevo poder para decirle no a la tentación y sí a Dios. Él está logrando una victoria genuina sobre el pecado en tu vida.

Piensa en la humildad refrescante que Dios quiere traer a tu vida. En lugar de estar siempre preocupado por quién te toma en cuenta o de obtener lo que mereces, ahora eres libre para servir a la gente que amas y a gente que nunca has conocido. ¡Dios está obrando para hacer todo esto en tu vida!

> Las preguntas de Discusión 3 y 4 pueden usarse ahora.

Plan de sesión dividida: Si estás enseñando este estudio en dos sesiones, termina la primera sesión aquí.

Una de las preguntas más importantes en la vida es "¿Cómo?" Si te digo que podrías cocinar el mejor pastel de chocolate que jamás hayas probado, obviamente la siguiente pregunta será: "¿Cómo?" Si te digo que podrías tomar unas vacaciones gratis a Europa con tu familia, la respuesta es "¿Cómo?" Y si te dijera que puedes perder 20 libras en cinco días, nuevamente quisieras saber "¿Cómo?"

Consejo práctico de enseñanza.

Permite que el grupo se involucre en este punto. En lugar de que tú les digas "como" al finalizar cada oración de las de arriba, haz una pausa y permite que ellos lo digan. Como maestro, tu meta en este estudio es ayudar a las personas a ser "oyentes activos". Cuando las personas escuchan activamente, se comprometen con lo que dices y pensarán en lo que eso significa para sus vidas. Incluso algo tan simple como decir: "¿Cómo?", tiende a sacarnos del modo pasivo de escuchar en el que caemos tan fácilmente.

Dios nos manda a ser llenos de su Espíritu. La pregunta es cómo:

¿Cómo puedo ser lleno del Espíritu Santo?

Algunos se desilusionarán por lo que estoy a punto de decir. ¡Voy a sonar muy duro! Dios nunca nos mandó a lograr algo para lo que no nos haya dado el poder. Si se te manda a ser lleno del Espíritu, puedes contar con el hecho de que Dios te dará la dirección y recursos que necesitas para ser llenos del Espíritu.

La llenura del Espíritu viene cuando somos limpiados de todo pecado conocido y toda área de nuestra vida se rinde a Jesucristo.

Piensa en lo que es tener un invitado en tu hogar. Probablemente desearás hacer todo para atender a tu invitado: servir comidas especiales e incluso dormir en el piso para que el invitado tenga una cama. (En realidad, ¡son los niños los que van al piso!) Sin embargo, no importa lo cómodo que hagas sentir a tu invitado, siempre se sabrá que la casa es tuya y que eres en última instancia el que está en control de todo.

El Espíritu de Dios no quiere ser un invitado en nuestra vida. Él quiere que le entregues la propiedad de tu vida ¡en papeles! Él quiere que admitas honestamente cada falta, tus heridas y tus pecados, (de todas formas Él los conoce) Él quiere que rindamos todo rincón de nuestras vidas a su control. Jesús nos dice en Juan 14 que nos enviaría su Espíritu para vivir con nosotros y para estar en nosotros.

"Y yo le pediré al Padre, y él les dará otro *Consolador para que los acompañe siempre: el Espíritu de verdad, a quien el mundo no puede aceptar porque no lo ve ni lo conoce. Pero ustedes sí lo conocen, porque vive con ustedes y estará en ustedes".

—Juan 14:16–17 (NVI)

¿Cómo rendir nuestras vidas al Espíritu de Dios?

1. <u>RECONOCER TU SED</u> por la llenura y desearla.

Abran sus Biblias conmigo en Juan capítulo 7.

"En el último día, el más solemne de la fiesta, Jesús se puso de pie y exclamó: -¡Si alguno tiene sed, que venga a mí y beba! De aquel que cree en mí, como dice la Escritura, brotarán ríos de agua viva. Con esto se refería al Espíritu que habrían de recibir más tarde los que creyeran en él. Hasta ese momento el Espíritu no había sido dado, porque Jesús no había sido glorificado todavía".

—Juan 7:37–39 (NVI)

Consejo práctico de enseñanza.

Esta historia de Jesús hablando acerca de tener sed de Él mismo, en plena fiesta de los Tabernáculos, es central para el mensaje de este estudio, porque estás enseñando acerca de la profunda necesidad y deseo que todos tenemos de ser llenos con el Espíritu de Dios. Por esto, es crucial que cuentes esta historia con pasión. Puedes bajar la velocidad para expresar el drama. Cuando hables de Jesús gritando a la multitud, es importante que hables fuerte. Ayuda a la gente a sentirse como si estuvieran allí en ese momento. La forma en que cuentes la historia puede cambiar los corazones de las personas.

Este pasaje de Juan 7 se da en Jerusalén durante la fiesta judía de los Tabernáculos.

Cada mañana del festival, justo después del amanecer, el sumo sacerdote conducía un desfile de celebración de fieles desde el templo hasta el estanque del Siloé. Allí llenaba un cántaro dorado con agua.

Luego llevaba este cántaro de vuelta por la salida sur del templo (que era llamada la puerta del agua) y la gente recitaba Isaías 12:3 "Con alegría sacarán ustedes agua de las fuentes de la salvación". Luego, el sacerdote derramaba el agua en el altar como una ofrenda a Dios. Además, comenzaba a orar por lluvias para la cosecha, pues esta ofrenda además servía como un recordatorio de la promesa de Dios en Joel 28–29 de derramar su Espíritu sobre toda carne.

Imagina esta escena de Juan 7. Jerusalén llena con fieles que han abarrotado la ciudad para la celebración. Con esta ceremonia en la mente de todos, tal vez en el momento más dramático, cuando el cántaro de agua está por ser derramado, la voz de Jesús se levanta entre la multitud, Jesús grita: "Si alguien tiene sed, venga a mí y beba". ¡Electrizante! Él afirmaba ser el cumplimiento de todas sus esperanzas y sueños. Sería como alguien que en el 4 de Julio se pusiera de pie en plenos fuegos artificiales y gritara: "Si alguien quiere verdadera libertad, que venga a mí". Jesús dice poder satisfacernos como nadie más podría. Jesús gritó esto porque sabía que todos los de esa multitud tenían sed en aquel día, sed de lo que Él les podía dar. No había una sola persona que no tuviera sed de Dios, de relaciones correctas y de vida espiritual.

Hablando del momento cuando Jesús gritó, "Si alguien tiene sed, que venga a mí," Larry Crabb escribe:

> Puedo imaginar unas pocas almas valientes corriendo a Jesús, abrumadas por la realidad de su sed; "sí Señor, estoy sediento, lo admito y deseo profundamente lo que no tengo". ¿Qué dijo después? Dijo: "Vengan" No nieguen su sed ni se enfoquen en ella. La invitación de Cristo a venir a Él sobre la base de una sed reconocida, garantiza la legitimidad de los deseos de nuestra alma.[6]

¡Fuiste creado para tener sed de Dios! Tú y yo tenemos sed. Una de las preguntas más importantes que enfrentamos cada día de nuestras vidas es, ¿dónde voy a satisfacer mi sed? Satanás viene y nos tienta con respuestas como: "ganancia económica, pecado sexual, una posición más alta – esto calmará tu sed interna". ¡Pero eso es mentira! Tú lo sabes, pero Satanás continúa mintiendo.

Aún las cosas positivas de nuestras vidas, no pueden satisfacer esta sed. Siendo las relaciones algo tan importante, o por más maravilloso que sea un momento de relax, o lo significativo que sea vivir tu propósito en el ministerio, ninguna de estas cosas puede saciar la sed de conexión con Dios que tenemos. Sólo Jesús puede lograrlo.

Así que, la siguiente vez que sientas ese profundo sentido de sed espiritual, resiste a la tentación de pensar, "llamaré a un amigo … o iré al cine … o iré de compras … o trabajaré más duro en el ministerio … o rescribiré mis metas para este año". Todas estas son cosas buenas, pero no es el trago que saciará esta sed. En lugar de eso, siéntate en un momento de quietud y dile a Jesús: "Te necesito más de lo que nunca pensé, y creo que te necesito justo ahora. Perdóname por buscar otras cosas u otras personas para ocupar ese lugar en mi vida. ¿Me llenarías con tu Espíritu? Confío en que tú puedes saciar esta sed".

2. <u>ARREPIÉÉNTETE DE TU</u> pecado y recibe la limpieza de Dios.

¡Arrepiéntete! En la batalla por el significado de las palabras, Satanás está ganando. La imagen que viene a la mente con esta palabra es la de un profeta loco de pelo largo que está con un letrero que le cuelga diciendo, "¡ARREPIÉNTETE O MUERE!"

La realidad, es que "arrepentimiento", es una de las palabras más positivas en el diccionario. Significa: dar la vuelta, comenzar de nuevo, cambiar de opinión. ¿No te gustaría hacerlo?

Arrepentirme es estar de acuerdo con Dios respecto a mi pecado; dejar de dar excusas y de culpar a otros por mi falta de obediencia a Dios. Mira 1 Juan 1:9.

"Si confesamos nuestros pecados, Dios, que es fiel y justo, nos los perdonará y nos limpiará de toda maldad".

—1 Juan (NVI)

El problema que muchos de nosotros tenemos con el arrepentimiento es que debemos arrepentirnos de nuestro pecado. Es mucho más fácil admitir que hemos tenido un mal día, o una mala actitud, o un tropezón en el camino que decir: "Dios, me arrepiento por el pecado en mi corazón y en mis acciones".

Admitiré personalmente, que pese a que no me gusta llamarlo pecado, es el pecado lo que a menudo me mantiene lleno de mí, en lugar de estar lleno con el Espíritu de Dios.

Consejo práctico de enseñanza.

La oración de arriba es una confesión personal- debemos hacerla sólo si es verdad para nosotros. (Claro, ésta es un área en la que todos luchamos.) Cuando compartimos de una forma confesional nuestras luchas con el pecado, el tono de nuestra enseñanza cambia. Aquellos que escuchan, lo hacen por quién eres en realidad — un compañero de luchas que necesita de la gracia, igual que cada persona en la habitación.

"Dos son los pecados que ha cometido mi pueblo: Me han abandonado a mí, fuente de agua viva, y han cavado sus propias cisternas, cisternas rotas que no retienen agua".

—Jeremías 2:13 (NVI)

Jeremías 2:13 nos da una clara imagen de las dos razones por las que debemos arrepentirnos. Puedes poner un círculo en "me han abandonado" y "han cavado sus propias cisternas". Necesitamos arrepentirnos porque hemos dejado de confiar en Dios y su fortaleza, y debemos arrepentirnos porque hemos confiado en lo que nosotros podemos hacer en lugar de confiar en Dios.

Imagina esta figura. Cada día caminamos cerca de una enorme señal de neón que señala a Jesús con un mensaje que dice: "fuente de agua viva... fuente de agua viva". Podríamos incluso tomar un minuto para admirar lo bello del anuncio, pero lo que hacemos es tomar una pala y comenzar a cavar nuestro propio pozo para conseguir agua. Es triste pero honesto, admitir que preferimos tener nuestra propia cisterna, aunque no tenga agua.

Kay Warren nos cuenta esta historia acerca de cavar nuestros propios pozos.

"Estaba triste acerca de una situación en mi vida. En lugar de acudir a la fuente de agua viva, donde sabía que hallaría el consuelo de Dios, donde lo escucharía decir cosas como, "nunca te dejaré o te abandonaré" y "doy la paz a aquellos cuya mente persevera en mí", preferí cavar mi propio pozo. En lugar de ir hacia la fuente de agua viva, caminaba al lado de Dios y le enviaba mis saludos, pero tomé mi pala y comencé a cavar. Buscando una forma de sentirme mejor, pensé: "tengo hambre, tal vez algo de comida ayude". Caminé dentro de la cocina y observé las bolsas con las golosinas de Halloween de mis hijos, entonces pensé: "que bien me hará sentir esto ¡mucho mejor!". Así que tomé un dulce de cada bolsa y los comí. Ni el chocolate me hizo sentir mejor, así que fui un poco más adentro con mi pala. ¡Fui hacia la despensa y comencé con los bocadillos! Pronto estuve llena pero aún deprimida, entonces pensé, " Ahora puedo llamar a una amiga, puedo buscar a alguien que me atienda por teléfono me de una palmada en la espalda y me diga lo buena persona que soy, eso es lo que necesito". Así que caminé, tomé el teléfono y pude escuchar a Dios diciéndome: "Kay, estás cavando tu propio pozo. Estoy aquí, ¡soy la fuente de agua viva! YO PODRIA SATISFACER TU SED".

Para ser lleno del Espíritu, debes confesar que has caminado junto a él vez tras vez, pero que has tratado de cavar tu propio pozo para calmar tu sed. ¡Para añadirle insultos a la ofensa, lo que usualmente hacemos es orar y pedirle a Dios que nos ayude a cavar nuestro pozo! Y luego nos enojamos con Dios porque no nos ayudó a hacerlo. Si miras tus oraciones no contestadas, te apuesto a que hallarás que en muchos de los casos estabas pidiéndole a Dios que te ayudara a cavar tu propio pozo, y cuando no lo hizo te enojaste con Él.

Dile al Señor, quien te ama: "Lo siento, siento caer tan fácilmente y confiar en mi mismo, lo siento porque tantas veces intenté hallar satisfacción en hacerlo a mi manera. Dios, perdóname por poner excusas para mi pecado y por culpar a otros por mi pecado, me arrepiento y te pido que me llenes ahora mismo."

3. <u>RENDIR TODO Al</u> Espíritu Santo.

Ser lleno del Espíritu no es un asunto de más o menos sino de sí o no. Algunas veces escuchamos cosas como, "Guauu, fulano estuvo realmente lleno del Espíritu esta noche". Sin embargo, la llenura del Espíritu no se trata de monto o grado —simplemente estamos llenos o no. O bien permites que el Espíritu te guíe, controle tus actitudes y te dirija en tus acciones, o no lo permites. Obviamente, mientras crecemos como creyentes, aprendemos a rendir otras áreas de nuestras vidas al liderazgo más profundo de Dios. Ser lleno del Espíritu, sin embargo, es rendir todo lo que conozco y comprendo de mí, a todo lo que conozco y comprendo de Jesús en este momento de vida.

Esto significa hacer dos elecciones:

- **Permitir a Jesús que sea el Señor de tu vida, cada día.**

Dile sí, a Cristo.

> "He sido crucificado con Cristo, y ya no vivo yo sino que Cristo vive en mí. Lo que ahora vivo en el cuerpo, lo vivo por la fe en el Hijo de Dios, quien me amó y dio su vida por mí".
>
> —Gálatas 2:20 (NVI)

- **Negarte a ti mismo, todos los días.**

Dile no, al yo.

> "Entonces llamó a la multitud y a sus discípulos. -Si alguien quiere ser mi discípulo -les dijo-, que se niegue a sí mismo, lleve su cruz y me siga. Porque el que quiera salvar su vida, la perderá; pero el que pierda su vida por mi causa y por el evangelio, la salvará".
>
> —Marcos 8:34–35 (NVI)

"Control" es una palabra que está llena de preocupaciones para la mayoría de nosotros; no nos gusta pensar que alguien pueda controlar nuestras vidas. Para algunos de nosotros, el gran temor es estar "fuera de control".

En toda montaña rusa, siempre existe un momento de abandono. Uno entra en el carro, comienzas la travesía cuesta abajo y llega un momento de bajar al vacío, donde te abandonas al paseo. El ser lleno del Espíritu es una decisión de abandonarse a la grandeza del plan de Dios para tu vida. Es, en esencia, un verdadero viaje de suspenso en tu vida.

(Por cierto, tengo un secreto para ti. ¡No estás en control de todos modos! Nos engañamos cuando pensamos que estamos al mando cuando estamos en nuestro entorno familiar o cumpliendo nuestra rutina de todos los días o en nuestra limitada perspectiva. Pero a la luz de lo vasto de la eternidad y de la grandeza de Dios, en lo profundo sabemos que nos estamos engañando)

Pero el control es un asunto aún más serio de lo que queremos admitir. La verdad es que estamos en una batalla con Dios, peleando por quién tiene el control en nuestras vidas. Incluso, mientras digo esto, algunos de ustedes se sienten incómodos, ya que en lo profundo de nuestro ser, no deseamos que Dios se entrometa en ciertas áreas de nuestra vida. Puede meterse en los asuntos de iglesia, pero no puede opinar acerca de la forma en que llevo mis negocios, o los hobbies que escojo o la forma en la que trato a la gente para lograr algunas cosas. Estamos en una batalla con Dios y hasta que rendimos el control, esta batalla continúa. Y no es una rendición de una sola vez ¿verdad? Es un proceso diario, incluso de momento a momento.

La pregunta de discusión 5 se puede usar ahora.

4. **CONFIAR EN DIOS** para que nos llene como dijo que haría.

🔘13

Y entonces confiamos. Confiamos en que Dios hará lo que dijo que haría. Recuerda que Dios siempre mantiene sus promesas. No tienes que rogar, ni tampoco dudar: sólo confiar. El Dios que mandó que su Espíritu te llene, ciertamente lo hará así, si confías en Él.

Bill Bright pone esa confianza en términos simples:

> "El cristiano no tiene que suplicar a Dios por aquello que ya es suyo. Supón que vas al banco para cambiar un cheque de cien dólares. ¿Irías al banco donde tienes algunos miles de dólares depositados, pondrías el cheque en la ventanilla, y acto seguido te arrodillarías, y dirías, "Oh por favor Sr. Cajero, me cambiaría este cheque?" No, no es esa la forma en la que cambias un cheque. Simplemente te acercas en fe, pones el cheque en el mostrador de la caja y esperas por el dinero que de hecho ya es tuyo. Luego agradeces al empleado y te marchas.

Millones de cristianos le ruegan a Dios… por una vida de victoria y poder que de hecho ya es suya – por una vida abundante que solo espera ser apropiada por fe".7

¿Cómo saber si estás lleno? Haciendo las cosas que Dios dijo que hiciéramos.

En este momento quizá estás sintiendo:

" ¡Nunca podré hacerlo! Sólo soy un tipo normal". Pero entonces recuerdas lo que Dios ha dicho de ti.

"Has nacido de nuevo por mi Espíritu, has sido bautizado en mi Espíritu, eres templo de mi Espíritu, y has sido sellado y garantizado a través de mi Espíritu. Eres un templo de mi Espíritu". Permite que ese Espíritu te llene.

Ray Stedman fue pastor en la Iglesia Bíblica de la Península en Palo Alto, California, durante cuarenta años. No sólo tuvo un ministerio tremendamente impactante en la iglesia en la que sirvió, sino que además se convirtió en un maestro de Biblia conocido a nivel nacional. Fue poderosamente usado por Dios. Quisiera que escuches lo que dijo a la iglesia a la que sirvió por tantos años en su mensaje antes de morir. Estas son las palabras de un hombre sabio y bien experimentado acerca de cómo obra el poder de Dios en nuestras vidas.

> "Lo que estoy tratando de decir es que el poder de Dios, el poder resucitador de Dios, no es un poder que haga grandes demostraciones. Es tranquilo. Estamos tan acostumbrados a un poder que hace ruido, que no pensamos tener poder si no lo acompaña el ruido. Las cosas que zumban, palpitan, explotan y hacen boom, esas son las que a menudo vemos como poder. Pero este poder es uno que no sentimos. Quizá no tenemos conciencia de que está sucediendo, pero está sucediendo".

> Este poder tiene una característica peculiar: ¡sólo se da cuando comienzas a actuar! Cuando comienzas a ejercitar los dones que Dios te ha dado, no antes. Luego, Dios trabajará a través tuyo para alcanzar cosas que te dejarán lleno

de sed por lo que Él ha hecho. No sentiste este poder. No es que de repente te sientas fuerte, capaz y asombroso. No, te sientes débil; Pablo dice que el poder de Dios se perfecciona en la debilidad, pero no nos gusta recibir esta declaración. Porque te sientes débil, inadecuado, inefectivo, e impedido para que Dios te use. ¡Pero no! Esa es la enseñanza. Muchas personas nunca descubren lo que Dios podría hacer en sus vidas porque se la pasan esperando a sentirse lo suficientemente poderosos antes de actuar. Pero no, no tienes que sentirte poderoso. Comienza a actuar en función de satisfacer las necesidades de los que están a tu alrededor y de pronto descubrirás que tienes un poder fuera de lo común obrando en ti.

Tengo un cepillo de dientes que funciona con una pila. Tiene una característica poco usual. Cuando le pones la pasta de dientes y estás listo para cepillarte, buscas el botón para encenderlo, pero no tiene ese botón. Las instrucciones me mostraron que sólo basta con colocar el cepillo contra los dientes para que el cepillo se active solo. Recuerdo con qué sentimiento de incredulidad intenté hacer esto la primera vez, pero para mi sorpresa, funcionó. Coloqué el cepillo contra mis dientes, y de repente, el cepillo comenzó a moverse de arriba a abajo: tenía poder.

Este es un ejemplo trivial (y hasta tonto) de cómo es el poder de Dios. El poder de la resurrección funciona de una forma muy similar. Funciona cuando le predicas a alguien. Funciona cuando estás dispuesto a ejercitar un don de enseñanza, de consolación o de exhortación a alguien que está yendo por el camino equivocado. Funciona justo cuando lo necesitas. Eso es porque funciona por fe". [8]

¿Actuarás sobre la base de las verdades que hemos visto de la Palabra de Dios en este estudio?

Actuando en la verdad

1. **¿Qué círculo representa tu vida en este momento? ¿El natural, el espiritual o el carnal? Probablemente, como muchos de nosotros, te gustaría eludir esta pregunta y decir: "Bien, sé que tengo a Cristo en mi vida y aunque sé que Cristo no es el Señor sobre todo en mi vida, sí es el Señor en tal o cual área". La Biblia no nos da una cuarta opción: No podemos ser parcialmente carnales o parcialmente espirituales. En este momento, Jesús ya es Señor sobre todo en tu vida o simplemente no lo es. Si no lo es, ¿estarías dispuesto a devolverle el trono de tu vida?**

2. **¿Has ignorado o negado tu sed de Dios o de relaciones correctas? ¿Puedes admitir tu profunda sed ahora y venir a Él para saciar esa sed? ¿O has tratado de satisfacer tu sed cavando tu propio pozo?**

3. **¿Qué pecados te han separado de Dios y han impedido que tengas compañerismo con Él? ¿Qué necesitas confesarle y de qué debes arrepentirte? Quizá necesites pasar un tiempo con Dios para pedirle que su Santo Espíritu te revele dónde estás equivocado y puedas nuevamente confiar en Su perdón, pidiéndole que te llene nuevamente.**

4. ¿En qué área de tu vida necesitas confiar en Dios para tener el poder de hacer lo que Dios te manda a hacer? ¿En dónde necesitas actuar con fe? ¿A quién necesitas servir? ¿Quién necesitas que vea los dones que Dios te ha dado?

Las preguntas de discusión 6 y 7 pueden usarse ahora.

Termina memorizando la tarjeta no. 4, "La verdad acerca del Espíritu Santo". Al poner estas verdades en tu corazón, espera que Dios las use, te anime y anime a otros a través de tu vida.

Preguntas de discusión.

1. ¿Dónde está la línea entre ser un cristiano imperfecto que vive la vida llena del Espíritu y un cristiano carnal que vive un estilo de vida centrado en sí mismo?

   Líderes de grupos pequeños: Esta es una pregunta de razonamiento que no tiene una respuesta correcta. El propósito no es ver con qué cantidad de pecado podemos lidiar. Es más bien tener una conversación honesta acerca de lo fácil que es resbalar de una acción pecaminosa a un estilo de vida de pecado.

2. Algunos líderes cristianos dicen que más del 95 por ciento de creyentes viven vidas mundanas – caracterizadas por algunas de esas luchas de las que hablamos en esta sesión. Pero la pregunta que clama por respuesta es: ¿por qué? Discute con el grupo, dos o tres razones por las que crean que es tan fácil y común conformarnos con menos, de lo mejor que Dios nos quiere dar para nuestras vidas espirituales.

   Líderes de grupos pequeños: Algunas ideas pueden incluir la influencia del mundo a nuestro alrededor, la falta de tiempo para leer la Palabra de Dios, el compararnos con otros, las cosas materiales que nos rodean, y nuestro deseo de no quedar mal, exponiéndonos.

3. Si pudieras escoger un área de tu vida en la cual quisieras ver obrar a Dios de formas extraordinarias, ¿cuál sería ésta?

4. Si pudieras escoger una de tus cualidades para que Dios la desarrolle de gran forma, ¿cuál sería, y cómo?

5. ¿Cómo se siente ser lleno del Espíritu Santo? ¿Qué tipo de pensamientos tienes cuando estás lleno del Espíritu?

   Líderes de grupos pequeños: Esta pregunta te da la oportunidad de hablar acerca de la realidad de la vida llena del Espíritu. Al principio, parece que el ser lleno del Espíritu puede significar siempre estar lleno de gozo y pensando en Jesús. Pero la vida llena del Espíritu es más profunda que eso. Podemos tener vidas llenas del Espíritu aún cuando enfrentemos la depresión o la ira. Podemos ser llenos del Espíritu cuando estamos pensando en nuestros hijos, en algo romántico, o descansando.

6. Aprendimos que ser lleno es algo que Dios hace por nosotros. ¿Qué parte entonces juegas en la tarea de ser lleno del Espíritu? ¿Qué cosa, aunque sea pequeña podrías hacer mañana para ser más consistentemente lleno del Espíritu?

7. Como creyentes en Cristo, no podemos vivir la vida cristiana con nuestras propias fuerzas. Debemos tener la llenura y poder diarios del Espíritu Santo. No hay necesidad más importante que ésta, para motivarnos a orar y preocuparnos por los demás en el grupo. Toma algo de tiempo, antes de partir, para orar por las necesidades de cada uno en esta importante área. Antes de salir, haz una lista de la respuesta de cada persona a la pregunta 6, acerca de cómo ser más lleno del Espíritu. Copia esa lista en una tarjeta de 3 x 5 y dale una a cada persona del grupo para que puedan orar unos por otros. La lista se vería como algo así:

> Peticiones específicas de oración en el grupo – puntos específicos para ser más llenos del Espíritu:
>
> Juan: Tiempo de quietud
>
> María: Confiar en el perdón de Dios
>
> Guillermo: Pensar en Dios al comenzar cada hora del día
>
> Elena: Tomar tiempo para orar por la familia
>
> Pedro: Escoger decirle sí a Dios
>
> Jenny: Ver a la gente en mi trabajo como personas que Jesús ama

Líderes de grupos pequeños: Termina el estudio orando unos por otros para que la obra de Dios Padre, Hijo y Espíritu sean personales y poderosas en sus vidas diarias.

Para un estudio más profundo.

Bright, Bill. El Espíritu Santo: *La clave para una vida sobrenatural.* San Bernardino, Calif.: Campus Crusade for Christ, 1980.

Elwell, Walter, ed. *Análisis tópico de la Biblia.* Grand Rapids, Mich.: Baker, 1991.

Graham, Billy. *El Espíritu Santo: Activando el Poder de Dios en tu Vida.* Dallas: Word, 2000.

Ryrie, Charles Caldwell. *El Espíritu Santo.* Chicago: Moody Bible Institute, 1965.

Sanders, J. Oswald. *El Espíritu Santo y sus dones.* Grand Rapids, Mich.: Zondervan, 1973.

Stott, John. *El Bautismo y la llenura del Espíritu Santo.* Downers Grove, Ill.: InterVarsity Press, 1964.

Swindoll, Charles R. *Volando cerca de la llama.* Dallas: Word, 1993.

La creación
1a Parte

Meta transformadora

Profundizar tu convicción de que el mundo y todo lo que hay en él fue creado por la acción personal de un Dios personal.

Sumario de los puntos principales de la enseñanza.

¿Por qué creó Dios?

1. Dios creó por su propio deseo.

2. Dios creó para expresar su soberanía.

3. Dios creó para reflejar su carácter.

4. Dios creó para mostrar su sabiduría

¿Cómo creó Dios?

Tres visiones importantes que como creyentes debemos comprender:

Evolución.

Evolución teísta.

Creación sobrenatural.

¿Cuándo creó Dios?

Escuchemos estas palabras de la canción "Él sabe mi nombre."

Tengo un hacedor,
Él formó mi corazón.
Antes del principio de los tiempos,
Mi vida estaba en sus manos.

Él sabe mi nombre.
Él conoce cada pensamiento.
Él ve cada lágrima que cae
Y me escucha cuando llamo.[1]

Esta es la convicción que espero construir o profundizar en ustedes al estudiar lo que Dios nos tiene que decir acerca de la creación. Estoy muy conciente de que este tema ha sido objeto de muchas discusiones científicas y teológicas. Y no tememos enfrentar algunos de estos temas. Pero no quisiera que pasemos por alto el punto principal de todo estudio acerca de la creación, que es: fuiste creado personalmente por un Dios amoroso.

Al iniciar nuestro estudio de la creación, me gustaría que observes que no se trata de algo que sucedió hace mucho tiempo. Se trata de lo que está sucediendo ahora mismo en tu corazón.

Estudiamos los orígenes de la vida porque todos nosotros necesitamos un sentido de identidad y propósito; lo que crees acerca de nuestros orígenes afecta:

<u>**TU VALOR PERSONAL**</u>

<u>**TUS RELACIONES**</u>

<u>**CÓMO VES A DIOS**</u>

Tu valor personal. ¿Cuál de estas declaraciones te da un fundamento más fuerte de valor personal?

> Soy una creación personal de un Dios de amor.

> Soy el resultado de un conjunto de reacciones químicas casuales procedente de una sopa primordial.

Una de las razones por las que me fascinan las preguntas "¿Dónde comenzó la vida y de dónde hemos venido?" es porque las respuestas a esas preguntas son el fundamento de lo que somos.

Tus relaciones. ¿Piensas que las preguntas acerca de la creación no impactan nuestras ideas acerca de la vida diaria y las relaciones? Permíteme ponerte un ejemplo. En un episodio de la comedia familiar Home Improvement, el esposo, Tim, es sorprendido por su esposa, Jill, mirando a otra mujer mientras caminan a su mesa en un restaurante. Jill, molesta y confusa busca al sabio vecino Wilson, que habla siempre detrás de la verja, ¿por qué Tim haría algo así? Wilson le explicó a Jill que los hombres de las cavernas necesitaban aparearse con muchas mujeres para lograr la preservación de la especie—así que es "lo más natural" que los hombres tengan este tipo de sentimientos.

Esto es muy diferente a lo que la Biblia nos presenta acerca del primer hombre y la primera mujer. Adán y Eva fueron dados el uno al otro por Dios para acompañarse para siempre. Esposas, ¿cómo prefieren que piensen sus esposos? "Tengo un deseo innato de aparearme con muchas mujeres, aunque debo reprimirlo para siempre" o "Fui creado por Dios para realizarme a través de la unión con una sola mujer por el resto de mi vida".

Cómo vemos a Dios. La forma en la que comprendemos la verdad acerca de la creación, afecta profundamente nuestras creencias acerca de Dios. Mientras más lejano veas a Dios del acto de la creación, más lejos tiendes a sentirte de Dios. Es mucho más simple desarrollar una relación personal con Dios cuando te das cuenta de que Él ha puesto su mano personal al crearte.

Se puede usar la pregunta de discusión 1 aquí.

Este estudio es de alguna forma diferente a cualquier otro del conjunto de la serie Fundamentos. En nuestros otros estudios, la mayor parte de nuestras citas son de la Biblia. En este estudio también hallarás muchas citas de científicos que han estudiado el tema de la creación. Dado que este tema bíblico ha sido muy discutido en nuestras clases de ciencias, universidades y laboratorios, hemos querido que pudieran escuchar algunas de estas opiniones. También admito desde el principio que lo único que haremos es ver algo de este tema. Si este estudio te motiva a pensar y a estudiar más por tu cuenta, habrá sido un enorme éxito para nosotros.

En este estudio responderemos tres preguntas simples. Las respuestas involucran quién es Dios, quiénes somos nosotros y por qué estamos aquí. Las tres preguntas son:

1. **¿Por qué creó Dios?**
2. **¿Cómo creó Dios?**
3. **¿Cuándo creó Dios?**

¿Por qué creó Dios?

1. **Dios creó por SU PROPIO DESEO.**

   Dios creó porque disfrutó creando. Leamos el Salmo 104:31.

   "Que la gloria del SEÑOR perdure eternamente; que el SEÑOR se regocije en sus obras."
   —Salmo 104:31 (NVI)

   Dios no tuvo que crear, Él simplemente lo deseó. Y eso le trajo gozo. Miremos en Colosenses 1:16 y hagan un círculo alrededor de "para Él."

   "Todo ha sido creado por medio de él y para Él." —Colosences 1:16 (NVI)

   En última instancia, la creación es para Dios y no para ti. Él desea que disfrutemos de su creación y que lo disfrutemos a Él, pero la creación es "para Él".

   Estoy muy conciente de que desde nuestra perspectiva humana eso suena muy egoísta. Pero Dios no es egoísta. Dios creó por el puro gozo de crearnos. ¿Has hecho eso alguna vez? ¿Has hecho alguna vez algo sin pensar quién lo vería o por cuánto lo podrías vender? Podría ser un proyecto de carpintería, o un poema que hayas escrito, o un jardín plantado, o alguna prenda que hayas confeccionado o una canción que hayas escrito. Si has sentido alguna vez el gozo de hacer algo tan solo porque sí, eso es lo que significa crear por propia voluntad.

2. Dios creó para expresar su SOBERANÍA.

La soberanía, como recordarás de nuestro estudio sobre Dios, significa que Dios está, en última instancia, en control de todo. Dios está en control. La creación de Dios expresa su control. Escuchemos estos dos versículos:

"Tuyo es el cielo, y tuya la tierra; tú fundaste el mundo y todo lo que contiene".

—Salmo 89:11 (NVI)

"Del SEÑOR es la tierra y todo cuanto hay en ella, el mundo y cuantos lo habitan"

—Salmo 24:1 (NVI)

La tierra es del Señor. Él es dueño de todo lo que vemos, incluyéndote a ti. Todo lo tenemos sólo a préstamo, por un breve tiempo mientras estamos en esta tierra. Es cierto que sólo una parte de su creación reconoce que Dios es dueño de todo, mientras otros no lo hacen. Éstos últimos son como los siervos que menciona la Biblia que actúan como si el Señor de la tierra nunca regresará. Pero lo cierto es que el Señor regresará y se verá claramente que no podemos ignorar la soberanía de Dios. Dios es un dueño lleno de gracia, pero sigue siendo el dueño. Dios es un dueño paciente, pero es el dueño.

Consejo práctico de enseñanza.

La repetición es la mejor amiga de un comunicador. Las oraciones que terminan el párrafo anterior son obviamente repetitivas, pero eso es precisamente lo que ayuda a los que escuchan para que entiendan lo que les estás diciendo.

No temas repetir. Nadie escucha lo que dices desde el principio. E incluso si lo hacen, usualmente necesitamos escuchar más de una vez para incorporar esa verdad en nuestras vidas. Algunas veces, como maestros pensamos, "Dije eso la semana anterior. No debería hacerlo nuevamente". Sin embargo, necesitas decirlo otra vez; sí, más de una vez. Dilo con un énfasis diferente, pero repítelo.

Algunas maneras de usar la repetición son:

- Repetir una frase para darle énfasis (como arriba, con la frase "Él es el dueño").

- Revisar el material de la sesión anterior para comenzar un nuevo estudio.

- Decir la misma cosa de diferentes maneras en el delineamiento de la enseñanza. En los puntos del bosquejo que estamos enseñando aquí, podríamos haber dicho simplemente que Dios creó para mostrar su naturaleza. Pero al contemplar su carácter y sabiduría, su soberanía, hay más posibilidades de que se llegue a captar esa verdad. Es como mirar un diamante. Al darle vuelta en tu mano puedes ver las distintas facetas, y su belleza brilla más y más claramente.

- Repetir de una sesión a otra las verdades básicas que deseas que las personas de tu estudio aprendan y vivan. (Por ejemplo, una de las verdades básicas de Fundamentos es que lo que creemos impacta profundamente la manera en que vivimos en este mundo.)

3. Dios creó para reflejar su <u>CARÁCTER</u>.

"Los cielos cuentan la gloria de Dios, el firmamento proclama la obra de sus manos. Un día comparte al otro la noticia, una noche a la otra se lo hace saber".

—Salmo 19:1–2 (NVI)

"Porque desde la creación del mundo las cualidades invisibles de Dios, es decir, su eterno poder y su naturaleza divina, se perciben claramente a través de lo que Él creó, de modo que nadie tiene excusa".

—Romanos 1:20 (NVI)

El Salmo 19:1–2 nos dice que los cielos declaran la gloria de Dios. Día tras día, noche tras noche, y año tras año, esa maravillosa exhibición grita: "¡Dios es un Dios grande y maravilloso!".

Miremos en Romanos 1:20— podemos ver el carácter de Dios en lo que Él ha hecho.

Si convirtiéramos esta clase en una de trabajo en cerámica, podrías ver el carácter de cada persona por la forma en la que cada uno trabajara sus vasijas. Algunos de ustedes son muy detallistas y eso se podría ver en el tiempo y energía invertidos en sus obras. Seguramente moldearían su barro con gran cuidado, asegurándose de que estuviera perfectamente liso. Y si tuvieran algo apropiado, seguro que tallarían un intrincado diseño en los lados de su vasija. Otros de ustedes son, si me lo permiten… algo menos detallistas. Su meta básica sería lo rápido que podrían fabricar sus vasijas. O quizás tratarían de hacer más cantidad de vasijas que todos los demás. Se vería su carácter en lo que hubieran hecho. Otros, en cambio, se la pasarían lanzando bolitas de barro a todas las personas alrededor. ¡Ni que hablar de *su* carácter!

Una observación más detallada.

La Biblia está llena de versículos que nos hablan acerca de la creación como expresión del carácter de Dios. Para profundizar en este tema, toma algo de tiempo antes de iniciar la siguiente sesión para leer estos versículos:

Neh. 9:5–6; Sal. 19:1–4; Sal. 104:30–32; Isa. 43:7; Rom. 1:20; 2 Cor. 4:6; Sal. 8:1, 3; Sal. 104:24; Isa. 51:12–13, 16; Amós 4:13

4. Dios creó para mostrar <u>SABIDURÍA</u>.

"¡Oh SEÑOR, cuán numerosas son tus obras! ¡Todas ellas las hiciste con sabiduría!"

—Salmo 104:24 (NVI)

"Con sabiduría afirmó el SEÑOR la tierra, con inteligencia estableció los cielos".

—Proverbios 3:19 (NVI)

Hagamos juntos una lista de algunas de las formas en las que la creación muestra la sabiduría de Dios. Por ejemplo, puedo ver la sabiduría de Dios en la perfección de la rotación de la tierra alrededor del sol, en la forma en que un pájaro vuela, ¡y aún en la perseverancia con la que dotó a la hormiga! (¿no es cierto que lo primero que pensamos cuando hallamos nuestra cocina repleta de hormigas es: "qué Dios tan sabio y maravilloso eres..."?) ¿Dónde puedes comprobar la sabiduría de Dios cuando ves cómo ha hecho Dios el universo y a ti?

Consejo práctico de enseñanza.

Toma unos momentos para que el grupo responda —cuando hagan la lista acerca de las formas en que ven la sabiduría de Dios en Su creación. No siempre es sencillo lograr que la gente arranque. Si nadie dice algo inmediatamente, puedes romper el hielo con una simple afirmación como, "Esta es una parte interactiva de nuestro estudio," o "Ayúdenme con esta pregunta."

La respuesta a por qué Dios creó es el fundamento de nuestra comprensión acerca de la creación. Con estas verdades en el bolsillo, estamos listos para encarar la pregunta de cómo Dios creó y cuándo lo hizo.

Puedes usar la pregunta de discusión 2 aquí.

¿Cómo creó Dios?

"Y dijo Dios: "¡Que exista la luz!" Y la luz llegó a existir".
—Génesis 1:3 (NVI)

Leamos juntos Génesis 1:3. Este versículo lo resuelve. Dios dijo que sea la luz, y la luz se hizo. Así es como Dios crea. Próxima pregunta.

Pero de alguna manera esto no es suficiente ¿verdad? Tenemos este intenso deseo de averiguar el cómo, escarbando en todo lo que se ha dicho o escrito acerca del tema:

Hay tres visiones principales que, para nosotros como creyentes, es importante entender:

Evolución.

Esta no es una teoría acerca de la creación porque la evolución no aborda la existencia de un creador. En términos simples, la perspectiva de la evolución es que la vida se originó por un proceso natural, comenzando con la primera sustancia viviente (una célula) y continuando con el desarrollo de las distintas especies.

Existe una creencia difundida de que la evolución ya ha sido probada por la ciencia, con lo que el relato bíblico acerca de la creación se volvería una mentira.

Pero permíteme recordarte que:

Es imposible probar CIENTÍFICAMENTE cualquier teoría acerca de los orígenes. Y esto es así porque el método científico se basa en la OBSERVACION y la EXPERIMENTACION, así que es imposible hacer observaciones o experimentos acerca de los orígenes del universo.

Es importante recordar que no existe tal cosa como un acercamiento imparcial al estudio de la creación y la evolución. Todos tenemos creencias e ideas basadas en nuestras propias experiencias. La única pregunta es ¿Cuáles son las mejores convicciones? Admitimos en este estudio la siguiente posición: Que Dios es el creador del universo y de todo lo que existe, que hizo al hombre a su imagen (el hombre no viene de los simios), y la Biblia es confiable como un libro que ofrece información acerca de la creación.

La Evolución y la Creación no son sólo asuntos de ciencia y religión, respectivamente. No hay duda de que la evolución y la creación son dos posiciones que compiten en nuestra sociedad. ¡Sólo miren las partes de atrás de nuestros autos! Los pequeños pescados simbolizan a cristianos en respuesta a los pequeños "símbolos de Darwin" que están en la parte de atrás de otros autos. Y luego vino inevitablemente el gran pez comiéndose al pequeño Darwin y viceversa. Todas muestras de la competencia entre las dos creencias.

A menudo, como creyentes, nos ponemos a la defensiva cuando se presenta alguna discusión acerca de la creación. La ciencia parece haber ganado gran parte de terreno, asumiendo que la teoría de la evolución es un hecho probado. Pero cualquier científico nos diría que no existe valor para una ciencia en la que no probemos nuestras hipótesis y teorías. No debemos temer señalar enfáticamente que creemos en un creador personal y que tenemos serias dudas sobre la teoría de la evolución.

Los problemas con la teoría de la evolución:

1. Se deja a Dios fuera de la creación

Uno de los problemas mayores cuando asumimos una posición evolucionista es que se presenta a Dios como no existente o tan frío y distante del acto de la creación. La idea de que Dios lo comenzó todo con un solo movimiento y luego lo dejó para que las cosas funcionaran por sí solas, es una posición totalmente extraña al Dios que se nos presenta en la Biblia. Él es un Dios personal que está íntimamente involucrado no sólo en crear sino además en sostener la creación que hizo.

¿Qué tal la idea de que Dios creó de alguna manera a través de la evolución? La analizaremos más de cerca en unos momentos. Pero Darwin rechazó esta idea desde el principio.

Darwin mismo rechazó la idea de añadir la intervención de Dios en el concepto de evolución:

> **"La teoría de la selección natural de las especies no valdría nada para mí, si requiriera de adiciones milagrosas en cualquier estadio de evolución".[2]**

2. Las probabilidades de evolución <u>AL AZAR</u>

¿Qué posibilidades hay de que la vida hubiera comenzado con una serie de combinaciones al azar de reacciones químicas en un mar prehistórico? ¿Qué probabilidades hay de que se dé una evolución exitosa en este contexto?

Al discutir las probabilidades de que una sola cadena de aminoácidos se combinara al azar,

Francis Crick, codescubridor de la estructura molecular del ADN escribió:

> **Este es un ejercicio simple en términos de combinaciones matemáticas. Si la cadena es de 200 aminoácidos; esto es menos que la longitud promedio de las proteínas de todo tipo. Dado que tenemos solo 20 posibilidades en cada lugar, el número de posibilidades es de 20 multiplicado por sí mismo 200 veces. Entonces lo escribimos como 20200 ¡un 1 seguido de 260 ceros!**

Este número está más allá de nuestra comprensión. Para comparar, considera el número de las partículas fundamentales (átomos, para simplificarlo) en el universo visible, no sólo en nuestra propia galaxia con sus 1011 estrellas, sino en todos los billones de galaxias, fuera de los límites del espacio observable. Este número se estima en 1080, una miseria comparado con 10260. Aún más, hemos considerado en el ejemplo una cadena de polipéptidos de un largo modesto. Si hubiésemos considerado una mayor, el número hubiera sido aún más incalculable.[3]

Las probabilidades de que este primer paso de evolución hubiese ocurrido al azar es estadísticamente imposible.

Algunos de ustedes deben amar los números, como 10 elevado a la 260 potencia. Otros deben estar pensando, "No me lo puede decir de una forma más simple?"

Charles Chirrié lo hizo:

Se requiere una cantidad increíble de fe para creer que la evolución pueda haber originado toda la vida existente ahora y antes por simple casualidad.[4]

Para simplificarlo aún más y aclararlo, un escritor lo expresó de esta manera:

Este argumento del origen de la vida es tan probable como que un avión 747 se ensamblara por casualidad en medio de un tornado, habiendo dejado las piezas sueltas en un depósito de chatarra.[5]

3. La falta de evidencia para la evolución de especie en especie.

Charles Darwin concedió este punto, la falta de evidencia. En sus escritos lo dijo así:

"No tenemos registro alguno del cambio de una especie a otra... no podríamos probar que una especie ha cambiado".[6]

La Biblia nos dice que Dios hizo a cada animal "según su especie." Esto sí es fácilmente verificable no sólo por los registros fósiles sino además por la observación científica y la experimentación. Los criadores de animales han creado exitosamente nuevas razas de animales, pero nunca han cambiado una especie a otra. No existe prueba de eso. En realidad, algo de lo que se ha enseñado podría probar que la teoría de la evolución debería ser descartada.

Ahora que han pasado unos 120 años de Darwin, el conocimiento de los fósiles se ha expandido notoriamente. Irónicamente, tenemos aún menos ejemplos de transiciones evolutivas que los que había en los tiempos de Darwin. Con esto quiero decir que algunos de los casos clásicos del cambio darwiniano en los registros fósiles, como el de la evolución del caballo en Norte América,

tuvieron que ser descartados o modificados como resultado de una información más detallada.[7]

4. La <u>COMPLEJIDAD</u> irreducible de las cosas vivientes

Por complejidad irreducible quiero decir un solo sistema compuesto por varias partes perfectamente ensambladas, y que interactúan para contribuir a una función básica, en la cual, el quitar una de las partes causaría que el sistema dejara de funcionar efectivamente… Un sistema biológico irreducible, si hubiera algo así, sería un reto poderoso para la evolución darwiniana.[8]

"La complejidad irreducible" se refiere a algo tan intrincado en su creación que no puede ser desarrollado parte por parte o paso a paso; tiene que ser hecho de una sola vez.

Un ejemplo entre cientos es el pájaro carpintero:

Las fuerzas involucradas en el martilleo del pájaro carpintero en los árboles son increíbles. La brusquedad con que detiene su cabeza después de cada picotazo equivale a una fuerza mil veces superior a la de la gravedad. Es decir, unas 250 veces más fuerza que la que soporta un astronauta durante el despegue de un cohete. ¿Cómo puede el pájaro carpintero soportar tal fuerza? ¿Qué evita que sus sesos se salgan de la cabeza?

El pájaro carpintero sobrevive a este sacudón de su cabeza con fuerza excepcional porque Dios, en su sabiduría, ha diseñado su cabeza, pico y cuello de una manera especial. Para comenzar, el Creador, ha reforzado mucho el esqueleto de la cabeza. Esto es necesario para que la cabeza no se haga pedazos. El pájaro carpintero tiene un pico mucho más fuerte que el de otros pájaros. Debe ser lo suficientemente fuerte como para perforar un tronco sin doblarse como un acordeón. El pico tiene la forma de un cincel, y cuando el pájaro está picando se puede ver gran cantidad de aserrín. Normalmente, éste aserrín entraría por la nariz del pájaro, pero el pájaro carpintero está diseñado con unas fosas nasales como hendiduras, cubiertas con plumas para evitar que el aserrín entre por su nariz.

Además, el pico y el cerebro están amortiguados contra el impacto. En la mayoría de los pájaros, los huesos del pico y del cráneo están unidos. Pero en el pájaro carpintero, el cráneo y el pico están separados por un tejido de tipo esponjoso que es el que soporta el impacto cada vez que el pájaro golpea su pico contra el árbol. El aislante para impactos que tiene el pájaro carpintero es tan bueno que los científicos aseguran que es, lejos, mucho mejor que cualquier invento hecho con ese fin.

Para añadir protección a su cerebro, el pájaro carpintero tiene unos músculos especiales que empujan su caja cerebral en sentido contrario a su pico cada vez que pega un golpe. Pero esto es sólo parte de la historia. Si la cabeza del pájaro carpintero girara, aunque sea sólo un poco, al picotear el árbol, la rotación de su cabeza junto con la fuerza del picotazo, arrancaría su cerebro. Pero Dios, el Diseñador maestro, ha creado al pájaro carpintero con un sistema de coordinación perfecto, que se basa en los músculos de su cuello para mantener su cabeza perfectamente recta. Así, el pájaro puede soportar el enorme shock que se auto inflinge cada día, miles de veces, año tras año.[9]

Consejo práctico de enseñanza.

Habrás notado que hay un buen número de citas en este estudio. En un estudio como el de la creación, es importante citar las declaraciones de científicos y otros que han realizado un estudio de por vida de la creación. Como recordarás en un consejo de enseñanza anterior, señalamos que era una buena idea poner estas citas en tarjetas de 3 x 5 para leerlas desde allí. Cuando se toman las tarjetas y se leen las citas, se aclara a las personas a las que instruyes que se trata de una cita. Además, esto te permite salir de tu sitio mientras lees. Con una cita tan larga como la anterior, tal vez quieras resaltar ciertas secciones de la cita y leer sólo lo señalado. (Has visto este consejo antes. Si no lo recuerdas o no lo has usado, considéralo como un ejemplo del valor de la repetición.)

Uno de los mayores desacuerdos que tenemos los cristianos con los evolucionistas se da en este punto. La teoría de la evolución nos dice que el pájaro carpintero desarrolló estos atributos increíbles precisamente por las trabas que le puso la naturaleza a su existencia. La verdad de la creación, por el contrario señala que el pájaro carpintero fue intrincadamente diseñado para hacer lo que hace de forma exacta y es una expresión de la magnificencia de Dios. No debes permitir que ninguna teoría, ciencia, o creencia te robe la verdad de que todo lo que eres, y todo lo que ves fue maravillosamente creado por Dios.

Plan de sesión dividida: Si estás enseñando este estudio en dos sesiones, puedes terminar la primera sesión ahora.

A través de este estudio de la creación, quiero que mantengamos el sentido de gozo por todo lo que Dios ha creado.

Escuchen esta simple petición de un libro de oraciones inglés:

> Oh Padre celestial, que llenaste el mundo con belleza: abre nuestros ojos para ver tu graciosa mano en todas tus obras; que regocijándonos en toda tu creación, aprendamos a servirte con gusto; para honra de aquel por quien todo lo que existe fue hecho, tu Hijo, nuestro Señor Jesucristo. Amén.

"¡Dios, abre nuestros ojos para verte!" No existe mejor oración cuando vemos lo intrincado y complejo de la creación.

Cuando observamos los problemas con la teoría de la evolución que acabamos de revisar, emerge una pregunta muy natural. Si la probabilidad de que lo que existe se haya dado por evolución es tan mínima, ¿es posible que Dios, de alguna forma haya usado este proceso? En otras palabras, ¿podría Dios haber usado el proceso de evolución como un medio de creación? Y esto nos lleva a la segunda teoría más importante acerca de los orígenes del universo:

La evolución teísta:

La teoría de la evolución teísta es la idea de que Dios, de alguna forma usó el proceso de evolución como un medio a través del cual creó todo.

Esta teoría es atractiva para muchos porque nos da la impresión de tenerlo todo. Y la manera más sencilla de resolver una discusión es admitiendo que los dos tienen la razón. Pero ¿podemos hacer esto con la evolución y la creación? ¿Caben estas dos ideas juntas? Miremos esto más de cerca.

Aunque esta visión es muy atractiva para los que desean integrar los descubrimientos científicos con la Biblia, hay algunos problemas significativos con la idea de la evolución teísta.

1. La Biblia nos presenta a Dios como íntima y activamente <u>RELACIONADO</u> con cada aspecto y momento de la creación.

Veamos nuevamente el Salmo19:1 y Nehemías 9:6.

"Los cielos cuentan la gloria de Dios, el firmamento proclama la obra de sus manos".

—**Salmo 19:1 (NCV-TRADUCCIÓN)**

"¡Sólo tú eres el SEÑOR! Tú has hecho los cielos, y los cielos de los cielos con todas sus estrellas. Tú le das vida a todo lo creado: la tierra y el mar con todo lo que hay en ellos. ¡Por eso te adoran los ejércitos del cielo!"

—**Nehemías 9:6 (NVI)**

Leamos juntos estos versículos del Salmo 33:

"Por la palabra del SEÑOR fueron creados los cielos, y por el soplo de su boca, las estrellas…. porque él habló, y todo fue creado; dió una orden, y todo quedó firme".

—**Salmo 33:6, 9 (NVI)**

Al leer estos versículos, se nos presenta un Dios que estaba presente en todo lo que ha hecho. No se nos muestra un Dios que comenzó este proceso y luego se fue, para que las cosas se den solas.

Existe una brecha entre la idea de que Dios ha diseñado personalmente todo, y la idea de que diseñó todo a través de la selección natural.

Greg Koukl escribe:

El problema con la teoría de la evolución teísta… es que implica diseño al azar, es como un círculo cuadrado. No existe tal cosa. El mezclar la evolución con la creación es como poner un cuadrado dentro de un hueco con forma de círculo. Simplemente no encaja.[10]

La evolución, como teoría, supone que Dios no existe o está ausente de la creación de la vida en nuestro planeta. Es la teoría de la selección natural la responsable, y no una creación sobrenatural. El tomar una teoría que se fundamenta en la idea de que Dios no fue parte del proceso de creación y luego tratar de meter a Dios en esa teoría, nos conduce a errores obvios y fatales. Es como sacar las bases de abajo de la casa y luego tratar de volver a levantar la casa.

Consejo práctico de enseñanza.

La siguiente es una experiencia personal. Como sugerimos con anterioridad, te invitamos a usar esto como parte de tu enseñanza. Sin embargo, si tú o alguien del estudio han tenido una experiencia similar, tendrá mucho más significado si usas esa experiencia. Mientras más personal es algo que decimos, más poder tienen nuestras palabras.

La evolución teísta es la teoría que yo (Tom Holladay) traté de poner en funcionamiento en mi mente cuando era recién convertido. Como alguien que amaba la ciencia, tenía sentido lógico para mí el tratar de encajar la creación con la evolución juntas. Permítanme decirles cómo algunos creyentes de más años me ayudaron con esto. Cuando les dije lo que creía, estos amigos no me presionaron a cambiar mi posición. En lugar de eso, me animaron a tomar tiempo para estudiar este tema más profundamente. Siempre les estaré agradecido por eso. En lugar de forzarme a entrar en una discusión, mis amigos me dieron la oportunidad de permitirle a Dios trabajar en mi corazón.

Nuestras visiones de cómo hemos sido creados son muy importantes para nosotros- llegan al centro mismo de nuestra existencia. Si lo que decimos nos provoca algunas preguntas, bien vale la pena tomarnos el tiempo para estudiar el tema más profundamente.Nuestras visiones de cómo hemos sido creados son muy importantes para nosotros- llegan al centro mismo de nuestra existencia. Si lo que decimos nos provoca algunas preguntas, bien vale la pena tomarnos el tiempo para estudiar el tema más profundamente.

2. Una visión <u>POÉTICA</u> en lugar de una <u>HISTÓRICA</u> de Génesis 1–11

La forma en que leemos las primeras páginas de un libro determina la forma en que leeremos el resto del libro. Si descubres en las primeras páginas que estás leyendo algo de asesinatos y misterio, tomarás el resto del libro como ficción. Pero si las primeras páginas contienen un listado de recetas, leerás el libro como un libro de cocina. Si en las primeras páginas descubres que lo que lees es una enciclopedia, entonces probablemente buscarás pronto otro libro.

Si se nos dice que las primeras páginas de la Biblia son poéticamente interesantes, pero no describen lo que realmente sucedió, esto afecta la manera en la que leemos el resto de la Biblia. Esta es la razón por la que existe una batalla tan grande acerca del significado de las primeras páginas de la Biblia. Esto afectará la manera en la que vemos toda la Biblia.

En cuanto a esta batalla sobre los primeros versículos de Génesis, Ray Bohlin dice:

> **Debemos darnos cuenta de que el libro de Génesis es el fundamento de toda la Biblia. La palabra Génesis significa "principios". Génesis nos relata la historia del principio del universo, el sistema solar, la tierra y la vida. El hombre, el pecado, Israel, el resto de las naciones y la salvación. Una comprensión acertada del Génesis es crucial para nuestra comprensión del resto de las Escrituras.**
>
> **Por ejemplo, los capítulos 1–11 del libro de Génesis son citados o se mencionan más de 100 veces en el Nuevo Testamento. Y es precisamente sobre estos capítulos que se da la batalla principal acerca de la historicidad del Génesis. El Nuevo Testamento hace referencia a cada uno de los primeros once capítulos del Génesis. Todos los autores del Nuevo Testamento se refieren en alguna ocasión a Génesis 1–11.**
>
> **¿Cómo pueden los primeros 11 capítulos estar separados del resto del Génesis? El tiempo de Abraham ha sido verificado por la arqueología, los lugares, costumbres y religiones relacionadas con Abraham son verdaderos.**
>
> **Pero la historia de Abraham comienza en Génesis [12]. Si Génesis 1 es sólo mitología, ¿dónde cesan las alegorías y comienza la historia? Todo está escrito en un estilo histórico narrativo.[11]**

3. **Poniendo la <u>CREACION</u> de Dios y la <u>PALABRA</u> de Dios en la misma categoría de revelaciones de Dios** 25

Si bien los cielos cuentan de la Gloria de Dios, no lo pueden hacer tan fiel y claramente como lo hace la Biblia.

> **"La hierba se seca y la flor se marchita, pero la palabra de nuestro Dios permanece para siempre".**
> —Isaías 40:8 (NVI)

> **"El cielo y la tierra pasarán, pero mis palabras jamás pasarán".**
> —Mateo 24:35 (NVI)

Las palabras de Isaías en el capítulo 40 versículo 8 y las de Jesús en Mateo 24:35 nos dicen lo mismo. La Palabra de Dios sobrepasa en autoridad a la creación porque al final lo que permanecerá es la Palabra.

No nos equivoquemos, la naturaleza y nuestro estudio de ella son una gran fuente de conocimiento humano. Pero no podemos poner lo que pensamos que nos dicen las estrellas en el telescopio Hubbell al mismo nivel de lo que Dios, quien hizo las estrellas, nos dice claramente en su Palabra.

Recuerda: La Palabra de Dios y la naturaleza no son dos fuentes independientes de revelación. La naturaleza está diseñada para enseñarnos ciertas verdades de Dios, pero la Biblia está hecha para llevarnos al Dios de quien habla la naturaleza. Las dos son complementarias. El mismo Dios que se revela a sí mismo en la Biblia es el que creó la naturaleza. En realidad, Él puso cosas en la naturaleza que revelan su carácter.

Piénsalo por un momento, Dios no sólo puso ejemplos para nosotros en su obra, ¡lo hizo todo! Él sabía, mientras hacía todo, que ciertos aspectos de su obra algún día servirían para enseñarnos.

Necesitaría enseñarnos la recompensa que conlleva el trabajo duro, así que creó la hormiga. (No fue la única razón para crear la hormiga, pero sí una de ellas.) Dios necesitaba mostrarnos además lo dependientes que somos – así que creó a la oveja. Las ovejas son, si me lo permiten, uno de los animales menos brillantes. Cuando no siguen al pastor, tienen la tendencia a pensar que pueden hacer cosas como caminar por el filo de un barranco. Al crear las ovejas, Dios seguramente sabía que algún día las compararía a nosotros. Casi podemos escuchar las risas desde el cielo.

> Se puede usar aquí las preguntas de discusión 3 y 4.

Hemos revisado la evolución y la evolución teísta. Ahora veamos la tercera posición más importante acerca de cómo surgió todo.

Creación sobrenatural.

Dios personalmente y de forma sobrenatural creó los cielos y la tierra.

En este punto, quisiera que demos un vistazo a la diferencia entre la evidencia científica, y una fe personal en un Dios que creó de manera sobrenatural. Es importante comprender que la ciencia no puede probar la existencia de Dios. Nunca lo hará. La ciencia nos puede proporcionar una evidencia razonable, pero en última instancia esto es un asunto de fe. Es la única manera en que puede suceder. No se puede probar científicamente la existencia de un Dios invisible. Y así es como Dios lo ha querido. Dios desea una relación personal con cada uno de nosotros, una relación que se base en la fe.

La ciencia puede proveer evidencia razonable, pero en última instancia, es un asunto de fe.

Permítanme darles dos ejemplos de esto:

1. **La ciencia nos presenta la teoría del big bang, pero se requiere de fe para creer que Dios dijo, "Sea la luz".**

La ciencia puede, en efecto señalarnos a un creador.

- **El 4 de mayo de 1992, La revista Times informó que el satélite explorador del cosmos de la NASA —COBE— había descubierto evidencia importante para probar que el universo, efectivamente, comenzó con una primera gran explosión que se conoce como el Big Bang. "Si eres una persona religiosa, es como estar mirando a Dios", proclamó el líder del equipo de investigación, George Smoot.12**

Pero sólo por la fe creemos en nuestro creador.

- **En Génesis 1:3 la Biblia dice, "Y dijo Dios, 'Que sea la luz,' y la luz se hizo."**

Entonces se reduce a esto: El universo tuvo un comienzo o no lo tuvo. Y si lo tuvo ¿Qué lo hizo existir? En este momento Dios entra en escena.

Dios dijo .. ¡y sucedió! Hablaremos más de esto en la siguiente sesión.

2. **La ciencia nos muestra un diseño inteligente del universo, pero se requiere de la fe para creer en un Dios que creó el universo personalmente.**

La ciencia puede señalar a un creador.

- **Un artículo del 20 de julio, de 1998, en la revista Newsweek, titulado "La ciencia halla a Dios", reportó:**

  Los investigadores han hallado señales de que el cosmos ha sido hecho concientemente para la vida. Resulta que si las constantes de la naturaleza –números fijos como la fuerza de la gravedad, la carga de un electrón o la masa de un protón- fuesen sólo un poquito diferentes, entonces los átomos no se mantendrían unidos, las estrellas no arderían y la vida jamás hubiese existido. "Cuando te das cuenta de que las leyes de la naturaleza fueron increíblemente establecidas para producir el universo que vemos," dice John Polkinghorne, quien tuvo una distinguida carrera como médico en la Universidad de Cambridge antes de convertirse en un sacerdote aglicano en 1982, "eso conspira con la idea de que el universo no sólo sucedió, sino que debió haber un propósito detrás de todo eso". Charles Townes, quien compartió en 1964 el premio Nóbel en Física por descubrir los principios del láser, va aún más allá: "Muchos tienen la sensación de que de alguna manera la inteligencia estuvo involucrada en las leyes del universo."[13]

Un diseño intrincado prueba la existencia de un diseñador. ¿Puede alguien prestarme su reloj? Gracias. Supongan que tomo este martillo y aplasto este reloj, pero prometo poner todas las piezas juntas, de la siguiente forma. Tomaré todas las piezas y las colocaré en esta funda de papel, luego sacudo la funda, y eventualmente las leyes de la probabilidad volverán a ensamblar el reloj nuevamente. ¿Me permitirían aplastar el reloj? ¡Espero que no!

William Paley, quien popularizó la ilustración de la creación paralelizándola con un reloj que debe tener un fabricante, a principios de 1800, lo dijo de esta manera:

"Las huellas de un diseño son demasiado fuertes para ser pasadas por alto. Un diseño debe tener un diseñador. Ese diseñador tiene que ser una persona. Esa persona es DIOS."[14]

Pero sólo por la fe podemos creer en nuestro Creador.

- **En Génesis 1:1 La Biblia dice, "En el principio Dios creó los cielos y la tierra".**

En una búsqueda honesta de la verdad, inevitablemente hallaremos a Dios. Podemos ver a Dios en la creación que ha hecho: en el tiempo que disfrutamos mirando las estrellas en una fría y despejada noche o cuando estudiamos las estrellas a través de un telescopio.

Escuchen esta declaración de Robert Jastrow, fundador del Instituto para estudios espaciales de la NASA:

Puede que exista una explicación para el nacimiento del universo por medio de una explosión inicial; pero si la hay, la ciencia no podrá encontrarla. La búsqueda de los orígenes por parte de los científicos termina en el momento de la creación. Esto suena tremendamente extraño, inesperado para todos, excepto para los teólogos. Estos siempre han aceptado la palabra de la Biblia: En el principio Dios creó los cielos y la tierra… Para el científico que ha vivido por su fe en el poder de la razón, la historia termina como un mal sueño. Ha escalado las montañas de la ignorancia; y está por llegar al pico más alto; cuando está por superar la roca final, es recibido por un grupo de teólogos que ya han estado sentados allí por siglos.[15]

—Robert Jastrow, fundador del Instituto Goddard para estudios espaciales de la NASA

Nuestro intelecto humano sólo nos puede llevar hasta cierto punto. En última instancia, es en la fe que debo tomar esa decisión: "yo mismo y todo lo que puedo ver es la creación de un Dios amoroso."

Aquí se puede usar la pregunta de discusión 5

Hay una tercera pregunta que debemos responder antes de finalizar este estudio.

¿Cuándo creó Dios?

1. **Todos los evolucionistas creen que la tierra tiene <u>BILLIONES DE AÑOS</u>.**

2. **Los creacionistas están divididos; la mayoría creen en una <u>TIERRA JOVEN</u>, pero hay otros que creen en un <u>PLANETA VIEJO</u>.**

¿Podría Dios crear todo en seis días? Claro que sí, Él es Dios. Pudo haber creado todo en seis segundos si lo hubiera querido. Si no lo crees, tu perspectiva de Dios es demasiado pequeña. En el terreno de la fe, la pregunta de si Dios nos creó como se describe en el Génesis no requiere esfuerzo mental. Claro que Dios lo pudo hacer.

Es en el terreno de la ciencia que las cosas se ponen confusas. Existe una gran cantidad de evidencia que parece demostrar que nuestro mundo es un lugar muy antiguo. La evidencia de los registros radioactivos que intentan analizar el tiempo que tomó a la luz alcanzar nuestro planeta desde las estrellas parece indicar que el universo tiene billones de años.

El debate entre estas visiones se centra en la traducción de la palabra *día* (*yom* en Hebreo) del texto de Génesis 1. *Yom* puede tener cualquiera de los siguientes significados:

1. **Un día de 24-horas, que suele ser lo más común en el Antiguo Testamento**

2. **Un período de tiempo no específico**

3. **Una era**

La gran mayoría de las veces en las que se usa la palabra *yom* en el Antiguo Testamento, se refiere a un día de 24 horas. Pero también hay un número importante de veces en las que se usa la palabra de una manera diferente al uso que se le da en Génesis 1.

Quizás te interese escuchar los puntos de vista de los americanos acerca de la creación. Son declaraciones sorprendentes para muchos. Una encuesta reciente halló esto:

- 44 por ciento tienen un punto de vista creacionista (que Dios creó el mundo en seis días de 24 horas)

- 39 por ciento tienen una combinación de los puntos de vista evolucionista y creacionista

- 10 por ciento son estrictamente evolucionistas[16]

Podríamos discutir esto por horas y días. Pero mi meta es ayudarte brevemente a comprender ambos lados y luego abordar la pregunta teológica más importante que necesitamos responder en esta discusión.

A Una observación más detallada

Dos preguntas

1. **¿Cómo pueden los creacionistas, que creen en "la vieja tierra", pensar que la tierra tiene billones de años cuando la Biblia dice que Dios la creó en sólo seis días?**

   Ellos piensan que los días descritos en Génesis 1 representan millones de años o que existe una enorme brecha entre los días de la creación.

   Los creacionistas que creen en una tierra vieja no creen en la evolución. Creen en una creación ordenada por Dios que tomó mucho tiempo. No creen que la raza humana es fruto de la evolución, sino que hemos sido creados en un momento determinado de la creación, después de que el universo ya existiera por millones de años.

2. **¿Cómo pueden los creacionistas que creen en "un planeta joven", creer que la tierra tiene sólo miles de años, a la luz de tanta evidencia científica?**

   Creen que Dios creó el universo en estricto orden – cuando la luz ya había alcanzado a la tierra y el ecosistema ya era maduro. Creen que este hecho (junto con el cataclismo del diluvio universal) pone en tela de juicio las aparentes líneas temporales de la datación radioactiva, el campo magnético de la tierra, los depósitos de gas y petróleo, la rotación del planeta, etc.

En esta discusión de cuándo Dios creó el universo, hay una pregunta teológica candente que seguro muchos de ustedes tendrán en mente "¿Y qué de los dinosaurios? "

En el relato bíblico de la creación, la raza humana y los animales fueron creados en el mismo día. No importa la forma en la que interpretemos la palabra día, fuimos creados en el mismo período de tiempo. Y se entiende que hubo un período de perfección en esta tierra después de la creación de los animales y los seres humanos, después de Adán y Eva. Esto significa que hombres y dinosaurios caminaron juntos en este planeta —no como un cavernícola y una bestia terrible de una tierra volcánica, sino como creaciones de Dios en un planeta perfecto.

¿Cuándo se extinguieron los dinosaurios? De hecho se extinguieron por los cambios dramáticos que se dieron en el clima. Algunos científicos teorizan que esto se dio por una era de hielo debida al impacto de un meteorito en la tierra. Muchos científicos que se confiesan creyentes piensan, más bien, que esos cambios climáticos se debieron al diluvio presentado en Génesis. Nadie puede estar seguro.

Pero hay una pregunta aún más importante que la de los dinosaurios.

La pregunta teológica más importante acerca de cuándo creó Dios es ¿cuándo entraron el pecado y la muerte en el mundo?

Siendo que...

La Biblia nos dice que la elección de pecar fue una decisión personal de Adán que trajo la muerte y la caída de la creación.

> Cuando Adán pecó, el pecado entró en la humanidad. El pecado de Adán trajo la muerte a todos, ya que todos en adelante pecaron.
> —Romanos 5:12 (NVI)

Romanos 8:20 nos dice que toda la creación sufre debido al pecado de Adán. Nuestro pecado ha infectado toda la creación.

Y siendo que ...

La salvación que Jesús nos trae, está ligada en el Nuevo Testamento a la realidad histórica del pecado de Adán.

> De hecho, ya que la muerte vino por medio de un hombre, también por medio de un hombre viene la resurrección de los muertos. Pues así como en Adán todos mueren, también en Cristo todos volverán a vivir
> —1 Corintios 15:21–22 (NVI)

Por lo tanto..

Cualquier idea de la creación que teoriza que la muerte del ser humano y la caída de la creación de Dios se dieron antes del pecado de Adán y Eva, es contraria a la clara enseñanza de la Palabra de Dios.

G. Richard Bozarth, en la revista *American Atheist* muestra que aún los más escépticos tienen una idea de esta verdad cuando escribe, "el cristianismo ha peleado y aún pelea y peleará con la ciencia por el desesperado final de la evolución, dado que la evolución destruye ulterior y finalmente la razón de por qué la vida de Jesús en la tierra era necesaria. Si destruimos a Adán, Eva y el pecado original, en los escombros descubriremos los restos del Hijo de Dios. Si Jesús no es el redentor que murió por nuestros pecados, y eso es lo que implica la evolución, entonces el cristianismo no es nada". [17]

Bozarth está diciendo, y está en lo correcto, que el objeto de la creación es tan emocional para nosotros porque es personal. Las verdades que hemos estudiado no son sólo hechos de archivos geológicos o líneas históricas de tiempo. Las verdades de la creación son verdades acerca de por qué estamos aquí, quiénes somos, quienes llegaremos a ser y a dónde nos dirigimos.

Este es un estudio que nos llama a aclarar algunos asuntos en nuestros corazones. El punto de cualquier estudio acerca de la creación no es sólo informarnos acerca de lo que ha sido hecho, sino además renovar nuestro compromiso con nuestro creador.

Actuando en la verdad

1. **¿Has aclarado hoy el asunto de quién te hizo a ti y al mundo? ¿Creerás lo que Dios dice acerca de sí mismo? ¿Y te decidirás a que sea Su Palabra la que determine las metas y objetivos en tu vida?**

2. **Ahora ¿refrescarás tus creencias (o creerás por primera vez) que eres una creación de Dios y eso quiere decir que tienes significado e importancia para ÉL?**

3. **¿Harás hoy un nuevo compromiso para defender la verdad de que Dios es el Creador personal de todo lo que vemos?**

4. **Todos los días de esta semana, alaba y adora a Dios por su asombrosa obra. Al conducir o caminar, disfruta la belleza de lo que ves. Al trabajar, disfruta las habilidades que te ha dado Dios, y cuando pases tiempo con otros, disfruta lo únicos y maravillosamente distintos que Dios nos ha hecho a cada uno.**

Para cerrar, permítanme contarles acerca de Liz. Al finalizar este estudio, después de pasar por los cuatro pasos de acción de arriba, ella se levantó y dijo, "tengo algo que decir. Respecto del número 4, en el que se pide alabar y adorar a Dios por sus asombrosas obras, eso fue exactamente lo que hice. Yo no era una persona que creyera en Jesucristo, pero un amigo me animó a darme cuenta de todo lo que Dios ha hecho. Este fue mi primer paso, el primer paso para ver y conocer a un Dios que me ama".

¡Lo entendió! Al ver la creación de Dios, debemos confiar más profundamente en Él. Aún en nuestro mundo imperfecto, se nos presenta cada día el asombroso y personal amor de Dios, evidenciado en lo que ha hecho.

**Comiencen a trabajar en la tarjeta de memorización 5,
"La verdad acerca de la Creación."**

Preguntas de discusión.

1. Una de las declaraciones al comenzar este estudio fue, "Lo que crees acerca de tu origen afecta tu autoestima, tus relaciones y tu perspectiva de Dios." ¿De qué formas sientes que tu visión de Dios como nuestro creador está impactando tus pensamientos acerca de ti mismo y de este mundo?

2. ¿Qué te asombra—simplemente te asombra—de la creación de Dios?

3. ¿Cómo podemos discutir la creación de una forma en la que no aparezcamos como científicamente incompetentes? ¿De qué formas podemos expresar a otros que no estamos ignorando la aparente evidencia, sino viéndola de diferente manera?

4. ¿Qué efecto causa sobre ti una discusión acerca de asuntos como los de la complejidad irreducible o los registros fósiles, te emociona o te aburre? ¿Por qué piensas que las personas son distintas en este punto: ¿Por qué algunos aman estudiar estos detalles, mientras otros viven alegremente ignorándolos?

5. ¿Qué podrías hacer para promover la idea de Dios como Creador y su Palabra como una fuente más confiable que la idea de la evolución, tanto en tu comunidad como con otros creyentes y tu familia?

La creación

2a Parte

Metas transformadoras.

Construir un fundamento sólido para adorar y obedecer a Dios como tu creador.

Sumario de los puntos principales de enseñanza.

Siete verdades acerca de la creación que son fundamentos para nuestras vidas.

Dios creó todo de la nada.

La Creación se hizo en el orden apropiado.

Dios vio que todo era bueno.

El hombre es la corona de la creación.

¿Cómo creó Dios, exactamente al hombre?

¿Cómo hemos sido hechos a imagen de Dios?

1. Nuestra personalidad: mente, voluntad, emociones

2. Nuestra sexualidad: creados como varones y mujeres

3. Nuestra moralidad: creados como seres morales, con una conciencia moral

4. Nuestra espiritualidad: creados con la habilidad de relacionarnos con Dios

Dios terminó el trabajo.

Dios descansó al séptimo día.

Dios mismo sostiene, ahora, lo que Él hizo.

Hay un ave que vive en los llanos del interior de Australia llamado el Megapode. Esta ave pesa entre 1,5 Kg, pero pone huevos del tamaño de una ostra, de medio Kg cada uno. ¡Y pone unos treinta y cinco de estos cada temporada! Pregunta: ¿cómo puede un pájaro tan pequeño como este sentarse sobre semejantes huevos para empollarlos?

Construye una incubadora. (En realidad, se la llama "el ave incubadora" o "el ave de montículo".) El macho construye un montículo incubador con hierbas para lograr calor y a la vez canales para una ventilación apropiada. El ave, además, usa arena para aislar el montículo en verano, de tal manera que en su interior, la temperatura es de unos 36°. El incubador macho tiene en su boca áreas sensibles que le permiten probar un bocado de tierra y determinar su temperatura, de tal forma que puedan mantener los huevos a 36°C ± uno o dos grados. Si la temperatura es distinta de esta medida, los huevos no pueden ser incubados.[1]

¿Cómo saben estas aves lo que deben hacer? Es la sabiduría de Dios.

En la última sesión, observamos algunos de los asuntos importantes del gran debate entre evolución vs. creación. Hablamos acerca de algunas verdades con las que debíamos luchar. Y eso es bueno — ¡la verdad es algo con lo que debemos luchar!

En este estudio, quisiera darte algunas verdades que todos podemos adoptar. Quisiera que disfrutes en lo más profundo de tu ser, la verdad de que Dios es tu creador.

Siete verdades acerca de la creación que son fundamentos en nuestras vidas.

Puedes pensar en estas siete verdades durante los siete días de la semana. En la última sesión, vimos cómo la doctrina de la creación impacta algunos asuntos de nuestra vida, como por ejemplo, quiénes somos y por qué estamos aquí. Ahora vamos a ver cómo la verdad acerca de la creación nos afecta cada día y semana a semana.

Algunas veces, estamos tan interesados en examinar la creación a través de un microscopio o un telescopio, que dejamos de ver lo que realmente Dios nos está tratando de decir.

Dios creó Todo de la <u>NADA</u>

"Por la fe entendemos que el universo fue formado por la palabra de Dios, de modo que lo visible no provino de lo que se ve".
—Hebreos 11:3 (NVI)

"Y dijo Dios: " ¡Que exista la luz!" Y la luz llegó a existir".
—Génesis 1:3 (NVI)

Pon un círculo en la palabra "dijo."

Dios simplemente habló y la Creación se dió.

¡Dios dijo y se hizo!

Imagina esto conmigo. Dios dijo, "Tierra… agua, ….sol…. aves… ballena… flores …"

¿Es ésta una forma poética de describir cómo usó Dios los procesos naturales? No, Dios dijo y sucedió. El pasar esto por alto es dejar de lado la verdad más esencial respecto a la Creación.

Todo fue creado de la nada.

¿Qué materiales usó Dios para crear? Nada – sólo su palabra. Eso es difícil de comprender para nosotros. Pensamos, "¿Cómo sería la nada antes de que Dios creara todo?" No se veía como algo, simplemente no existía. Para nosotros, la creatividad se reduce a reordenar lo que Dios ha hecho; poner las cosas en diferente orden. Para Dios, la creación es hacerlo todo de la nada. ¿Científicamente imposible? ¡Claro que lo es! La ciencia estudia cómo funciona la creación. Pero un estudio acerca de cómo funciona algo no necesariamente nos indica su origen. El tratar de comprender la Creación desde los procesos naturales que Dios mismo creó es como tratar de imaginar cómo es un árbol de naranjas viendo una naranja o una planta de quingombó viendo su fruto. Quien no ha visto una planta de quingombó piensa que crece en árboles, pero la realidad es que cuelgan como bananas.

Consejo práctico de enseñanza.

Lleva una naranja o un quingombó—o cualquier otra fruta o vegetal que prefieras para ponerlo a la vista.

Dios dijo y fue hecho.

Todo lo que vemos es un ejemplo de la mente creativa de Dios.

No permitamos que nuestra necesidad humana de comprenderlo todo, nos robe las maravillas que ha hecho Dios. No permitas que nada ni nadie te robe ese sentido de asombro. Esta es una de las actitudes nuestras que más disfruta Dios.

En esta semana, permite que la verdad acerca del Creador te llene con el asombro que necesitas para enfrentar las realidades de la vida.

C. S. Lewis bosqueja ese sentido de asombro cuando describe una figura de la creación en El sobrino del Mago, de las Crónicas de Narnia. Esta no es una explicación doctrinal acerca de cómo sucedió la creación, pero captura el asombro que necesitamos en nuestros corazones cuando pensamos en la creación. Aslan el león (quien representa a Jesús en estos libros) está por hacer un mundo. Entre otros, dos niños llamados Digory y Polly y un taxista están contemplando la escena.

¡Hush!" dijo el taxista. Todos están escuchando.

En la obscuridad algo estaba sucediendo, finalmente. Una voz comenzó a cantar. Se la oía muy lejos y Digory estaba confundido, ¿de dónde vendría? Algunas veces pensaba que vendría de todas partes al mismo tiempo. Incluso llegó a pensar que venía de la tierra, debajo de sus pies....

Después, dos cosas sucedieron a la vez. La una fue que muchas voces se unieron a la misteriosa voz; tantas que era imposible contarlas. Todas en perfecta armonía, pero en tonos muy altos: voces frías y estremecedoras voces plateadas. La segunda maravilla fue que lo negro que estaba sobre sus cabezas, todo al tiempo fue cubierto de estrellas. No vinieron lentamente y una por una, como en una noche de verano. En un momento había sólo oscuridad; al siguiente, miles y miles de puntos de luz aparecieron — estrellas, constelaciones y planetas, más luminosas y grandes que cualquiera de nuestro mundo. No había nubes. Las nuevas estrellas y las nuevas voces comenzaron a aparecer exactamente al mismo tiempo. Si lo hubieras visto y escuchado como Digory, hubieras sentido que eran las estrellas las que cantaban, y esa voz, la Primera Voz, la que hizo que aparecieran y cantaran.

" ¡Gloria sea!" dijo el taxista. "Creo que hubiera sido un mejor hombre toda mi vida de haber sabido que existían cosas como esta". [2]

¡Dios creó todo de la nada! Vuelve a capturar la maravilla de esto en la semana. Sin importar lo que enfrentes en esta semana, este es un mundo lleno de maravillas.

> La pregunta de discusión 1 se puede usar ahora.

La creación se hizo en <u>EL ORDEN APROPIADO</u>

"Dios dijo, "Sea la luz" … Dios llamó a la expansión "cielo"… "Que el agua que está bajo el cielo se reúna en un solo lugar, y que la tierra seca aparezca … Que la tierra produzca vegetación: plantas y frutos que den semilla de acuerdo a su especie… "Que existan luces en la expansión para separar el día de la noche, y para que sirvan como señales para marcar las estaciones, los días y los años … Que el agua sea poblada con todo tipo de criaturas vivas, y que las aves vuelen sobre la tierra… Que la tierra produzca criaturas vivientes de acuerdo a su especie, y Hagamos al hombre a nuestra imagen y semejanza".

—Génesis 1:3–26 (NVI)

Nota, el orden es una parte de la Creación de Dios desde el principio. Primero la luz, luego los cielos, el agua, la tierra y luego plantas y animales. Dios creó todo en un orden apropiado. Dios, además puso orden en su creación. Pon un círculo al rededor de "estaciones y años" – Dios puso orden en la astronomía. Pon un círculo alrededor de "de acuerdo a su especie." Puso orden a la biología.

- **Tanto los evolucionistas como los creacionistas creen en un universo ordenado.**

- **La evolución plantea que el orden emergió del caos.**

- **La Biblia enseña que el orden fue creado por diseño de Dios.**

El orden en la creación de Dios literalmente grita, ¡Hay un plan para todo esto! Miren los planetas, miren al salmón. Estudien una colmena. Miren como se dividen las células, y miren las propiedades de la luz. Hay un plan en todo esto.

Dios hizo las abejas con un orden asombroso dentro de su colmena: Las abejas reinas, las obreras, y las exploradoras. Las exploradoras deben decirles de alguna manera a las obreras dónde hallar el polen – y aún en eso Dios puso un maravilloso orden. Las abejas exploradoras hacen una danza que muestra a las otras abejas dónde ir; en esta danza, muestran la distancia de la fuente de alimento de acuerdo al número de veces en las que la danzante hace círculos y contonea su abdomen. A mayor distancia, más lentamente lo contonea. La dirección se revela por la dirección y ángulo en la que la abeja danzante corta el círculo. Al entomólogo Kart Von Frisch, le tomó 20 años descifrar esta danza y ganó el premio Nóbel. Dios puso esta danza en el cerebro de las abejas en el momento de creación. [3]

¿Qué significa esto para ti y para mi, en nuestra vida diaria?

Esta semana: Que la creación de Dios sea un constante recordatorio de que ¡Dios tiene un plan!

El sol sale aún cada mañana, las plantas siguen creciendo, las estrellas siguen brillando y las abejas danzando. ¡Dios tiene un plan para su mundo, y tiene también un plan para ti!

Puedes usar la pregunta de discusión 2 ahora.

Dios vio que era <u>BUENO</u>

"**Dios consideró que la luz era buena y la separó de las tinieblas**".
—**Génesis 1:4 (NVI)**

"A lo seco Dios lo llamó «tierra», y al conjunto de aguas lo llamó «mar». Y Dios consideró que esto era bueno".

—Génesis 1:10 (NVI)

"Comenzó a brotar la vegetación: hierbas que dan semilla, y árboles que dan su fruto con semilla, todos según su especie. Y Dios consideró que esto era bueno".

—Génesis 1:12 (NVI)

"Los hizo para gobernar el día y la noche, y para separar la luz de las tinieblas. Y Dios consideró que esto era bueno".

—Génesis 1:18 (NVI)

"Y creó Dios las grandes criaturas del mar y todo ser viviente que vive en el agua, todo de acuerdo a su especie, y toda ave alada, de acuerdo a su especie. Y Dios consideró que esto era bueno".

—Génesis 1:21 (NVI)

"Hizo Dios los animales salvajes de acuerdo a sus especies, los animales domésticos, de acuerdo a su especie y todas las criaturas que se mueven en la tierra de acuerdo a su especie. Y Dios consideró que esto era bueno".

—Génesis 1:25 (NVI)

"Y vio Dios todo lo que había creado y vio que era bueno en gran manera. Y pasaron la mañana y la tarde del sexto día".

—Génesis 1:31 (NVI)

Puede sonar simple decir que la creación es "Buena" pero una de las enseñanzas falsas más destructivas en la historia de la iglesia se da precisamente en esta área, al afirmar que la creación es de alguna manera mala. Miren estos dos puntos en su resumen:

- **La Creación de Dios no es mala. El mundo no es lo que hace mala a la gente. Es la gente la que trae la maldad al mundo.**

- **No cometas el error de pensar que debido a algo en el mundo físico, existe la maldad.**

  "… en Dios, que nos provee de todo en abundancia para que lo disfrutemos".

  —1 Timoteo 6:17 (NVI)

Una falsa enseñanza que debemos vigilar es la idea de que las cosas materiales son malas de por sí. La creencia de que es en las "cosas" en donde reside la maldad nos puede llevar en dos direcciones. Podemos verlo en la historia del cristianismo vez tras vez. Una de las direcciones a las que puede llevarnos esta falsa enseñanza es, "Bien, este cuerpo y este mundo son malos, así que no importa lo que haga con ellos. Cuando llegue al cielo seré perfecto, pero puedo pecar en este cuerpo porque es malo y no puedo solucionarlo porque este cuerpo será dejado de lado de cualquier manera". La otra dirección a la que puede conducirnos esta falsa enseñanza es: "Si todo es malo en este mundo, no puedo ni debo tocar nada de este mundo, no puedo ser parte de nada ni disfrutar nada en este mundo". No cometas el error de pensar que sólo porque algo pertenece al mundo material tiene que ser malo. Eso no es lo que la Biblia enseña.

Muchos creyentes actúan como si no pudiéramos disfrutar nada hasta que lleguemos al cielo. Dios creó este mundo también. Aunque dañado por el pecado, no quiere eso decir que Dios no sea el autor de la creación. No esperes a llegar al cielo para disfrutar lo que Dios ha hecho. Comienza ahora.

Puedes ilustrar el gozo que Dios nos da en la tierra y el que recibiremos en el cielo de la siguiente forma. Esta barra de chocolate es uno de los deleites aquí en la tierra. (sosteniendo una barra pequeña) Y esta barra (sosteniendo la más grande barra que puedas encontrar) representa el gozo que tendremos en el cielo. Lo que tenemos ahora es solo una probada de lo que experimentemos allá ¡pero igual tiene un sabor delicioso!

En esta semana: ¡Disfruta la creación de Dios!

Puedes usar la pregunta de discusión 3 aquí.

El hombre es <u>CORONA DE LA CREACIÓN</u>

Busquemos algo de perspectiva en este punto, observando cómo Dios creó al hombre.

¿Cómo creó Dios al hombre exactamente?

"Y Dios el SEÑOR formó al hombre del polvo de la tierra, y sopló en su nariz hálito de vida, y el hombre se convirtió en un ser viviente".
—Génesis 2:7) (NVI)

"Entonces Dios el SEÑOR hizo que el hombre cayera en un sueño profundo y, mientras éste dormía, le sacó una costilla y le cerró la herida. De la costilla que le había quitado al hombre, Dios el SEÑOR hizo una mujer y se la presentó al hombre,"
—Génesis 2:21–22 (NVI)

Cuando Dios creó a Adán, tomó algo de lodo de la tierra y lo formó, (lo que significa que si una mujer a quien han tratado mal en una cita, llama a ese hombre "un asco" está siendo bíblicamente acertada)

Cuando Dios hizo a Eva, tomó una costilla de Adán y de esa costilla hizo a la mujer.

Por qué será que Dios hizo al resto de la creación con la Palabra, y al hombre lo obtuvo del polvo. ¿Por qué? La formación de Adán a partir de la tierra, es nuestro recordatorio de la conexión que tenemos con el resto de la creación. Es un recordatorio de que aunque somos la corona de la creación, debemos recordar humildemente que somos creados por Dios. Y la creación de Eva a partir de Adán es un recordatorio de que estamos conectados unos a otros.

En las yemas de tus dedos tienes algo que nadie en el mundo tiene o tendrá jamás. ¡Tus huellas digitales! Si alguien halla tus huellas dactilares en una habitación, significa que estuviste allí. ¡El ser creados a la imagen de Dios significa que sus huellas digitales están en toda nuestra vida! Su corazón, su carácter, sus valores – su persona- todas se pueden ver en quiénes somos.

Escucha a estas palabras de la canción de Steven Curtis Chapman "Las huellas de Dios."

"La persona en el espejo no se ve como de una revista
Oh, pero cuando te veo, se hace claro para mí que…
Puedo ver las huellas de Dios
Cuando te veo
Puedo ver las huelas de Dios
Y yo sé que es verdad
Eres la obra maestra que toda la creación aplaude en silencio
Y estás cubierto de las huellas de Dios"[4]

Plan de sesión dividida: Si estás enseñando este estudio en dos sesiones, debes terminar la primera sesión ahora.

El hecho de que hemos sido creados a imagen de Dios es una de las verdades más humildes que conozco. Sólo para asegurarme que no permitirás que esta verdad se convierta en una fuente de orgullo, permíteme recordarte algunos hechos.

Las lombrices de tierra mueven más tierra cada día que lo que nuestros tractores pueden movilizar durante toda una vida.

Los copos de nieve son pequeños, pero si se juntan podrían poner en serio riesgo a toda una ciudad.

Puedes ejercitarte en un gimnasio cada día de tu vida y no lograr la fuerza relativa que posee una hormiga (quien puede levantar hasta cincuenta veces su propio peso).

Una sola llamarada de sol, libera un nivel de energía mas o menos similar a la de "un billón" de bombas de hidrógeno. [5]

¡Sólo son unas pocas verdades que nos ayudan a mantenernos en perspectiva! Ahora hablemos acerca del hecho de que somos hechos a la imagen de Dios y de lo que esto significa.

¡Sólo son unas pocas verdades que nos ayudan a mantenernos en perspectiva! Ahora hablemos acerca del hecho de que somos hechos a la imagen de Dios y de lo que esto significa.

¿Cómo hemos sido creados a imagen de Dios?

1. Nuestra <u>PERSONALIDAD</u>: mente, voluntad, emociones

Dios piensa, nosotros pensamos. Dios decide, nosotros decidimos. Dios siente, nosotros sentimos.

Los animales no piensan como nosotros lo hacemos, no razonan. Los insectos no deciden, responden a un control interno que llamamos instinto. Las plantas no tienen sentimientos. No se sienten rechazadas porque no les has regado durante la última semana. En toda la creación, solo la raza humana tiene los aspectos de Dios como persona.

Lo siguiente tal vez te sorprenda. También somos como Dios en nuestra sexualidad. ¡Ahora sí que me están atendiendo!

2. Nuestra <u>SEXUALIDAD</u>: creados como varón y hembra

"Creó Dios al hombre a su imagen, a imagen de Dios lo creo, varón y hembra los creó".

—Génesis 1:27 (NVI)

Nota que en Génesis, cada vez que dice "a su imagen", Dios nos recuerda que eso significa "varón y hembra los creó." ¿Qué nos está diciendo Dios?

Por alguna razón quiere dejar en claro que no son sólo los varones o las mujeres los creados a la imagen de Dios- son los dos.

Pero hay algo más profundo aquí que esta verdad. Génesis no dice " a ambos los creó" dice Dios los creó "varón y hembra". De alguna forma nuestra sexualidad está ligada al hecho de que somos creados a imagen de Dios. Muchos teólogos llegan tan lejos como a afirmar que la sexualidad es una parte de lo que significa ser creados a la imagen de Dios.

Es muy importante que comprendamos esto en nuestro mundo. Vivimos en una sociedad en la que la sexualidad ha sido reducida simplemente al sexo. La hemos disminuido drásticamente. Para muchos, la sexualidad es meramente algo físico.

Existe una mejor respuesta. Dios hizo al hombre y a la mujer para que fueran diferentes. ¿Cuántos dicen AMEN? Como reconozco que fui creado a la imagen de Dios, debo comenzar a regocijarme en estas diferencias. Lo que me distingue como hombre o mujer refleja la imagen de Dios.

Seamos claros acerca de esto porque comúnmente se malentiende este punto. Dios se revela a sí mismo como varón: Padre, Hijo y Espíritu. Jesús vino a esta tierra como varón. Pero esto no significa que tanto varón como mujer por igual, no reflejemos la imagen de Dios al ser lo que Dios nos ha llamado a ser. Dios escogió crear a ambos, varón y hembra, para reflejar el carácter de Dios en la tierra.

Es sorprendente lo rápido que nos metemos en problemas cuando olvidamos esta verdad- tanto como individuos como en sociedad. La causa más profunda de la confusión e inmoralidades sexuales es no confiar en que, lo que más gozo nos dará, es vivir la sexualidad para la que hemos sido creados, ya sea como hombres o como mujeres.

 Una observación más detallada

Dado que *toda* la raza humana fue creada a la imagen de Dios,

Ambos <u>HOMBRE</u> y <u>MUJER</u> tenemos igual valor.

Cada <u>RAZA</u> tiene igual valor.

"De un sólo hombre hizo todas las naciones para que habitaran toda la tierra; y determinó los períodos de su historia y las fronteras de sus territorios. Esto lo hizo Dios para que todos lo busquen y, aunque sea a tientas, lo encuentren. En verdad, él no está lejos de ninguno de nosotros, puesto que en él vivimos, nos movemos y existimos. Como algunos de sus propios poetas griegos han dicho: "De él somos descendientes."

—Hechos 17:26–28 (NVI)

---

3. Nuestra <u>MORALIDAD</u>: creados como seres morales, con una conciencia moral.

Nosotros distinguimos lo bueno de lo malo. Un perro no lo hace. Puedes entrenar a un perro para que haga lo que le dices, pero no tiene una conciencia moral que le lleve a pensar: "no creo que comer de la basura sea bueno, necesito entrar en un programa de recuperación". "Hola, me llamo Spot y como basura…"

Un ratón que invade tu casa no tiene una conciencia. No se pasa despierto la noche pensando si estuvo bien o no robar ese queso o cuál será su lugar en este mundo.

Cuando Adán y Eva pecaron, inmediatamente sintieron vergüenza. Dios nos creó para ser seres morales. Hechos 24:15 nos recuerda que todos tenemos una conciencia.

"En ese momento se les abrieron los ojos, y tomaron conciencia de su desnudez. Por eso, para cubrirse entretejieron hojas de higuera".
—Génesis 3:7 (NVI)

"...procuro conservar siempre limpia mi conciencia delante de Dios y de los hombres".
—Hechos 24:15 (NVI)

Nuestra naturaleza moral incluye ambas, libertad de elección y responsabilidad por tus decisiones.

Con la libertad viene la responsabilidad. ¿Quién tiene hijos adolescentes? Cuando les entregas las llaves y ves el auto desaparecer de tu vista, ¿qué le dices a tu hijo o hija? "Con la libertad viene la responsabilidad". Esto es lo que Dios nos dice cuando nos otorga la libertad de elección.

4. **Nuestra <u>ESPIRITUALIDAD</u>: creados con la habilidad de relacionarnos con Dios.**

"Y no sólo esto, sino que también nos regocijamos en Dios por nuestro Señor Jesucristo, pues gracias a él ya hemos recibido la reconciliación".
—Romanos 5:11 (NVI)

La relación que Adán y Eva tenían con Dios se rompió, cuando desobedecieron a Dios en el Jardín del Edén. Romanos 5:11 nos recuerda que es a través de Jesucristo que esta relación es restaurada. Nuestro espíritu es vuelto a la vida a través del Espíritu de Dios.

Sólo hemos tocado la superficie de lo que para nosotros significa ser creado a la imagen de Dios. Cuando tú y yo comenzamos a permitir que nuestro punto de vista del mundo y las decisiones que tomamos, estén más y más determinados por la imagen con la que hemos sido creados, más que por los modelos que vemos alrededor, comenzamos a vivir el significado de ser hijos de Dios. ¿Qué es lo que impactará más profundamente en las decisiones que tomarás durante esta semana? ¿La imagen de los rótulos y anuncios o la imagen con la que hemos sido creados? ¿La imagen que nos da la TV o el hecho de que hemos sido creados a imagen de Dios? Cuando nos enfocamos en que hemos sido hechos a imagen de Dios, nos volvemos más y más saludables; personas cada vez más sanas para el resto de nuestras vidas.

En esta semana: enfócate intencionalmente cada día en el hecho de que has sido hecho a imagen de Dios.

La pregunta de discusión 4 se puede usar aquí.

Dios <u>TERMINÓ</u> el trabajo.

"Así quedaron terminados los cielos y la tierra, y todo lo que hay en ellos".

—Génesis 2:1 (NVI)

Pon un círculo al rededor de "terminados" en Génesis 2:1. Leamos juntos Hebreos 4:3, y pon un círculo alrededor de la palabra "terminado".

Es cierto que su trabajo quedó terminado con la creación del mundo,

—Hebreos 4:3 (CV-TRADUCIDO)

- El universo no es una sinfonía inconclusa.

- Este mundo y universo no son tareas en progreso

- El universo es una tarea de creación ya terminada que ha sido arruinada por la presencia del pecado.

¿Puedes ver la increíble diferencia que esto hace en la forma que tenemos de ver el mundo? Una tarea sin finalizar o en progreso, es como una casa sólo con su marco puesto. Una tarea terminada pero arruinada, en cambio, es como una mansión victoriana que ha sido abandonada por años. Una necesita ser terminada y la otra solo restaurada. ¡Nosotros no necesitamos terminar; necesitamos restaurar!

Este mundo no necesita ser mejor, necesita volver a lo que fue originalmente. No necesitamos construir un modelo nuevo y mejorado de raza humana, necesitamos restaurar nuestra relación con Dios. No podemos mejorar la creación original de Dios.

Esta semana: Esperamos la restauración de la creación por parte de Dios.

La pregunta de discusión 5 puede usarse ahora.

Dios <u>DESCANSÓ</u> en el séptimo día.

"Al llegar el séptimo día, Dios descansó porque había terminado la obra que había emprendido. Dios bendijo el séptimo día, y lo santificó, porque en ese día descansó de toda su obra creadora".

—Génesis 2:2–3 9 (NVI)

¿Por qué descansaría Dios?

Dos razones:

Consejo práctico de enseñanza.

Es asombroso ver de que manera una simple declaración como "dos razones", puede ayudar a aquellos que te escuchan. Cuando dices algo como esto, aquellos que escuchan inmediatamente comienzan a buscar cuáles serán esas dos razones. Siempre que des a las personas un número para pensar, crearás un ambiente de expectación en lo que dices.

Es importante, por supuesto, permitir que la gente conozca claramente estas dos razones que estás señalando. Todo comunicador tiene la experiencia de no aclarar el hecho de que ya está pasando a la segunda razón, con lo que la gente se confunde mientras espera el punto que jamás llega.

La primera razón:

- **Para darnos un <u>EJEMPLO</u> a seguir**

   "Trabaja seis días, y haz en ellos todo lo que tengas que hacer, pero el día séptimo será un día de reposo para honrar al SEÑOR tu Dios. No hagas en ese día ningún trabajo, ni tampoco tu hijo, ni tu hija, ni tu esclavo, ni tu esclava, ni tus animales, ni tampoco los extranjeros que vivan en tus ciudades. Acuérdate de que en seis días hizo el SEÑOR los cielos y la tierra, el mar y todo lo que hay en ellos, y que descansó el séptimo día. Por eso el SEÑOR bendijo y consagró el día de reposo".
   —Éxodo 20:9–11 (NVI)

Dios no necesitaba descansar porque estuviera cansado. Dios jamás se cansa o preocupa. Él mismo decidió dejar de trabajar el séptimo día para darnos un ejemplo de cómo debemos vivir. ¿Descansas un día a la semana? Pues fuiste hecho para hacerlo. Caso contrario, colapsarás.

Aquellos de ustedes que son músicos saben que toda partitura está literalmente llena con silencios. Durante los silencios no se toca- y esto hace que la música sea hermosa. Si tratas de tocar música sin silencios, se escuchará todo como una cacofonía llena de ruidos. Dios, el gran compositor de nuestras vidas, ha designado intencionalmente los silencios en nuestras vidas. Si continúas tocando durante los silencios, no estarás haciendo mejor música sino ruido.

Una breve advertencia. El descansar el séptimo día es uno de los temas favoritos de los legalistas. No sólo quieren decirnos que debemos descansar al séptimo día, además quieren decirnos ¡cómo hacerlo! La Biblia nos dice que la forma de descansar depende de cada uno. En realidad, el Nuevo Testamento indica que no importa si no lo hacemos en el día exacto, sólo importa que descansemos un día de los siete. Dios está hablando además de un día de descanso que se dedique a Él, no simplemente un día para no hacer nada. Para la mayoría de ustedes, este día de descanso es el domingo, porque ese es el día en que se reúnen a alabar con otros

La segunda razón por la que Dios descansó en el séptimo día es para:

• **Enseñarnos su plan para todas las épocas**

"Por consiguiente, queda todavía un reposo especial para el pueblo de Dios; porque el que entra en el reposo de Dios descansa también de sus obras, así como Dios descansó de las suyas. Esforcémonos, pues, por entrar en ese reposo, para que nadie caiga al seguir aquel ejemplo de desobediencia".

—Hebreos 4:9–11 9 (NVI)

Pongan un círculo en la frase "entra en el reposo de Dios" de este versículo.

Dios descansó de su obra para mostrarnos, espiritualmente, que debemos entrar en su reposo. De la misma forma en que Dios creó, también puso un recordatorio de que nuestra relación con Él no se halla en nuestras obras, sino que se fundamenta en confiar y descansar en su obra en nuestras vidas. Revisaremos detenidamente lo que esto significa cuando estudiemos la salvación. Este versículo nos recuerda que para hallar la salvación debemos descansar de nuestras obras y entrar en su reposo. Debemos dejar de depender de lo que podamos hacer nosotros y comenzar a descansar en lo que solo Él puede hacer.

Descansar no significa no hacer nada. Mira la última frase de Hebreos "esforcémonos por entrar en ese reposo". Toma un gran esfuerzo de corazón y fe el dejar de confiar en nuestras obras y comenzar a confiar en la obra de Dios en nuestras vidas.

Esta semana: toma un día para un descanso de alabanza.

La pregunta de discusión 6 se puede usar ahora.

Dios mismo sostiene Todo lo que Hizo

"Él es anterior a todas las cosas, que por medio de él forman un todo coherente".

—Colosenses 1:17 (NVI)

La palabra que se usa para afirmar que Dios continúa activo sosteniendo la creación es "providencia" de Dios. Nunca cometas

el error de pensar que Dios hizo todo para luego dejar que su creación se maneje sola y por su cuenta. Hay literalmente cientos de versículos a través de la Biblia respecto al íntimo e intrincado cuidado de Dios que sostiene su creación.

Desde la gota más pequeña hasta las naciones más grandes, ¡Dios lo sostiene todo!

Miremos Job 38 y el Salmo 47.

"¿Acaso la lluvia tiene padre? ¿Ha engendrado alguien las gotas de rocío?"
—**Job 38:28 (NVI)**

"Dios reina sobre las naciones; Dios está sentado en su santo trono".
—**Salmo 47:8 (NVI)**

Imagínate a ti mismo tratando de ordenar correctamente un simple globo terráqueo de plástico. Son cuatro piezas que vienen en una caja y cuidadosamente las acoplas juntas, con tus manos. Pero se mantiene todo junto solo mientras tienes tus manos puestas alrededor del globo, cuando dejas de hacerlo el mundo se cae en pedazos. El pegamento que mantiene todo junto son tus manos.

Dios es el pegamento que mantiene el universo unido. Y en este caso, no existe pegamento tan fuerte como ese. Sin sus "manos" alrededor de todo a cada momento, el mundo se caería en pedazos, volaría en pedazos.

¡Dios es tu sostenedor! Puedes creer que es tu sueldo mensual lo que te sostiene. Pero no lo es. Eso es solo un recurso que Dios te da para sostenerte, pero es Dios el que te suple. Nunca confundas al recurso con quién lo provee. Nunca confundas los medios que Dios usa para sostenerte con el hecho de que Dios y nadie más es quién te sostiene.

En esta semana, miremos al Dios que sostiene este universo para obtener la fuerza para mantenernos cada día.

Finalizamos esta revisión de la creación dando a todos la oportunidad de responder a Dios personalmente como nuestro creador. Trata de filtrar hacia afuera todas las distracciones de alrededor y pasemos unos pocos momentos agradeciendo a Dios como nuestro creador. ¿Están de acuerdo conmigo en que no estamos dedicando tiempo suficiente a esta tarea? Hagámoslo ahora.

**Actuando
en la verdad.**

Cómo alabar a Dios como tu Creador.

"Viendo la creación como una expresión de tu amor . . ."

"Al que hizo las grandes luminarias; su gran amor perdura para siempre. El sol, para iluminar el día; su gran amor perdura para siempre. La luna y las estrellas, para iluminar la noche; su gran amor perdura para siempre..... Al que alimenta a todo ser viviente; su gran amor perdura para siempre".

—Salmo 136:7–9, 25 (NVI)

"Me arrodillo delante de ti humildemente . . ."

"doblemos la rodilla ante el SEÑOR nuestro Hacedor. Porque él es nuestro Dios y nosotros somos el pueblo de su prado; ¡somos un rebaño bajo su cuidado! Si ustedes oyen hoy su voz",

—Salmo 95:6–7 (NVI)

"Éste es el día en que el SEÑOR actuó; regocijémonos y alegrémonos en él"

—Salmo 118:24 (NVI)

"¡Te alabo porque soy una creación admirable! ¡Tus obras son maravillosas, y esto lo sé muy bien!"

—Salmo 139:14 (NVI)

Señor, Gracias por hacerme la persona que soy. Perdóname por compararme con otros y porque a veces he querido ser nada más que una copia de otros. Ayúdame a vivir considerándome alguien que ha sido diseñado con singularidad y a ser la persona que Tú me has llamado a ser.

En el nombre de Jesús, Amén

**Terminen memorizando la tarjeta no. 5, "
La Verdad acerca de la Creación"—
¡Te asombrarás de cómo podrás compartir esta verdad en particular!**

Preguntas de discusión

1. ¿Qué viene a tu mente cuándo piensas en una de las imágenes más poderosas de la mente creativa de Dios? Debes ser específico.

2. ¿De qué formas te habla la creación de Dios específicamente acerca de la persona y carácter de Dios? Ejemplo: cuando veo las estrellas…el océano… las montañas, etc.

3. ¿Cómo te ayuda el saber la verdad de que Dios es el Creador, a mirar este mundo con un mayor sentido de seguridad?

4. ¿Tiendes a ver las cosas materiales como "buenas" o "malas" en sí mismas? Discutan la diferencia entre reconocer que el mal está presente en este mundo y pensar que todo lo que es material debe ser malo.

5. ¿Qué sientes cuando enfocas tus pensamientos en la realidad de que la raza humana ha sido creada a la imagen de Dios?

6. ¿Qué tan bien te va siguiendo el ejemplo de Dios de descansar? ¿Qué cosas prácticas puedes hacer mejor para seguir su ejemplo? (¡Sabemos que esta pregunta asume que no lo estamos haciendo tan bien!)

Para un mejor estudio.

Geisler, Norman L. *Ciencia de los orígenes*. Grand Rapids, Mich.: Baker, 1987.

Ham, Ken. *Solución del Génesis*. Grand Rapids, Mich.: Baker, 1988.

Ham, Ken. La mentira: Evolución. El Cajon, Calif.: Creation Life, 1987.

Huse, Scott M. *El Colapso de la Evolución*. Grand Rapids, Mich.: Baker, 1983.

McGowan, C. H. *En Seis Días*. Van Nuys, Calif.: Bible Voice, 1976.

Morris, Henry. *El Comienzo del Mundo*. El Cajon, Calif.: Creation Life, 1991.

Ross, Hugh. *La Creación y el Tiempo*. Colorado Springs: NavPress, 1994.

Ross, Hugh. *La Huella de Dios*. Orange, Calif.: Promise, 1989.

Stoner, Don. *Una Nueva Visión de una Tierra vieja*. Eugene, Ore.: Harvest House, 1997.

Notas

Estudio Introductorio

1. Charles Colson y Nancy Pearcey, ¿Cómo deberíamos vivir ahora? (Wheaton, Ill.: Tyndale, 1999), 14.

2. Charles Swindoll, Profundizando en la Vida Cristiana (Sisters, Ore.: Multnomah Press, 1986), 12–13.

3. Glenn Tinder, Pensamiento Político: Las preguntas perennes, 4th ed. (Glenview, Ill.: Scott, Foresman, 1986), 1.

4. J. I. Packer, Poder y Verdad (Wheaton, Ill.: Shaw, 1996), 16.

5. Robert Bellah, Hábitos del Corazón (Berkeley: University of California Press, 1985), 228.

Sesión 1. La Biblia: 1a Parte

1. Charles Swindoll, Profundizando en la Vida Cristiana (Sisters, Ore.: Multnomah Press, 1986), 56.

2. Norman L. Geisler and Ronald M. Brooks, Cuando los escépticos preguntan (Wheaton, Ill.: Victor, 1990), 159–60.

3. Erwin Lutzer, Siete razones para confiar en la Biblia, (Chicago: Moody Press, 1998), 73.

4. Norman Geisler, Enciclopedia Baker de Apologética (Grand Rapids, Mich.: Baker, 1999), 47.

5. William F. Albright, Arqueología de Palestina (Harmondsworth, Middlesex: Pelican, 1960), 127.

6. Josh McDowell, Evidencia que exige un veredicto (San Bernardino, Calif.: Here's Life Publishers, 1972), 19–20.

7. John MacArthur Jr., ¿Es confiable la Biblia? (Panorama City, Calif.: Word of Grace Communications, 1988), 5.

8. R. W. Funk et al., Los cinco evangelios (New York: Macmillan, 1993).

9. Geisler and Brooks, When Skeptics Ask, 145.

10. J. I. Packer, Poder y Verdad (Wheaton, Ill.: Shaw, 1996), 16.

11. C. H. Spurgeon, " ¿Está Dios en el campo?" (sermón presentado en el Tabernáculo Metropolitano, Newington, el miércoles por la noche, 9 Abril 1891), www.spurgeon.org/sermons/2239.htm.

Sesión 2. La Biblia: 2a Parte

1. Anne Ortlund, Puestos los ojos en Jesús, (Dallas: Word, 1991), 130–31.

2. John Pollack, Billy Graham: Biografía Autorizada (London: Hodder and Stoughton, 1966), 80–81.

3. Howard Hendricks, Viviendo de acuerdo al libro (Chicago: Moody Press, 1991), 19.

4. John Ortberg, La Vida que siempre has deseado (Grand Rapids, Mich.: Zondervan, 1997), 188.

Sesión 3. Dios: 1a Parte

1. A. W. Tozer, *El conocimiento de lo Santo* (New York: Harper and Row, 1961), 9.

2. Robert Hughes, "Visionarios: buscando el Espíritu," Time (21 May 1997): 32ff.

3. Avery Willis, Las Bases Bíblicas de las Misi*ones* (Nashville: Convention Press, 1984), 16.

4. Carla Power et al., "Perdidos en la oración silenciosa," *Newsweek International* (12 July 1999): 48.

5. Adapted from Philip Yancey, *¿Qué es lo asombroso de la Gracia?* (Grand Rapids, Mich.: Zondervan, 1997), 49–51.

6. J. P. Moreland, Retiro de varones de la Iglesia de Saddleback, 7 February 2000.

Sesión 4. 2a Parte

1. Billy Graham, *El Espíritu Santo: Activando el Poder de Dios en tu Vida* (New York: Warner, 1980), 27–28.

2. Walter A. Elwell, ed., *El Manual bíblico de bolsillo* (Wheaton, Ill.: Shaw, 1984), 359.

Sesión 5. Jesús: 1a Parte

1. Christie's Auction House Ofrece Evaluación libre, Edición dominical, National Public Radio, 6 April1996.

2. Walter Elwell, ed., Análisis Tópico de la Biblia (Grand Rapids, Mich.: Baker, 1991).

3. Billy Sunday, en un sermón, "Maravilloso," citado en: Elijah P. Brown, El verdadero

   Billy Sunday: Vida y obra del Rev. William Ashley Sunday, D.D., El beisbolista Evangelista (Dayton, Ohio: Otterbein Press, 1914).

4. Max Lucado, Dios cercano (Portland, Ore.: Multnomah Press, 1987), 54.

5. Philip Yancey, El Jesús que nunca conocí (Grand Rapids, Mich.: Zondervan, 1995), 89.

6. Encyclopedia Británica, 15th ed., s.v. "Jesus Christ."

7. H. G. Wells, quoted in Philip Yancey, El Jesús que nunca conocí (Grand Rapids, Mich.: Zondervan, 1995), 17.

Sesión 6. Jesús: 2a Parte

1. C. S. Lewis, Meo Cristianismo (NewYork: Macmillan, 1952), 55-56.

2. Josh McDowell, Evidencia que exige un Veredicto (San Bernardino, Calif.: Here's Life Publishers, 1979), 103-7.

3. Peter W Stoner, La Ciencia habla: Prueba científica de la certeza de la profecía y la Biblia, 3rd rev. ed. (Chicago: Moody Press, 1969), 100-107.

4. Thomas Arnold, Sermones de la vida cristiana: Esperanzas, temores, 6th ed. (London: T. Fellowes, 1859), 234.

5. Simon Greenleaf, El testimonio de los Evangelistas (NewYork: Baker, 1874), 28.

6. Lee Strobel, El caso de Cristo (Grand Rapids, Mich.: Zondervan, 1998), 259-69.

7. Anne Ortlund, Puestos los ojos en Jesús (Dallas:Word, 1991), 22.

8. J. Sidlow Baxter, Majetad: El Dios que deberías conocer (San Bernardino, Calif.: Here's Life Publishers, 1984),25.

9. Philip Yancey, El Jesús que nunca conocí (Grand Rapids, Mich.: Zondervan, 1995), 199.

Sesión 7. El Espíritu Santo: 1a Parte

1. A. B. Simpson, El Espíritu Santo (Camp Hill, Penn.: Christian Publications, 1994), 317.

2. Billy Graham, El Espíritu Santo: Activando el Poder de Dios en tu Vida (NewYork:

Warner, 1980), 91.

Sesión 8. El Espíritu Santo: 2a Parte

1. Charles R. Swindoll, Volando cerca de la llama (Dallas: Word, 1993), 75.

2. Las tres ilustraciones siguientes han sido tomadas de La Vida llena del Espíritu, usada por

Permiso de la Cruzada para Cristo.

3. Bill Bright, Has descubierto ya la maravillosa vida llena del Espíritu?

(Orlando, Fla.: New Life Publications, @ Campus Crusade for Christ 1966,

2000), 2-3. All rights reserved. Used by permission.

4. Swindoll, Volando cerca de la llama, 75.

5. Bill Bright, El Espíritu santo: La clave de una vida sobrenatural (San Bernardino,

Calif.: Campus Crusade for Christ, 1980),89.

6. Larry Crabb, Desde dentro hacia afuera (Colorado Springs, Colo.: NavPress, 1988), 71.

7. Bright, El Espíritu Santo, 76-77.

8. Ray Stedman, "El poder que ya tenías," 29 September 1991, Sermón

predicado en la Iglesia Península Biblica, Palo Alto, Calif., disponible en

www.pbc.org/dp/stedmanl misc/4308.html.

Sesión 9. La Creación:1a Parte

1. Tommy Walker, "El conoce mi nombre," on Never Gonna Stop, Doulos, 1996.

2. R. E. D. Clark, Darwin: Antes y después (London: Paternoster, 1948), 86.

3. Francis Crick, La vida en si misma : Su origen y naturaleza (NewYork: Simon and Schuster,

1981),51-52.

4. Charles C. Ryrie, Teología Básica (Wheaton, Ill.: SP Publications, 1986), 177.

5. Fred Hoyle, El universo inteligente (NewYork: Holt, Rinehart and Winston, 1983), 19.

6. Francis Darwin, Vida y cartas de Charles Darwin (NewYork: Basic Books, 1959), 1:210.

7. David Raup, "Conflictos Entre Darwin y la Paleontología," Museo de Historia Natural Boletín 30 no. 1 (1979): 25.

8. Michael J. Behe, La caja negra de Darwin: El reto Bioquímico de la Evolución (NewYork: Free Press, 1995), 39.

9. David Juhasz, "El increíble Pájaro Carpintero," Creación 18 (Diciembre 1995-Febrero 1996): 10-13.

10. Gregory Koukl, Michael Behe: Evolución Teísta, trascripción de "Stand to Reason Radio", 24 Diciembre 1997, revisado 1 Febrero 2003 en www.str.org.

11. Dr. Ray Bohlin, Por qué creemos en la creación. Reviado 1 Febrero 2003 en www.probe.org.

12. Michael D. Lemonick, "Ecos del Big Bang," Time (4 May 1992), 62.

13. Sharon Begley, "La ciencia encuentra a Dios," Newsweek (20 Julio 1998), 46-51.

14. William Paley, Teología Natural (London, England: R. Faulder, 1802).

15. Robert Jastrow, Dios y los astrónomos, 2d ed. (NewYork: W W Norton, 1992), 106-7.

16. Kenneth Chang, Creencias evolucionarias (NewYork: ABC IntemetVentures, 1999),

    revisado en http://abcnews.go.com/sections/ science/DailyNews/evolution-views 990816.html.

17. G. Richard Bozarth, "El significado de la Evolución," American Atheist (20 Septiembre 1979): 30.

Sesión 10. La Creación: 2a Parte

1. Nueva Enciclopedia Británica, 15th ed., s.v. "Megapode."

2. C. S. Lewis, El Sobrino del Mago (NewYork: Macmillan, 1955), 98_100.

3. Enciclopedia Collier, s.v. "bee."

4. Steven Curtis Chapman, "Las huellas digitales de Dios," Speechless, Sparrow Records,

   1999.5. NASA website, http://helios.gsfc.nasa.gov/cme.html.

Recursos Disponibles

Una Iglesia con Propósito. Este aclamado y premiado libro de Rick Warren, enseña de qué manera su iglesia puede ayudar a la gente a vivir los cinco propósitos de Dios para nuestras vidas. Disponible en veinte idiomas, en formato de libro y DVD. Millones de personas han estudiado este libro en grupos e iglesias.

Una Vida con Propósito. Rick Warren toma el revolucionario mensaje del reconocido libro *Una Iglesia con Propósito* y profundiza aun más, al aplicarlo al estilo de vida de cada cristiano como individuo. *Una Vida con Propósito* es un manifiesto para los cristianos que viven en el siglo 21; un estilo de vida basado en propósitos eternos y no culturales. Está escrito en un estilo devocional cautivante y dividido en cuarenta capítulos breves que se pueden leer como devocional diario y se pueden estudiar en grupos pequeños. Este libro se usa en las iglesias que participan de la campaña de 40 Días con Propósito.

40 Días con Propósito. Una campaña de 40 días para iglesias, edificado sobre el fundamento puesto por el libro *Una Vida con Propósito*, con sermones, recursos para grupos pequeños, material en video y entrenamiento para líderes. Este programa de 40 días promete cambiar definitivamente la vida de su iglesia.

Pastors.com y PurposeDriven.com tienen recursos adicionales para aquellos que cumplen ministerios de tiempo completo. *Pastors.com* se especializa en mensajes y ayudas para los pastores como comunicadores, incluyendo sermones y libros. *PurposeDriven.com* se especializa en elaborar herramientas y materiales para ayudar a las iglesias a cumplir los propósitos de Dios.

taRjetas paRa memORIZaR

1
La verdad acerca de la Biblia

La biblia es la guía perfecta de Dios para la vida.

2
La verdad acerca de Dios

Dios es más grande, mejor y está más cerca de lo que puedo imaginar.

3
La verdad acerca de Jesús

Jesús es Dios mostrándose a nosotros.

4
La verdad acerca del Espíritu Santo

Dios vive en mí y a través de mí.

5
La verdad acerca de la Creación

No es que las cosas "simplemente sucedieron". Dios creó todo lo que hay.

6
La verdad acerca de la Salvación

La Gracia es la única forma de tener una relación con Dios.

7
La verdad acerca de la Santificación

La fe es el único camino al crecimiento de nuestra vida como creyentes.

8
La verdad acerca del bien y el mal

Dios ha permitido el mal para que podamos escoger Dios puede traer el bien aún de eventos malos. Dios promete la victoria sobre el mal a aquellos que lo siguen

9
La verdad acerca de la vida después de la muerte

El cielo y el infierno son lugares reales. La muerte es el comienzo, no el fin.

10
La verdad acerca de la Iglesia

La única verdadera "super potencia mundial" es la Iglesia.

11
La verdad acerca de la Segunda Venida

Jesús volverá a juzgar al mundo y a recoger a los hijos de Dios.

¡Fíjense qué gran amor nos ha dado el Padre, que se nos llame hijos de Dios! ¡Y lo somos! El mundo no nos conoce, precisamente porque no lo conoció a Él. — 1 Juan 3:1 (NVI)	Toda la Escritura es inspirada por Dios y útil para enseñar, para reprender, para corregir y para instruir en la justicia, - — 2 Timoteo 3:16 (NVI)	
¡Sólo tú eres el SEÑOR! Tú has hecho los cielos, y los cielos de los cielos con todas sus estrellas. Tú le das vida a todo lo creado: la tierra y el mar con todo lo que hay en ellos. ¡Por eso te adoran los ejércitos del cielo! — Nehemías 9:6 (NVI)	No se emborrachen con vino, que lleva al desenfreno. Al contrario, sean llenos del Espíritu. — Efesios 5:18 (NVI)	Toda la plenitud de la divinidad habita en forma corporal en Cristo; y en Él, que es la cabeza de todo poder y autoridad, ustedes han recibido esa plenitud. — Colosenses 2:9-10 (NVI)
Ahora bien, sabemos que Dios dispone todas las cosas para el bien de quienes lo aman, los que han sido llamados de acuerdo con su propósito. — Romanos 8:28 (NVI)	He sido crucificado con Cristo, y ya no vivo yo sino que Cristo vive en mí. Lo que ahora vivo en el cuerpo, lo vivo por la fe en el Hijo de Dios, quien me amó y dio su vida por mí. — Gálatas 2:20 (NVI)	Porque por gracia ustedes han sido salvados mediante la fe; esto no procede de ustedes, sino que es el regalo de Dios, — Efesios 2:8 (NVI)
Por eso, dispónganse para actuar con inteligencia; tengan dominio propio; pongan su esperanza completamente en la gracia que se les dará cuando se revele Jesucristo. — 1 Pedro 1:13 (NVI)	No dejemos de congregarnos, como acostumbran hacerlo algunos, sino animémonos unos a otros, y con mayor razón ahora que vemos que aquel día se acerca. — Hebreos 10:25 (NVI)	Concentren su atención en las cosas de arriba, no en las de la tierra. — Colosenses 3:2 (NVI)